Döpfner • Schürmann

Wackelpeter & Trotzkopf

Manfred Döpfner • Stephanie Schürmann

Wackelpeter & Trotzkopf

Hilfen für Eltern bei ADHS-Symptomen, hyperkinetischem und oppositionellem Verhalten

Mit Online-Material und App

6., überarbeitete Auflage

BELTZ

Prof. a.D. Dr. Manfred Döpfner
Ausbildungsinstitut für Kinder-Jugendlichenpsychotherapie an der Uniklinik Köln (AKiP)
Klinik und Poliklinik für Psychiatrie und Psychotherapie des Kindes- und Jugendalters der Uniklinik Köln
Pohligstr. 9
D-50969 Köln
E-Mail: manfred.doepfner@uk-koeln.de

Dr. Stephanie Schürmann
Ausbildungsinstitut für Kinder-Jugendlichenpsychotherapie an der Uniklinik Köln (AKiP)
Klinik und Poliklinik für Psychiatrie und Psychotherapie des Kindes- und Jugendalters der Uniklinik Köln
Pohligstr. 9
D-50969 Köln
E-Mail: stephanie.schuermann@uk-koeln.de

MIX
Papier aus verantwortungsvollen Quellen
FSC® C089473
FSC
www.fsc.org

Dieses Buch ist erhältlich als:
ISBN 978-3-621-28873-6 Print
ISBN 978-3-621-28874-3 E-Book (EPUB)

Die 1.–4. Auflage sind unter der Autorenschaft von Manfred Döpfner, Stephanie Schürmann und Gerd Lehmkuhl erschienen.

6., überarbeitete Auflage 2023

in der Verlagsgruppe Beltz • Weinheim Basel
Werderstraße 10, 69 469 Weinheim

Lektorat: Karin Ohms
Herstellung: Uta Euler
Illustrationen: Klaus Gehrmann, Freiburg
Umschlagbild: © GettyImages / deniseedgellslark
Satz: WMTP Wendt-Media Text Processing GmbH
Druck und Bindung: Beltz Grafische Betriebe, Bad Langensalza
Printed in Germany
Weitere Informationen zu unseren Autor:innen und Titeln finden Sie unter:
www.beltz.de

Inhaltsübersicht

Inhalt

Vorwort zur 6. Auflage

Wackelpeter & Trotzkopf ist mittlerweile zu einem Klassiker geworden und wir freuen uns sehr, dass so viele Eltern, Lehrer und Erzieher von diesem Buch profitieren konnten. In der 6. Auflage mussten wir daher nur wenige Verbesserungen und einige Aktualisierungen vornehmen.

Seit annähernd 30 Jahren arbeiten wir gemeinsam an der Klinik für Psychiatrie, Psychosomatik und Psychotherapie des Kindes- und Jugendalters und dem Ausbildungsinstitut für Kinder- und Jugendlichenpsychotherapie an der Uniklinik Köln (AKiP) intensiv an der Behandlung von Kindern und Jugendlichen mit Aufmerksamkeitsdefizit- / Hyperaktivitätsstörungen (ADHS), hyperkinetischen und oppositionellen Verhaltensstörungen und an der Erforschung dieses Problemfeldes. Ziel unserer Arbeit ist es, sowohl die Diagnostik als auch die Behandlung dieser Auffälligkeiten zu verbessern und durch frühzeitige Hilfen die Ausbildung von Verhaltensstörungen zu vermindern. In unserer Arbeit im Rahmen der Schwerpunktambulanz unserer Klinik haben wir viele hundert Kinder und Jugendliche und ihre Eltern, Erzieher und Lehrer kennen gelernt. In dieser Arbeit mit den Betroffenen haben wir das *Therapieprogramm für Kinder mit hyperkinetischem und oppositionellem Problemverhalten (THOP)* und dieses Elternbuch auf der Grundlage internationaler Forschungsergebnisse und Behandlungsprogramme entwickelt. Die Wirksamkeit sowohl der Therapie mit THOP als auch der angeleiteten Selbsthilfe mit *Wackelpeter & Trotzkopf* konnte mittlerweile in einer Vielzahl wissenschaftlicher Studien belegt werden. Wir danken allen Kindern, Jugendlichen und ihren Eltern sowie allen anderen Bezugspersonen, weil es uns erst durch diese Zusammenarbeit möglich war, unsere konkreten Hilfestellungen zu erarbeiten, sie zu überprüfen und weiter zu entwickeln. Bei dieser Arbeit haben uns viele Kolleginnen und Kollegen aus unserer Schwerpunktambulanz unterstützt, stellvertretend für alle bedanken wir uns bei Frau Dr. Christiane Rademacher (Dipl.-Psych.), Gräfin Dr. Wolff Metternich-Kaizman (Dipl.-Psych.) und Frau Dr. Frauke Kierfeld (Dipl.-Psych.) und Frau Dr. Claudia Kinnen (Dipl.-Psych).

Die Neuerungen in der 6. Auflage betreffen im Wesentlichen drei Bereiche: In Teil I (Fragen und Antworten) wurden die Weiterentwicklungen im Bereich der medikamentösen Therapie berücksichtigt. Zudem wurden unsere Erfahrungen und Studien zum Einsatz von *Wackelpeter & Trotzkopf* als Selbsthilfebuch eingearbeitet. Schließlich haben wir in den Anwendungsbeispielen (Teil III) den Umgang mit einem übermäßigen Medienkonsum eingearbeitet, der in den letzten Jahren für viele Eltern zunehmend zum Problem geworden ist.

Die bereits in der letzten Auflage eingearbeiteten weiteren Hilfen, die Eltern und andere Bezugspersonen dabei unterstützen sollen, die Ratschläge dieses Buches besser in den Alltag umzusetzen, wurden beibehalten. Die Smartphone-App *ADHS-Kids* (für iOS und Android in den jeweiligen App-Stores erhältlich) hilft, regelmäßig daran zu denken, Empfehlungen aus *Wackelpeter & Trotzkopf* im Alltag einzusetzen. Das kostenlose Online-Programm *ADHS-Elterntrainer* (www.adhs-elterntrainer.de) bietet viele Filmbeispiele zur Umsetzung der Empfehlungen in konkreten Alltagssituationen.

Durch die Hinzunahme von Stickern erleichtern wir die Umsetzung der vorgeschlagenen Maßnahmen. Die benötigten Arbeitsblätter und Memo-Karten können zusätzlich über die Verlagshomepage (http://www.beltz.de) heruntergeladen werden können.

Wir hoffen, dass dieses Buch nicht nur Eltern und Pädagogen Informationen und Hilfestellungen gibt, sondern dass es auch Ärzten, Psychologen und Psychotherapeuten hilft, den Eltern und allen anderen Bezugspersonen von Kindern mit hyperkinetischen und oppositionellen Verhaltensproblemen jene Unterstützung zukommen zu lassen, die sie brauchen, um die Schwierigkeiten gemeinsam mit ihrem Kind zu meistern.

Köln, im Sommer 2022

Manfred Döpfner
Stephanie Schürmann

Kennen Sie das?

▶ Schon morgens ist der fünfjährige **Niklas** kaum zu bremsen! Bereits um sieben Uhr steht er auf der Matte und trällert munter und vor allem laut ein Liedchen nach dem anderen. Ständig ist er in Aktion, an keiner Stelle, bei keiner Tätigkeit hält er es länger als ein paar Minuten aus. Selbst beim Spielen kann er nicht lange verweilen. Vor allem muss er seine Mutter ständig etwas Wichtiges fragen oder ihr ganz dringend etwas Unaufschiebbares erzählen. Die Mutter kommt zu gar nichts mehr und hat schon kurz nach dem Aufstehen das Gefühl, dass ihr alles zu viel wird.

▶ Ständig macht der achtjährige **Tim** irgendeinen Unfug – mal bohrt er ein Loch in seine Tür, mal schneidet er die neue Tischdecke durch, mal spielt er im Blumenbeet Fußball. Er weiß natürlich ganz genau, dass das alles verboten ist, aber um Grenzen und Verbote kümmert sich Tim so gut wie nie. Selbst einfache Regeln, zum Beispiel dass er nicht mit dreckigen Schuhen ins Wohnzimmer darf, beachtet er nicht. Wenn die Mutter ihn dann zur Rede stellt, bekommt sie eine freche Antwort oder Tim kriegt einen solchen Wutanfall, dass er gar nicht mehr zu bremsen ist.

- **Sophie** besucht die 2. Klasse der Grundschule. Schon kurz nach der Einschulung fiel der Lehrerin auf, dass Sophie kaum bei der Sache ist. Von jeder Kleinigkeit lässt sie sich ablenken. Es wundert daher nicht, dass sie selten ihre Aufgaben zu Ende bringt. Wenn sie nach Hause kommt, weiß sie häufig nicht, was ihre Hausaufgaben sind. Die Hausaufgaben dauern eine Ewigkeit, Sophie zögert sie möglichst lange hinaus. Arbeiten, die gut und gerne in 15 Minuten zu erledigen sind, dauern bis zu einer Stunde, wenn die Mutter unmittelbar dabeisitzt; ansonsten wird sie gar nicht fertig. Nach den Hausaufgaben sind dann beide völlig geschafft.

- **Philipp** und seine zwei Jahre jüngere Schwester Clara liegen sich ständig in den Haaren. Clara ist genau das Gegenteil von Philipp – sie ist ruhig, freundlich, offen, folgsam und ehrgeizig. Philipp dagegen ist ein unruhiger Quälgeist, meist motzig und abweisend. Seine kleine Schwester traktiert er regelrecht. Meist ist ihm langweilig und dann fällt ihm nichts Besseres ein, als Clara zu ärgern. Ständig muss die Mutter dazwischen gehen und mit Philipp schimpfen, aber eigentlich hilft das auch nicht.

Viele Kinder haben solche und ähnliche Verhaltensprobleme und viele Eltern, Lehrer und Erzieher klagen über diese Schwierigkeiten. Alle Kinder sind irgendwann einmal auch Problemkinder und alle Familien haben mehr oder weniger Probleme. Aber bei manchen Kindern und in manchen Familien sind die Probleme so stark, dass sie Hilfe brauchen.

Niklas, Tim, Sophie und Philipp stehen natürlich stellvertretend für alle Jungen und Mädchen, die diese und ähnliche Verhaltensprobleme haben. In den einzelnen Stufen im Elternleitfaden (Teil II) und in den Anwendungsbeispielen (Teil III) sorgt ein Junge namens Peter (Namensgeber von *Wackelpeter & Trotzkopf*) für noch mehr Fallbeispiele und begleitet Sie sozusagen durch dieses Buch! Daher taucht in den nächsten Beispielen immer nur der Name (Wackel-)Peter auf, obwohl er natürlich auch stellvertretend für alle Jungen und Mädchen steht.

Über dieses Buch

Dieses Buch wendet sich an Eltern mit Kindern, die Probleme haben, sich selbst zu steuern. Diese Schwierigkeiten können sich in ausgeprägten und häufigen Wutausbrüchen, aggressivem Verhalten, ausgeprägter Impulsivität, starker Unruhe oder in Konzentrationsproblemen äußern.

Wichtig

Im Wesentlichen lassen sich zwei Problembereiche unterscheiden:

- **Hyperkinetische Verhaltensprobleme,** die im Kern durch hohe Unruhe oder sehr starke Impulsivität und mangelnde Konzentration und Ausdauer gekennzeichnet sind.
- **Oppositionelle Verhaltensprobleme,** die sich durch verweigerndes, oppositionelles Verhalten, durch häufiges Streiten und Wutausbrüche auszeichnen.

Diese Probleme können unabhängig voneinander oder auch gemeinsam auftreten. Sie beeinträchtigen das familiäre Zusammenleben und die Entwicklung des Kindes erheblich. Häufig kommen beide Problembereiche gemeinsam vor. Deshalb werden in diesem Buch auch beide angesprochen.

Ziel dieses Elternbuches ist nicht das problemlose Kind oder die Familie ohne Probleme. Das könnten wir auch gar nicht erreichen. Wir wollen vorhandene Fähigkeiten des Kindes und der Familie aktivieren, um einige Probleme selbst zu lösen oder zumindest zu vermindern. Damit wollen wir Ihr Kind und Ihre Familie in die Lage versetzen, Aufgaben, die in den nächsten Jahren vor Ihnen stehen, trotz einiger Schwierigkeiten erfolgreich zu bewältigen.

Das Buch beruht auf Prinzipien und **Therapiemethoden**, die sich in vielen wissenschaftlichen Untersuchungen bei der Behandlung von Kindern mit diesen Schwierigkeiten als ausgesprochen wirkungsvoll erwiesen haben.

Das Buch ist für **Eltern mit Kindern im Alter von drei bis zwölf Jahren** geschrieben worden. Es ist ein **Buch für Väter und Mütter**. Wir wissen, dass dieses Buch mehr Mütter als Väter lesen, deshalb werden in diesem Buch häufiger die Mütter als die Väter direkt angesprochen. Wir möchten aber auch die Väter ausdrücklich einladen, sich mit diesem Buch zu beschäftigen. Die Probleme der Kinder betreffen sowohl Väter als auch Mütter.

Wie ist das Buch aufgebaut?

Dieses Buch ist in sechs Hauptteile gegliedert:

I	Im ersten Teil des Buches finden Sie **Antworten auf Fragen**, die sich viele Eltern von Kindern mit den genannten Verhaltensproblemen stellen: Was sind hyperkinetische und was sind oppositionelle Verhaltensauffälligkeiten? Was sind die Ursachen dieser Probleme? Wie entwickeln sich die Kinder weiter? Was kann man tun?
II	Der zweite Teil enthält einen **Elternleitfaden**, der Ihnen in 16 Stufen schrittweise Möglichkeiten zur Verminderung solcher Verhaltensprobleme aufzeigt. Sie erhalten wichtige Anleitungen, die Ihnen helfen können, zunächst die einzelnen Probleme genau zu fassen, danach Maßnahmen durchzuführen, um die Beziehung zu Ihrem Kind zu verbessern und die tagtäglichen Probleme zu lösen.
III	Der dritte Teil ergänzt den Elternleitfaden durch weitere konkrete **Anwendungsbeispiele**, in denen typische Probleme und ihre Lösungsmöglichkeiten aufgezeigt sind, zum Beispiel: Was mache ich, wenn sich mein Kind nicht allein beschäftigen kann? Wie löse ich den täglichen Hausaufgaben-Krieg? Wie reagiere ich auf die Wutausbrüche meines Kindes?

IV	Der vierte Teil dieses Buches enthält **Arbeitsblätter**, die Sie zur Durchführung konkreter Maßnahmen in Ihrer Familie benötigen. Die Anleitungen zur Anwendung dieser Arbeitsblätter werden in Teil II und Teil III des Buches gegeben. Die Arbeitsblätter und Memo-Karten können Sie auch online von der Verlagshomepage herunterladen oder ausdrucken. Genaue Hinweise für das Vorgehen finden Sie auf S. 384.
V	Der fünfte Teil dieses Buches enthält sogenannte **Memo-Karten**. Das sind Erinnerungskarten, die Ihnen ebenfalls bei der Durchführung konkreter Maßnahmen in Ihrer Familie helfen sollen. Die Anleitungen zur Anwendung dieser Memo-Karten finden Sie ebenfalls in Teil II und Teil III des Buches.
VI	Im sechsten Teil (nur im gedruckten Buch enthalten) finden Sie **Sticker**, die Ihnen ebenfalls bei der Durchführung der konkreten Maßnahmen helfen sollen, die in Teil II und Teil III des Buches beschrieben sind. Nehmen Sie den jeweiligen Sticker heraus und befestigen Sie ihn an einer Stelle, die Ihnen immer wieder ins Auge fällt (z. B. am Spiegel oder an der Kühlschranktür). Der Sticker ist eine Erinnerungshilfe und erleichtert es, Maßnahmen zu Hause regelmäßig durchzuführen.[1]

Wie benutze ich das Buch?

Sie können das Buch auf verschiedene Weise nutzen:

(1) Sie können es **zur Information** über die wichtigsten Erkenntnisse zu hyperkinetischen und oppositionellen Verhaltensproblemen und über die Möglichkeiten zur Verminderung dieser Probleme benutzen. Diese Übersicht erhalten Sie vor allem im ersten Teil dieses Buches. In den weiteren Teilen finden Sie detaillierte Informationen darüber, wie Sie die Probleme der Kinder vermindern können.

1 Die Sticker und Abbildungen auf den Seiten 26, 37, 217 und 225 verwenden wir mit freundlicher Genehmigung der Firma Medice.

(2) Wenn Sie selbst versuchen wollen, die Verhaltensprobleme Ihres Kindes in der Familie anzugehen, dann können Sie dieses Buch **als ein Selbsthilfeprogramm** einsetzen. In diesem Fall sollten Sie unbedingt folgende Punkte beachten:
   - Lesen und bearbeiten Sie das Buch Kapitel für Kapitel. Machen Sie sich zunächst mit den Grundinformationen aus Teil I (Fragen und Antworten) vertraut.
   - Arbeiten Sie dann die 16 Schritte des Elternleitfadens in Teil II und die für Sie wichtigen Anwendungsbeispiele in Teil III durch.

(3) Sie können das Buch auch **im Rahmen einer Behandlung des Kindes** bei einem Arzt oder Psychotherapeuten einsetzen. Das Buch basiert auf einem umfassenden Behandlungsverfahren, dem *Therapieprogramm für Kinder mit hyperkinetischem und oppositionellem Problemverhalten (THOP)* (Döpfner et al., 2019).

   Wenn sich die Therapie an diesem Behandlungsprogramm orientiert, dann kann es sehr hilfreich sein, wenn der Therapeut mit Ihnen gemeinsam einige Kapitel aus dem Elternleitfaden und aus den Anwendungsbeispielen durcharbeitet. In diesem Fall sollten Sie das Buch folgendermaßen nutzen:
   - Besprechen Sie zusammen mit dem Arzt oder dem Psychotherapeuten, wie Sie dieses Buch verwenden wollen.
   - Lesen Sie zunächst die Grundinformationen aus Teil I (Fragen und Antworten) und besprechen Sie dabei auftauchende Fragen mit dem Arzt / Psychotherapeuten.
   - Bearbeiten Sie dann in Absprache oder gemeinsam mit dem Arzt / Psychotherapeuten einzelne Schritte aus dem Elternleitfaden (Teil II) und aus den Anwendungsbeispielen (Teil III).

Wird mir das Buch wirklich helfen können?

Wir haben in den letzten Jahren in mehreren wissenschaftlichen Untersuchungen überprüft, ob *Wackelpeter & Trotzkopf* Eltern von

Kindern mit Verhaltensproblemen als angeleitete Selbsthilfe wirklich helfen kann. Bei der angeleiteten Selbsthilfe erhalten die Eltern *Wackelpeter & Trotzkopf* (oder davon abgeleitete Elternhefte) zum eigenständigen Durcharbeiten und zusätzlich erhalten sie in mehreren Telefonaten mit einem erfahrenen Therapeuten eine weitere Unterstützung. In diesen Studien konnten wir zeigen, dass eine solche angeleitete Selbsthilfe für Eltern von Kindern, die oppositionelles, hyperaktives, impulsives oder unaufmerksames Verhalten zeigen, hilfreich ist:

- Bei Kindern, die für eine Behandlung in einer Klinik vorgestellt wurden, lassen sich deutliche Verminderungen der Verhaltensprobleme im Verlauf der Selbsthilfe beobachten (Kierfeld & Döpfner, 2006).
- Bei Vorschulkindern mit leichteren Auffälligkeiten wurden eindeutige Effekte bei der Verminderung dieser Probleme im Vergleich zu Kindern belegt, die dieser Selbsthilfe nicht bekommen haben und diese Effekte blieben auch über ein Jahr hinweg stabil (Kierfeld et al., 2013; Ise et al., 2015).
- In einer bundesweiten Studie konnte bei Kindern, die wegen einer hyperkinetischen Störung bei Kinderärzten in Behandlung waren, nach dem Urteil der Eltern im Verlauf der Selbsthilfe deutliche Verminderungen der Verhaltensprobleme gezeigt werden, die sich auch im weiteren Verlauf stabilisierten. Die Eltern berichteten von einer großen Zufriedenheit mit dem Selbsthilfeprogramm (Mokros et al., 2015; Döpfner et al., 2021).
- Bei Kindern mit einer hyperkinetischen Störung, die trotz einer medikamentösen Therapie noch Verhaltensauffälligkeiten zeigten, konnten diese Probleme durch die angeleitete Selbsthilfe weiter vermindert werden (Dose et al., 2017, 2020, 2021).

Wackelpeter & Trotzkopf ist das einzige Selbsthilfebuch in deutscher Sprache, dessen Wirksamkeit – in Verbindung mit telefonischer Unterstützung der Eltern – in mehreren Studien nachgewiesen werden konnte. Aktuell werden noch weitere Studien durchgeführt, welche die Wirksamkeit von *Wackelpeter & Trotzkopf* bzw. weiterer davon abgeleiteten Selbsthilfematerialien und auch von Online-Programmen untersuchen (Becker et al., 2020; Döpfner et al., 2017, 2020).

Gibt es noch weitere Hilfen bei der Anwendung von *Wackelpeter & Trotzkopf*?

Wir können Ihnen noch zwei weitere Hilfen anbieten, die Ihnen bei der Umsetzung der Empfehlungen in diesem Buch helfen können:

- Basierend auf *Wackelpeter & Trotzkopf* haben wir die App *ADHS-Kids* entwickelt (für iOS und Android). Sie können sich diese App kostenlos bei iTunes und im Google Play Store herunterladen. Mit dieser App können Sie versuchen, problematische Situationen im Familienalltag in den Griff zu bekommen. Im Buch werden an den Stellen, die auch in der App dargestellt sind, Hinweise darauf gegeben.

- Der *ADHS-Elterntrainer* ist ein kostenloses Online-Selbsthilfe-Programm, das auf den gleichen Prinzipien beruht wie *Wackelpeter & Trotzkopf* (www.adhs-elterntrainer.de). Sie haben dort die Möglichkeit, anhand von Filmbeispielen die typischen Problemsituationen und die Umsetzung der Empfehlungen von *Wackelpeter & Trotzkopf* anhand von kleinen Filmsequenzen zu betrachten. Sie können sich dort nochmals konkrete Lösungsmöglichkeiten für die alltäglichen Probleme anschauen.

Auf diese zusätzlichen Hilfen werden wir in diesem Buch an den entsprechenden Stellen hinweisen.

Professionelle Hilfe oder Selbsthilfe?

Häufig fällt es schwer zu entscheiden, ob man die professionelle Hilfe eines Arztes oder eines Psychotherapeuten in Anspruch nehmen soll oder ob man dieses Buch als ein Selbsthilfeprogramm nutzen kann. Wir können Ihnen hier nur einige allgemeine Hinweise geben, die Ihnen helfen können, diese Frage für sich zu entscheiden.

Wichtig

Sie sollten sich um eine professionelle Hilfe kümmern,

- wenn Sie das Selbsthilfeprogramm systematisch durchgeführt haben, ohne dass sich die Probleme deutlich verändert haben,
- oder wenn einige der folgenden Punkte für Sie zutreffen:
  (1) Die Verhaltensprobleme Ihres Kindes in der Familie sind sehr stark ausgeprägt und beeinträchtigen das Zusammenleben in der Familie erheblich.
  (2) Die Verhaltensprobleme Ihres Kindes treten nicht nur in der Familie auf, sondern sind auch im Kindergarten bzw. in der Schule oder in anderen Situationen sehr stark ausgeprägt.
  (3) Die Verhaltensprobleme Ihres Kindes bestehen schon sehr lange.
  (4) In der Familie gibt es noch andere große Probleme, zum Beispiel starke Eheprobleme, psychische Probleme anderer Familienmitglieder (z. B. anderer Kinder oder des Vaters oder der Mutter).

Je mehr von diesen vier Punkten auf Ihr Kind und Ihre Familie zutreffen, umso eher sollten Sie sich um eine professionelle Hilfe kümmern. Falls Sie diese Fragen noch nicht beantworten können oder falls Sie sich jetzt noch nicht sicher sind, was Sie tun sollen, dann sollten Sie zunächst Teil I durchlesen. Sie erhalten darin Informationen, die Ihnen bei dieser Entscheidung helfen können. Außerdem werden wir Ihnen Informationen darüber geben, welche Art von Behandlung hilfreich sein kann und auf welche Weise Sie eine solche Behandlung für Ihr Kind in Anspruch nehmen können.

I Fragen und Antworten

1 Hyperkinetische Verhaltensauffälligkeiten

2 Oppositionelle Verhaltensauffälligkeiten

3 Warum werden hyperkinetische und oppositionelle Verhaltensauffälligkeiten in diesem Buch zusammengefasst?

4 Was kann man tun?

5 Wer kann helfen?

6 Was ist meist weniger hilfreich und was ist zukünftig vielleicht erfolgversprechend?

In diesem ersten Teil möchten wir Ihnen die wichtigsten Informationen über Kinder mit hyperkinetischen und oppositionellen Verhaltensproblemen geben. Wir werden uns dabei auf wissenschaftlich gesicherte Erkenntnisse stützen sowie auf unsere langjährige klinische Erfahrung in der Arbeit mit Kindern, die hyperkinetische oder oppositionelle Verhaltensprobleme haben. Im Einzelnen werden wir folgende Fragen beantworten:

Übersicht

- Was Sie über hyperkinetische Verhaltensauffälligkeiten wissen sollten (Kapitel 1).
- Was Sie über oppositionelle Verhaltensauffälligkeiten wissen sollten (Kapitel 2).
- Warum hyperkinetische und oppositionelle Verhaltensauffälligkeiten in diesem Buch zusammengefasst werden (Kapitel 3).
- Was man als betroffene Familie tun kann (Kapitel 4).
- Wer dabei helfen kann (Kapitel 5).
- Was meist weniger hilfreich ist (Kapitel 6).

Weitere wichtige Informationen über Kinder, Jugendliche und Erwachsene mit diesen Problemen erhalten Sie auf dem Informationsportal des zentralen adhs-netzes (http://www.adhs.info). Dort gibt es spezielle Informationen für Eltern von Kindern mit ADHS, für Lehrer und andere Pädagogen, die solche Kinder und Jugendliche betreuen, und es gibt spezielle Seiten für Kinder selbst und für Jugendliche, die an ADHS leiden. Auch für Erwachsene sind eigene Informationsseiten abrufbar.

1 Hyperkinetische Verhaltensauffälligkeiten

1.1 Woran erkennt man ein Kind mit hyperkinetischen Verhaltensauffälligkeiten (ADHS-Symptomen)?

Manche Kinder sind lebhafter als andere und jedes Kind ist irgendwann einmal sehr unruhig oder kann sich nicht konzentrieren und lässt sich leicht ablenken. Jeder weiß, dass es jüngeren Kindern schwerer fällt als älteren Kindern, sich ruhig zu verhalten oder ausdauernd bei einer Sache zu bleiben. Die Konzentrationsfähigkeit und die Ausdauer von Kindern verbessern sich mit dem Alter.

Kinder mit hyperkinetischen Verhaltensauffälligkeiten oder sogenannten ADHS-Symptomen unterscheiden sich jedoch von Kindern mit diesen ganz normalen Entwicklungserscheinungen in **Ausmaß** und **Stärke** der Probleme.

Wichtig

Kinder mit hyperkinetischen Auffälligkeiten oder ADHS-Symptomen haben im Vergleich zu anderen Kindern gleichen Alters ausgeprägte Auffälligkeiten meist in **drei Kernbereichen**: Sie fallen auf

- durch Aufmerksamkeits- und Konzentrationsschwächen,
- durch impulsives Verhalten und
- durch eine ausgeprägte Unruhe.

Aufmerksamkeits- und Konzentrationsschwächen

Den Kindern fällt es schwer, ihre Aufmerksamkeit dauerhaft auf die Bearbeitung einer Aufgabe zu richten. Die Kinder sind leicht ablenkbar, Aufgaben werden vorzeitig abgebrochen und Tätigkeiten werden nicht beendet. Dies wird vor allem bei Beschäftigungen beobachtet, die geistige Anstrengung verlangen. Meist sind die Auffälligkeiten bei jenen Tätigkeiten stärker ausgeprägt, die von anderen vorgegeben (fremdbestimmt) sind (z. B. Hausaufgaben, Aufgaben in der Schule). Vor allem bei Kindern im Kindergartenalter, aber auch bei jüngeren Schulkindern kann man diese Aufmerksamkeits- und Konzentrationsschwächen auch bei selbstbestimmten Tätigkeiten (z. B. beim Spielen) beobachten. Zunächst sind die Kinder sehr interessiert dabei, nach kurzer Zeit verlieren sie aber das Interesse und wechseln zu einer anderen Tätigkeit. Bei älteren Kindern und bei Kindern, die weniger stark von der Problematik betroffen sind, treten diese Schwächen bei selbst gewählten und lustbetonten Spielen kaum auf, sondern nur bei fremdbestimmten und weniger angenehmen Tätigkeiten.

Impulsives Verhalten

Deutlich mehr als andere Kinder gleichen Alters neigen Kinder mit hyperkinetischen Auffälligkeiten dazu, plötzlich und unüberlegt zu handeln. Sie folgen ihren ersten Ideen und Handlungsimpulsen und bedenken überhaupt nicht deren Folgen. Die Kinder sind kaum in der Lage, Bedürfnisse aufzuschieben und abzuwarten, bis sie an der Reihe sind. Wenn sie etwas haben wollen, dann muss es sofort sein. In dieser Hinsicht benehmen sie sich so, wie es bei jüngeren Kindern eigentlich üblich ist. Sie platzen mit Antworten heraus, bevor Fragen zu Ende gestellt sind, und unterbrechen andere häufig.

Körperliche Unruhe

Vor allem im Kindergarten- und im Grundschulalter fallen viele Kinder mit hyperkinetischen Auffälligkeiten durch ihre extreme Ruhelosigkeit und durch ihr ständiges Zappeln auf. Diese Auffälligkeit tritt besonders in Situationen auf, die relative Ruhe verlangen. Die Kinder stehen häufig im Unterricht oder in anderen Situationen auf, in denen Sitzenbleiben erwartet wird. Es fällt ihnen schwer, ruhig zu spielen, und sie laufen oder klettern häufig andauernd herum. Diese extreme Unruhe scheint von der Umgebung oder durch Aufforderungen kaum dauerhaft beeinflussbar zu sein. Die Eltern ermahnen ihr Kind, ruhig zu sein, möglicherweise reagiert das Kind auch darauf, aber nach wenigen Sekunden ist die alte Unruhe wieder da.

Diese Auffälligkeiten sind üblicherweise in **verschiedenen Lebensbereichen** zu beobachten – also nicht nur in der Familie, sondern auch im Kindergarten oder in der Schule und bei Freizeitaktivitäten mit Gleichaltrigen. Typischerweise treten die Probleme verstärkt in solchen Situationen auf, in denen von den Kindern oder Jugendlichen eine längere Ausdauer erwartet wird, zum Beispiel im Unterricht, bei den Hausaufgaben oder beim Essen. Dagegen treten diese Auffälligkeiten bei vielen Kindern entweder gar nicht oder nur in verminderter Form auf, wenn sie sich in einer neuen Umgebung befinden, wenn sie nur mit einer Person zusammen sind oder wenn sie sich einer Lieblingsaktivität widmen, selbst wenn diese ein hohes Maß an Aufmerksamkeit erfordert (z. B. beim Computerspiel).

Abbildung 1 zeigt das Ergebnis einer eigenen Untersuchung, in der Eltern von hyperkinetischen Kindern im Alter von sechs bis zehn Jahren gefragt wurden, welche familiären Situationen als be-

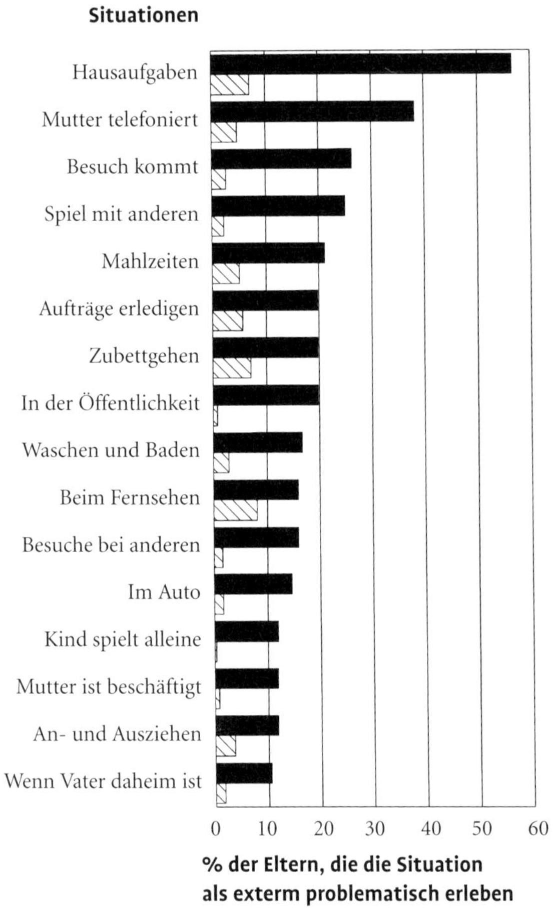

Abbildung 1 Häufigkeit problematischer Situationen in Familien mit hyperkinetischen Kindern und in einer Vergleichsgruppe (j hyperkinetische Kinder; h Vergleichsgruppe)

sonders belastend erlebt werden. Dieselben Fragen wurden einer per Zufall gewonnenen Vergleichsgruppe von Eltern mit Kindern im gleichen Alter gestellt. Wie Sie Abbildung 1 entnehmen können, beschreiben mehr als 50 % der Eltern hyperkinetischer Kinder die Hausaufgaben als extrem problematisch, während das in der Vergleichsgruppe in weniger als 10 % der Fälle so ist. Telefonate der Mutter und die Anwesenheit von Besuch werden von Eltern hyperkinetischer Kinder am zweit- bzw. dritthäufigsten als belastend erlebt.

Es gibt eine große Variationsbreite im **Schweregrad dieser Probleme**. Bei manchen Kindern sind die Verhaltensweisen so stark ausgeprägt, dass sie schon nach kürzester Zeit auffallen. Die Kinder sind im Kindergarten und in der Schule kaum tragbar und auch in der Familie können die Belastungen außerordentlich sein. Bei der Mehrzahl der Kinder sind die Probleme jedoch weniger stark ausgeprägt. Sie treten nicht in allen Situationen gleichermaßen auf, manchmal können sich diese Kinder auch über längere Zeit unauffällig verhalten. Der Übergang von normalem zu auffälligem Verhalten ist fließend.

Wichtig

Wenn die hyperkinetischen Verhaltensauffälligkeiten stark ausgeprägt sind, dann sprechen wir von einer **hyperkinetischen Störung (HKS)** oder auch einer **Aufmerksamkeitsdefizit- / Hyperaktivitätsstörung (ADHS)**.

1.2 Wie wird eine hyperkinetische Störung diagnostiziert?

Die Diagnose einer hyperkinetischen Störung (HKS) bzw. einer Aufmerksamkeitsdefizit- / Hyperaktivitätsstörung (ADHS) kann nur von einem Fachmann gestellt werden. Meistens sind Kinderärzte die ersten Ansprechpartner. Viele verweisen die Kinder jedoch an Spezialisten weiter, das können Fachärzte für Kinder- und Jugendpsychiatrie sein oder auch gut ausgebildete Psychologen, die als Kinder- und Jugendlichenpsychotherapeuten arbeiten. Die Merkmale, die Fachleute bei der Diagnose einer hyperkinetischen Störung bzw. einer Aufmerksamkeitsdefizit- / Hyperaktivitätsstörung berücksichtigen, sind in der nachfolgenden Übersicht aufgelistet. In Teil IV dieses Buches finden Sie einen Beurteilungsbogen (Arbeitsblatt 1), der auf diesen Merkmalen basiert und mit dessen Hilfe Sie für Ihr Kind überprüfen können, wie viele dieser Punkte zutreffen. Eine Diagnose kann allerdings nur dann gestellt werden, wenn mehrere der genannten Merkmale zutreffen. Aus Ihren Antworten in dem Beurteilungsbogen sollten Sie jedoch keine Diagnose ableiten; dazu ist eine Untersuchung bei einem Arzt oder Psychologen notwendig. Mit der Beantwortung des Beurteilungsbogens sollten Sie noch warten, wir werden ihn im Rahmen des Elternleitfadens (Teil II) einsetzen.

Für eine Diagnose ist es notwendig, dass mehrere der genannten Merkmale zutreffen und die beschriebenen Verhaltensauffälligkeiten deutlich stärker ausgeprägt sind als bei Kindern gleichen Alters und gleicher Begabung. Wir haben bereits darauf hingewiesen, dass Unruhe, Impulsivität und eine begrenzte Aufmerksamkeitsfähigkeit ganz normale Eigenschaften jüngerer Kinder sind. Deshalb muss das Alter des Kindes bei der Beantwortung der Fragen immer berücksichtigt werden. Außerdem zeigen auch Kinder mit einer allgemeinen Intelligenzminderung, also Kinder mit Lern- oder mit geistigen Behinderungen, häufig die gleichen Merkmale. Bei lern- oder geistig behinderten Kindern sind diese Auffälligkeiten also meist Folgen der Intelligenzminderung und nicht als eine hyperkinetische Störung bzw. eine Aufmerksamkeitsdefizit- / Hyperaktivitätsstörung aufzufassen. Allerdings gibt es auch Kinder mit Intelligenzminderungen, die **zusätzlich** eine hyperkinetische Störung bzw. eine Aufmerksamkeitsdefizit- / Hyperaktivitätsstörung haben. In diesen Fällen sind die Merkmale von motorischer Unruhe, von Impulsivität und von Aufmerksamkeitsschwächen noch stärker ausgeprägt als bei anderen Kindern, die ebenfalls eine entsprechende Intelligenzminderung haben.

Übersicht • Merkmale für die Diagnose einer hyperkinetischen Störung bzw. einer Aufmerksamkeitsdefizit- / Hyperaktivitätsstörung

A Unaufmerksamkeit

Das Kind

(1) beachtet häufig Einzelheiten nicht oder macht Flüchtigkeitsfehler bei den Schularbeiten, bei der Arbeit oder bei anderen Tätigkeiten;
(2) hat oft Schwierigkeiten, längere Zeit die Aufmerksamkeit bei Aufgaben oder Spielen aufrechtzuerhalten;
(3) scheint häufig nicht zuzuhören, wenn andere es ansprechen;
(4) führt häufig Anweisungen anderer nicht vollständig durch und kann Schularbeiten, andere Arbeiten oder Pflichten am Arbeitsplatz nicht zu Ende bringen;
(5) hat häufig Schwierigkeiten, Aufgaben und Aktivitäten zu organisieren;
(6) vermeidet häufig, hat eine Abneigung gegen oder beschäftigt sich häufig nur widerwillig mit Aufgaben, die länger andauernde geistige Anstrengungen erfordern (wie Mitarbeit im Unterricht oder Hausaufgaben);
(7) verliert häufig Gegenstände, die es für Aufgaben oder Aktivitäten benötigt (z. B. Spielsachen, Hausaufgabenhefte, Stifte, Bücher oder Werkzeug);
(8) lässt sich oft durch äußere Reize leicht ablenken;
(9) ist bei Alltagstätigkeiten häufig vergesslich.

B Hyperaktivität

Das Kind

(1) zappelt häufig mit Händen oder Füßen oder rutscht auf dem Stuhl herum;
(2) steht häufig in der Klasse oder in anderen Situationen auf, in denen Sitzenbleiben erwartet wird;
(3) läuft häufig herum oder klettert exzessiv in Situationen, in denen dies unpassend ist;

(4) hat häufig Schwierigkeiten, ruhig zu spielen oder sich mit Freizeitaktivitäten ruhig zu beschäftigen;
(5) ist häufig »auf Achse« oder handelt oftmals, als wäre es »getrieben«, oder zeigt ein anhaltendes Muster exzessiver motorischer Aktivität, das durch die soziale Umgebung oder durch Aufforderungen nicht durchgreifend beeinflussbar ist.

C Impulsivität

Das Kind
(1) platzt häufig mit der Antwort heraus, bevor die Frage zu Ende gestellt ist;
(2) kann häufig nur schwer warten, bis es an der Reihe ist bei Spielen oder in Gruppensituationen;
(3) unterbricht und stört andere häufig (platzt z. B. in Gespräche oder in Spiele anderer hinein);
(4) redet häufig übermäßig viel, ohne angemessen auf soziale Beschränkungen zu reagieren.

Wichtig

Für die Diagnose einer hyperkinetischen Störung bzw. einer Aufmerksamkeitsdefizit- / Hyperaktivitätsstörung müssen mehrere der Merkmale aus der Übersicht erfüllt sein und sie müssen deutlich stärker ausgeprägt sein, als dies bei Kindern gleichen Alters und gleicher Begabung der Fall ist. Darüber hinaus setzt die Diagnose voraus, dass die Probleme in verschiedenen Lebensbereichen auftreten.

Üblicherweise lassen sich also ähnliche Probleme sowohl in der Familie als auch im Kindergarten bzw. in der Schule sowie in anderen Situationen beobachten. Fachleute werden deshalb nach Rücksprache mit den Eltern auch direkt mit der Kindergarten-Erzieherin oder mit der Lehrerin sprechen. Wenn die Problematik insgesamt weniger stark ausgeprägt ist, dann kann es durchaus möglich sein, dass die Auffälligkeiten hauptsächlich im Kindergarten oder in der Schule und weniger deutlich in der Familie beobachtbar sind. Wenn Ihnen also die Klassenlehrerin oder die Erzieherin berichtet, dass Ihr Kind sich schlecht konzentrieren kann oder dass es impulsiv und unruhig ist, dann tun Sie das bitte nicht gleich als ein Hirngespinst ab, nur weil Sie solche Auffälligkeiten selbst gar nicht beobachten können.

Wenn die Probleme nur in einem Lebensbereich auftauchen, dann ist dies jedoch ein Hinweis darauf, dass die Auffälligkeit nicht so stark ausgeprägt ist wie üblicherweise bei Kindern mit hyperkinetischen Störungen.

In den Fachkreisen besteht Uneinigkeit darüber, ob für die Diagnose einer hyperkinetischen Störung Auffälligkeiten in allen drei Kernbereichen (Unaufmerksamkeit, Hyperaktivität, Impulsivität) vorliegen müssen oder ob es verschiedene Unterformen von hyperkinetischen Störungen gibt, nämlich:

- Hyperkinetische Störungen mit Auffälligkeiten in allen drei Kernbereichen,
- hyperkinetische Störungen, die hauptsächlich durch Aufmerksamkeitsschwächen, aber weniger durch Impulsivität und motorische Unruhe gekennzeichnet sind, und
- hyperkinetische Störungen, die hauptsächlich durch Impulsivität und motorische Unruhe und weniger durch Aufmerksamkeitsschwächen gekennzeichnet sind.

Vermutlich sind diese Unterschiede auch durch verschiedene Schweregrade der Auffälligkeit erklärbar. Bei Kindern mit hohem Schweregrad sind alle drei Kernbereiche in allen Lebensbereichen auffällig, bei geringerem Schweregrad sind nicht alle drei Bereiche gleichermaßen auffällig und die Probleme treten auch nicht unbedingt in allen Lebensbereichen (Familie, Schule usw.) in gleicher Stärke auf.

Wichtig

Je nach Schwerpunkt der Störung werden auch noch andere Begriffe zur Bezeichnung der Problematik verwendet:

Hyperaktivitätsstörung und **Aufmerksamkeits-Defizit-Syndrom (ADS-Syndrom)** sind die am häufigsten gebrauchten Begriffe.

Unter welchen Bedingungen tritt unaufmerksames, unruhiges und impulsives Verhalten auf, ohne dass eine hyperkinetische Störung vorliegt?

Wenn ein Kind Unruhe, Konzentrationsschwierigkeiten und impulsives Verhalten zeigt, dann heißt das nicht automatisch, dass eine hyperkinetische Störung vorliegt, weil diese Auffälligkeiten auch **bei anderen Störungen oder Belastungen** auftreten können:

Übersicht

- vorübergehende altersgemäße Verhaltensweisen bei aktiven Kindern
- Lernbehinderung und geistige Behinderung
- schulische Überforderung
- schulische Unterforderung
- durch Medikamente bedingte hyperkinetische Auffälligkeiten
- oppositionelle Verhaltensauffälligkeiten
- Unruhe und Konzentrationsprobleme bei Kindern mit Ängsten
- Unruhe und Konzentrationsprobleme bei Kindern mit trauriger Verstimmung und mit emotionalen Belastungen
- hyperkinetische Auffälligkeiten bei schwereren psychiatrischen Erkrankungen

Diese Störungen und Belastungen werden im Folgenden kurz beschrieben.

Vorübergehende altersgemäße Verhaltensweisen bei aktiven Kindern

Vor allem bei jüngeren Kindern sind die Grenzen zwischen einem noch altersgemäßen Bewegungsdrang und hyperaktivem Verhalten oft nur schwer zu ziehen. Drei- und Vierjährige können für Eltern aufgrund ihrer hohen Aktivität sehr belastend und anstrengend sein. Die Grenzen zu auffälligem Verhalten sind fließend. Die Frage, ob ein Verhalten schon als auffällig zu werten ist oder noch nicht, lässt sich deshalb auch letztendlich nicht eindeutig beantworten. Wenn Sie sich nicht sicher sind, dann sollten Sie darüber mit anderen Eltern sprechen, die Kinder im gleichen Alter und mit gleichem Geschlecht haben.

Wichtig

Die Hilfen, die wir in unserem Elternleitfaden in Teil II und in den Anwendungsbeispielen in Teil III dieses Buches geben, können auch als allgemeine Erziehungshilfen bei Kindern dienen, die keine eindeutigen Auffälligkeiten haben.

Lernbehinderung und geistige Behinderung

Wir haben bereits die manchmal schwierige Abgrenzung von hyperkinetischen Auffälligkeiten im Rahmen einer Lernbehinderung oder einer geistigen Behinderung erwähnt. Kinder mit solchen Intelligenzminderungen zeigen häufig im Vergleich zu normal entwickelten Gleichaltrigen eine verminderte Ausdauer und Konzentrationsfähigkeit oder auch vermehrt impulsives Verhalten und größere Unruhe. Wenn Kinder hyperkinetische Auffälligkeiten haben und gleichzeitig Entwicklungsrückstände im Kindergartenalter bzw. Leistungsprobleme in der Grundschule zeigen, dann muss auch die Begabung der Kinder untersucht werden. Wenn eine entsprechende Intelligenzminderung festzustellen ist, dann muss überprüft werden, ob die beschriebenen Verhaltensauffälligkeiten im Rahmen dieser allgemeinen Intelligenzminderung zu sehen sind, das heißt, ob andere Kinder mit gleicher Intelligenz typischerweise ähnliche Auffälligkeiten zeigen oder ob die Verhaltensauffälligkeiten des Kindes darüber hinausgehen. Vor allem ist bei diesen Kindern eine angemessene Förderung und Beschulung wichtig. Allgemeine Überforderungen müssen vermieden werden (siehe unten).

Wichtig

Treten auch dann noch Verhaltensprobleme weiter auf, können Maßnahmen hilfreich sein, die in Teil II und III dieses Buches beschrieben sind. Dabei müssen aber die generellen Möglichkeiten und Grenzen des Kindes im Auge behalten werden.

Schulische Überforderung

Einzelne Merkmale einer hyperkinetischen Störung können auch bei normal begabten Kindern auftreten, wenn das Kind den schulischen Anforderungen nicht gewachsen ist. Oft wird bei diesen Kindern beobachtet, dass sie im Unterricht nicht richtig aufpassen, dass sie dazwischenreden, gelangweilt wirken, unruhig auf dem Stuhl herumrutschen und die Hausaufgaben immer wieder unterbrechen. Wenn Kinder also Leistungsprobleme in der Schule haben, schlechte Noten mit nach Hause bringen und zusätzlich Verhaltensauffälligkeiten zeigen, die hyperkinetischen Auffälligkeiten ähnlich sind, dann muss abgeklärt werden, ob eine schulische Überforderung vorliegt, die die Kinder so sehr belastet, dass sie solche Verhaltensauffälligkeiten zeigen. Es kann natürlich auch sein, dass schulische Leistungsprobleme nicht die Ursache der hyperkinetischen Auffälligkeiten sind, sondern dass sie eine **Folge** darstellen oder dass Kinder **sowohl** hyperkinetische Störungen **als auch** Schulleistungsprobleme haben (siehe Teil III). Zur genauen Abklärung ist eine psychologische Untersuchung des Kindes mithilfe von Intelligenz- und Leistungstests notwendig. Es gibt aber auch andere Hinweise auf eine schulische Überforderung:

- Die hyperkinetischen Auffälligkeiten treten beim Wechsel von der Grundschule auf eine weiterführende Schule auf.
- Es waren früher schon Leistungsprobleme in der Schule vorhanden, ohne dass eindeutige hyperkinetische Auffälligkeiten bestanden.
- Die hyperkinetischen Auffälligkeiten sind ausschließlich im Zusammenhang mit der Schule und kaum in schulfreien Phasen zu beobachten.

Bei Jugendlichen, die als Kinder starke hyperkinetische Auffälligkeiten zeigten, kommt es allerdings auch häufig vor, dass die hyperkinetischen Probleme nachgelassen haben und nur noch im Zusammenhang mit der Schule auftreten. Wenn eine schulische Überforderung festgestellt wurde, dann sollte man zunächst eine entsprechende Entlastung vornehmen, beispielsweise durch gezielte schulische Förderung (wenn die Überforderung nicht zu stark ist und sich auf einzelne Schulfächer begrenzt), durch eine Klassenwiederholung oder durch einen Wechsel auf eine Schule mit geringeren Anforderungen.

Schulische Unterforderung

In sehr seltenen Fällen können Konzentrationsprobleme in der Schule, impulsives Verhalten und körperliche Unruhe auch auf eine Unterforderung in der Schule hinweisen. Das ist aber wirklich sehr selten, obwohl viele der betroffenen Eltern hoffen, dass dies die Ursache ist. Wenn Kinder sehr begabt (hochbegabt) sind, dann kann es sein, dass sie in der Schule keine für sie interessanten Anregungen finden und sich Langeweile breit macht, die sich dann in entsprechenden Verhaltensauffälligkeiten äußert. Wenn diese Kinder in eine Umgebung kommen, in der sie mehr gefordert und mehr gefördert werden, dann verschwinden die Verhaltensauffälligkeiten sehr schnell. Häufig erkennt man solche Kinder daran, dass sie bereits im Kindergartenalter besondere Fähigkeiten entwickelt haben, beispielsweise sehr gut sprechen konnten oder früh durch eigenes Interesse lesen und schreiben gelernt haben. In einem solchen Verdachtsfall ist ebenfalls eine genaue psychologische Untersuchung erforderlich. Wird eine hohe Begabung mit schulischer Unterforderung bestätigt, dann müssen entsprechende schulische Maßnahmen eingeleitet werden, zum Beispiel indem man dem Kind innerhalb des Unterrichtes spezielle Aufgaben stellt, es eine Klasse überspringen lässt oder die Schulart wechselt.

Durch Medikamente bedingte hyperkinetische Auffälligkeiten
Hyperkinetische Auffälligkeiten können auch durch verschiedene Medikamente ausgelöst werden. Dazu gehören beispielsweise viele Hustensäfte. Die Auffälligkeiten beginnen dann allerdings mit der Einnahme der Medikamente und verschwinden nach ihrem Absetzen wieder. Wenn Ihr Kind also ein Medikament nimmt und plötzlich solche Verhaltensauffälligkeiten zeigt, dann lesen Sie bitte im Beipackzettel nach und fragen Sie Ihren Arzt. Schwieriger kann es sein, wenn Kinder fortwährend bestimmte Medikamente nehmen müssen, die man nicht so einfach absetzen kann. Dazu gehören Medikamente, die gegen ein Anfallsleiden (eine Epilepsie) verordnet werden. Viele dieser Medikamente können Aufmerksamkeitsschwächen oder auch Unruhe auslösen. Es gibt aber Medikamente, bei denen das weniger stark der Fall ist. Wenn Sie ein Kind mit einem Anfallsleiden haben, das Medikamente gegen solche Anfälle bekommt und das hyperkinetische Auffälligkeiten zeigt, dann sprechen Sie mit Ihrem Arzt darüber. Manchmal ist es nicht möglich, die Medikamente auszutauschen, weil die Anfälle nur mit einem bestimmten Medikament gut unter Kontrolle zu halten sind oder weil die Risiken einer medikamentösen Umstel-

lung zu groß sind. Sie können die Hinweise, die wir in diesem Buch zur Behandlung und zum Umgang mit hyperkinetischen Kindern geben, auch für Ihr Kind umsetzen. Lediglich bei der medikamentösen Behandlung von hyperkinetischen Auffälligkeiten müssen bei Kindern mit einem Anfallsleiden manchmal andere Wege gegangen oder besondere Vorsichtsmaßnahmen eingehalten werden.

Oppositionelle Verhaltensauffälligkeiten
Diese Auffälligkeiten werden in Kapitel 2 genauer beschrieben. Kinder mit oppositionellen Verhaltensauffälligkeiten leisten Widerstand gegen Arbeiten oder schulische Aufgaben, die Anstrengung und Aufmerksamkeit verlangen, weil sie sich nicht den Forderungen anderer anpassen wollen. Solche oppositionellen Verhaltensweisen treten bei Kindern mit hyperkinetischen Störungen häufig auch als **zusätzliche** Verhaltensprobleme auf, sodass eine Unterscheidung oft schwierig ist. Im Gegensatz zu oppositionellen Verhaltensstörungen zeigen sich hyperkinetische Auffälligkeiten auch in Situationen, in denen es nicht um eindeutige Aufgaben geht, die von anderen gestellt werden. Demgegenüber zeigen sie ihr verweigerndes Verhalten häufig nur bestimmten Personen gegenüber (z. B. bei den Eltern), während sie sich bei anderen Personen gut anpassen können.

Wichtig

Unsere Hilfen im Elternleitfaden in Teil II und in den Anwendungsbeispielen in Teil III des Buches beziehen sich sowohl auf oppositionelle als auch auf hyperkinetische Auffälligkeiten. Für diese Hinweise ist die Unterscheidung daher nicht von zentraler Bedeutung.

Unruhe und Konzentrationsprobleme bei Kindern mit Ängsten

Wenn Kinder vor bestimmten Situationen Angst haben, dann reagieren sie oft mit Anspannung, Unruhe und können sich in diesen Situationen dann auch schlecht konzentrieren. Das ist vor allem bei Kindern mit Ängsten vor der Schule und besonders vor Klassenarbeiten der Fall. Die Auffälligkeiten einer hyperkinetischen Störung beginnen typischerweise im Kindergartenalter und bestehen dann über Jahre hinweg. Unruhe und Konzentrationsprobleme bei Kindern mit Ängsten können dagegen in jedem Alter beginnen und sind in der Regel auf die ängstigende Situation begrenzt. Diese Merkmale treten also dann in anderen Situationen, die keine Angst auslösen, nicht auf, beispielsweise bei den Hausaufgaben. Allerdings haben manche Kinder mit hyperkinetischen Auffälligkeiten zusätzlich Ängste, die zu einer weiteren Zunahme von Konzentrationsschwierigkeiten, beispielsweise bei Klassenarbeiten, beitragen (siehe Teil III).

Unruhe und Konzentrationsprobleme bei Kindern mit trauriger Verstimmung und mit emotionalen Belastungen

Kinder, die von ihrer Grundstimmung her traurig sind oder die unter starken emotionalen Belastungen leiden, können mit Konzentrationsproblemen und auch mit Unruhe und Anspannung reagieren. Manchmal wirken sie aber eher apathisch oder sind wenig ansprechbar. Die emotionalen Belastungen können vielfältiger Natur sein und beispielsweise durch die Trennung der Eltern, durch heftige Eheauseinandersetzungen oder durch den Verlust einer anderen wichtigen Bezugsperson ausgelöst werden. Üblicherweise findet man in solchen Fällen nicht den typischen Verlauf hyperkinetischer Probleme, die bereits im Kindergartenalter beginnen, über Jahre hinweg vorhanden sind oder sogar an Intensität zunehmen. Emotional bedingte Unruhen und Konzentrationsprobleme treten eher in engem Zusammenhang mit den emotionalen Belastungen auf und sie vermindern sich auch eher wieder, als dies bei hyperkinetischen Auffälligkeiten der Fall ist. Allerdings haben Kinder mit hyperkinetischen Verhaltensauffälligkeiten mit vielen negativen Erfahrungen und Belastungen zu kämpfen und können infolgedessen auch emotionale Probleme entwickeln (siehe Kapitel 3). Diese sind dann nicht die Ursache, sondern die Folge der hyperkinetischen Auffälligkeiten.

Hyperkinetische Auffälligkeiten bei schwereren psychiatrischen Erkrankungen

Wir können an dieser Stelle nicht ausführlich auf die psychiatrischen Erkrankungen eingehen, bei denen auch hyperkinetische Auffälligkeiten auftreten können. Diese Erkrankungen treten allerdings selten auf. Zu diesen psychiatrischen Erkrankungen zählt zum Beispiel der Autismus. Er ist durch eine grundlegende Störung der Fähigkeit gekennzeichnet, Kontakte zu anderen Menschen aufzunehmen und aufrechtzuerhalten. Diese Kinder zeigen häufig auch hyperkinetische Auffälligkeiten. Im Jugendalter gibt es noch weitere psychiatrische Erkrankungen, wie Schizophrenie und Manie, bei denen auch motorische Unruhe, Konzentrationsprobleme und Impulsivität auftreten können. Diese Erkrankungen treten aber so gut wie nie im Kindesalter auf und sind durch vielfältige andere schwere Störungen gekennzeichnet. Bei weiteren Fragen sollten Sie sich an einen Fachmann wenden.

1.3 Wie häufig sind hyperkinetische Verhaltensauffälligkeiten?

Hyperkinetische Auffälligkeiten gehören zusammen mit den oppositionellen Verhaltensauffälligkeiten, die im nächsten Kapitel beschrieben werden, zu den häufigsten Verhaltensstörungen im Kindesalter. Etwa 5 % aller Kinder haben deutlich ausgeprägte hyperkinetische Störungen, leichtere Auffälligkeiten sind bei weit mehr Kindern festzustellen. In einer Studie, die unsere Arbeitsgruppe in ganz Deutschland durchgeführt hat, gaben 10 % aller Eltern von Jungen im Alter von vier bis zehn Jahren an, dass ihr Kind sehr unruhig sei und nicht still sitzen könne; bei den Mädchen wurde dies von 7,5 % der Eltern berichtet. Eine gelegentliche Unruhe gaben aber 33 % bis 40 % aller Eltern an. Das heißt, im

Durchschnitt befindet sich in jeder Kindergartengruppe und in jeder Schulklasse mindestens ein Kind mit diesem Störungsbild, häufig sind es aber mehrere Kinder, die zumindest in geringerem Grade diese Probleme haben. Ausgeprägte hyperkinetische Auffälligkeiten treten bei Jungen mindestens dreimal häufiger auf als bei Mädchen. Sie beginnen fast immer vor dem Schulalter, meist sind sie spätestens im Alter von fünf bis sechs Jahren erkennbar. Bei Kindern, die weniger stark ausgeprägte Auffälligkeiten haben, kann es vorkommen, dass die Probleme erst mit der Einschulung richtig deutlich werden.

1.4 Was sind die Ursachen hyperkinetischer Auffälligkeiten?

Sowohl bei hyperkinetischen als auch bei oppositionellen Auffälligkeiten geht man heutzutage von einem sogenannten multifaktoriellen Geschehen aus. Das bedeutet, dass es nicht eine einzige Ursache für diese Schwierigkeiten gibt, sondern dass meist mehrere Faktoren eine Rolle bei der Entwicklung der Probleme spielen.

Wichtig

Bis heute gibt es keine eindeutige und allumfassende Erklärung für die Entstehung hyperkinetischer Auffälligkeiten. Allerdings sind sich die meisten Wissenschaftler einig, dass die Hauptursachen dieser Problematik in Veränderungen der Funktionsweise des Gehirns zu suchen sind. Die Bedingungen, unter denen die Kinder in der Familie, im Kindergarten und in der Schule aufwachsen, beeinflussen jedoch die Ausprägung und den Verlauf dieser Auffälligkeiten erheblich.

Funktionsstörungen des Gehirns

Die **Veränderungen der Funktionsweise des Gehirns** scheinen so komplex zu sein, dass sie beim einzelnen Kind selbst mit modernen Untersuchungsmethoden nicht nachweisbar sind. Das Hirnstrombild (EEG) der Kinder ist in der Regel nicht oder nur minimal verändert, was aber auch bei vielen anderen Kindern ohne hyperkinetische Störungen der Fall ist. In wissenschaftlichen Untersuchungen der Neurotransmitter im Gehirn (das sind die Botenstoffe, die zwischen den einzelnen Hirnzellen die Verbindung herstellen) konnten teilweise typische Veränderungen bei Kindern mit hyperkinetischen Störungen nachgewiesen werden.

Die Ursachen für diese Störungen der Funktionsweise des Gehirns sind ebenfalls noch nicht eindeutig erforscht. Hierzu liegen verschiedene Annahmen vor: Funktionsstörungen des Gehirns könnten möglicherweise ausgelöst werden durch

- erbliche Faktoren,
- Komplikationen während der Schwangerschaft, der Geburt oder in der Neugeborenenperiode,
- Bestandteile unserer Nahrung.

Der gegenwärtige Stand unseres Wissens zu diesen Faktoren lässt sich wie folgt zusammenfassen:

Erbliche Faktoren. Neue Studien weisen darauf hin, dass erbliche Faktoren bei der Entwicklung dieser Störungen eine bedeutende Rolle spielen. Vermutlich sind sie sogar der wichtigste Faktor. Die unterschiedliche Häufigkeit, mit der die Störung bei Jungen und bei Mädchen auftritt und das gehäufte Vorkommen ähnlicher Auffälligkeiten bei den Eltern von Kindern mit hyperkinetischen Störungen haben die Wissenschaftler schon lange vermuten lassen, dass erbliche Faktoren von großem Einfluss sind. Eindeutiger sind Studien mit eineiigen und zweieiigen Zwillingen. Eineiige Zwillinge tragen die identische Erbinformation in sich, zweieiige Zwillinge sind wie Geschwister und haben nur die Hälfte an identischen Erbinformationen. Mehrere Studien zeigen nun, dass eineiige Zwillinge sich in einem sehr hohen Maße hinsichtlich der hyperkinetischen Auffälligkeiten ähneln, während dies bei zweieiigen Zwillingen in wesentlich geringerem Maße der Fall ist. Dies ist ein sehr starker Hinweis auf die Erblichkeit dieser Auffälligkeiten. In sogenannten molekulargenetischen Untersuchungen versucht man nun, die Erbinformationen genau zu bestimmen, die für die Vererbung verantwortlich sind. Dies ist jedoch sehr kompliziert, weil man davon ausgeht, dass viele Erbinformationen zusammenspielen müssen. Allerdings konnten durch molekulargenetische Studien mittlerweile einzelne Stellen im menschlichen Erbgut bestimmt werden, die bei der Vererbung dieses Merkmales beteiligt sind.

Wichtig

Erbliche Faktoren spielen nach dem heutigen Stand des Wissens eine erhebliche Rolle bei der Entstehung hyperkinetischer Störungen.

Komplikationen während der Schwangerschaft, der Geburt oder in der Neugeborenenperiode. Früher hatte man die hyperkinetische Störung in eine enge Verbindung mit Komplikationen während der Schwangerschaft, der Geburt oder in der Neugeborenenperiode gebracht (z. B. vorzeitige Wehentätigkeiten, Nabelschnurumschlingung bei der Geburt oder Sturz des Kindes vom Wickeltisch), die eine Beeinträchtigung der Hirnfunktionen nach sich ziehen können. Minimale Hirnfunktionsstörungen oder **Minimale Cerebrale Dysfunktionen (MCD)** wurden diese Beeinträchtigungen genannt. Inzwischen ist jedoch klar, dass der Zusammenhang zwischen diesen Komplikationen und den hyperkinetischen Auffälligkeiten nicht so eng ist wie ursprünglich vermutet. Bei der Mehrzahl der hyperkinetisch auffälligen Kinder sind keine Hinweise auf solche Komplikationen zu finden und die meisten Kinder mit solchen Komplikationen zeigen später keine hyperkinetischen Störungen. Früh geborene Kinder mit sehr geringem Geburtsgewicht (unter 1500 g) haben jedoch ein erhöhtes Risiko, später hyperkinetische Störungen zu entwickeln. Das Gleiche gilt für Kinder, deren Mütter während der Schwangerschaft übermäßig viel Alkohol getrunken oder geraucht haben.

Wichtig

Bei der überwiegenden Mehrzahl der hyperkinetischen Kinder lassen sich Komplikationen während der Schwangerschaft, der Geburt oder in der Neugeborenenperiode als Hauptursache der Störung ausschließen.

Nahrung. Manche Wissenschaftler vermuteten auch, dass Bestandteile unserer Nahrung bei einigen Kindern hyperkinetische Auffälligkeiten verursachen können. Verschiedene Nahrungsbestandteile gerieten unter Verdacht, solche Störungen mit zu verursachen. Dazu gehören Zucker und Phosphate sowie Nahrungsmittelzusätze (z. B. Farbstoffe), aber auch viele andere Nahrungsmittel, von denen bekannt ist, dass sie Allergien (z. B. Hautallergien) auslösen können, beispielsweise Milcheiweiß. Nach dem gegenwärtigen Stand unseres Wissens spielen Phosphate bei der Entwicklung von hyperkinetischen Störungen keine Rolle und die Bedeutung von Zucker und Nahrungsmittelzusätzen ist bestenfalls minimal. Allerdings scheint es unter den hyperkinetischen Kindern einen geringen Anteil zu geben, der auf andere ganz normale Nahrungsbestandteile mit ADHS-Symptomen reagiert. Insgesamt geht man jedoch davon aus, dass Nahrungsbestandteile bei den meisten Kindern unbedeutend für die Entstehung der Störung sind.

Wichtig

Insgesamt spielen Nahrungsbestandteile als Ursachen für hyperkinetische Störungen vermutlich nur eine geringfügige Rolle.

Teufelskreis negativer Erfahrungen im sozialen Umfeld

Neben den Störungen der Funktionsweise des Gehirns beeinflussen Umweltfaktoren die Entwicklung hyperkinetischer Auffälligkeiten. Die **familiären Bedingungen**, aber auch die **Bedingungen im Kindergarten und in der Schule**, unter denen die hyperkinetischen Kinder leben, sind zwar nicht die alleinige Ursache der Störung, aber sie können in einem erheblichen Maße die Ausprägung der Symptomatik und ihren weiteren Verlauf mitbestimmen. Aufgrund ihrer Unruhe und ihres impulsiven Verhaltens stoßen hyperkinetische Kinder häufiger an Grenzen als andere Kinder und übertreten sie auch häufiger. Darüber hinaus reagieren hyperkinetische Kinder auf die normalen Erziehungsmaßnahmen oft nicht so wie andere Kinder. Die Eltern, die Erzieherin und die Lehrerin kommen deshalb häufig in schwierige Erziehungssituationen. Oft entsteht ein Teufelskreis aus Ermahnungen und Grenzsetzungen, die aber vom Kind nicht oder nur kurzfristig beachtet werden und deshalb immer und immer wieder neu ausgesprochen werden müssen. Positive Erfahrungen treten gegenüber diesen negativen Ereignissen sowohl in der Familie als auch im Kindergarten oder in der Schule immer mehr in den Hintergrund. Dadurch nehmen die hyperkinetischen und vor allem die oppositionellen und aggressiven Verhaltensauffälligkeiten an Intensität zu. Im Rahmen des Elternleitfadens (Teil II) werden wir noch ausführlich auf diesen Teufelskreis eingehen.

1.5 Wie entwickeln sich die Kinder weiter?

Wichtig

Hyperkinetische Auffälligkeiten beginnen vor dem Schulalter, meist sind sie spätestens im Alter von fünf bis sechs Jahren gut erkennbar. Häufig fallen diese Kinder aber schon im Kleinkindalter auf. Mit Beginn des Jugendalters vermindert sich vor allem die körperliche Unruhe, während Aufmerksamkeitsprobleme und die Neigung zu impulsiven Handlungen häufig bleiben.

Die einzelnen Entwicklungsphasen lassen sich kurz wie folgt beschreiben:

Kleinkindalter. Viele, aber nicht alle Kinder mit hyperkinetischen Auffälligkeiten fallen schon im ersten Lebensjahr durch ein extrem hohes Maß an Aktivität, durch Schlafprobleme, Fütter- und Verdauungsprobleme sowie durch häufiges Schreien auf. Aber es gibt einerseits auch viele Säuglinge mit diesen Merkmalen, die später keine hyperkinetische Störung entwickeln, und es gibt andererseits hyperkinetische Kinder, die als Säuglinge völlig unproblematisch waren. Wenn die Kinder im Säuglingsalter bereits deutliche Probleme haben, welche die Eltern überfordern oder an den Rand der Überforderung bringen, dann erhöht sich das Risiko, dass die Kinder später hyperkinetische (oder oppositionelle) Verhaltensauffälligkeiten entwickeln. Die Diagnose einer hyperkinetischen Störung lässt sich aber meist nicht vor dem Alter von drei Jahren stellen und auch dann ist eine Abgrenzung noch sehr schwierig.

Kindergartenalter. Bei hyperkinetischen Kindern im Alter von drei bis sechs Jahren sind allgemeine Anzeichen von motorischer Unruhe und extremer Umtriebigkeit die deutlichsten Merkmale. Den Kindern fällt es schwer, zu einem ruhigen und ausdauernden Spiel zu kommen. Da im Kindergarten wesentlich mehr ablenkende Reize auf das Kind einströmen, können hier die Auffälligkeiten stärker ausgeprägt sein als in der Familie. Viele Kinder fallen außerdem durch extreme Wutausbrüche und das Nichtbeachten von Grenzen und Anweisungen auf; bei anderen treten Rückstände in der Entwicklung der Sprache, des körperlichen Bewegungsablaufes oder des freien Zeichnens auf. Die Eltern sind häufig sehr stark durch das ungesteuerte Verhalten ihres Kindes belastet, das von den Eltern ein hohes Maß an Aufsicht, aber auch Geduld erfordert, die nicht immer aufzubringen sind. Aufgrund der hohen Impulsivität der Kinder ist das Unfallrisiko zu Hause wie im Straßenverkehr deutlich erhöht.

Grundschulalter. Mit der Einschulung geht meist eine deutliche Zunahme der Schwierigkeiten einher, weil die Kinder plötzlich mit Anforderungen an Ruhe, Ausdauer und Konzentrationsfähigkeit konfrontiert werden, denen sie nicht gewachsen sind. Einige Kinder bewältigen jedoch den Schuleintritt auch ohne eine starke Zunahme der Probleme. In der Familie wird die Bewältigung der Hausaufgaben häufig zum Kernproblem. Schlechte Leistungen in der Schule, vor allem Probleme beim Lesen- und Schreibenlernen, treten häufig, aber nicht immer auf. Aufgrund dieser Schwierigkeiten verlieren viele Kinder sehr schnell die Lust am Lernen. Aggressive Verhaltensweisen und Selbstwertprobleme können zunehmen. Die Schulschwierigkeiten können so stark werden, dass Klassenwiederholungen und Umschulungen notwendig werden.

Jugendalter. Die körperliche Unruhe vermindert sich meist bereits mit Beginn der Pubertät. Die Ursache hierfür ist nicht ganz klar. Da diese Verminderung der motorischen Unruhe aber in diesem Alter mit einer hohen Regelmäßigkeit eintritt, geht man davon aus, dass hierfür körperliche Reifungsprozesse, vor allem Reifungsprozesse im Gehirn, verantwortlich sind. Auch die Konzentrationsprobleme und die Impulsivität der Kinder vermindern sich mit dem Alter, allerdings sind diese Schwierigkeiten im Vergleich zu Gleichaltrigen häufig immer noch stärker ausgeprägt. Bei Kindern mit einem günstigen Verlauf der Problematik sind häufig keine Unterschiede mehr zu Gleichaltrigen festzustellen, auch wenn sie immer noch als sehr lebendig gelten. Jugendliche, die bereits als Kinder aggressiv auffällig waren, entwickeln gehäuft dissoziale Verhaltensprobleme, hauptsächlich in Form von Schuleschwänzen, ausgeprägtem Lügen und Stehlen. Manche Jugendliche neigen stärker als andere zu Alkohol- und Drogenmissbrauch. Kinder, die über viele Jahre hinweg die Schule als sehr negativ erlebt haben, entwickeln eine massive Abneigung gegen alles, was mit schulischer Leistung zu tun hat; häufig spielt aber auch die Angst davor, (wieder einmal) zu versagen, eine zentrale Rolle. Entsprechende Probleme mit der Versetzung oder auch Umschulungen können die Folge sein.

Erwachsenenalter. Die Verhaltensprobleme des Jugendalters können sich bis ins Erwachsenenalter hinein fortsetzen, in anderen Fällen vermindern sich die Probleme mit Eintritt in das Erwachsenenalter weiter. Am ungünstigsten ist die weitere Entwicklung bei jenen, die im Jugendalter dissoziale Verhaltensauffälligkeiten entwickelten und die Schule mit schwachen schulischen Leistungen abschließen.

2 Oppositionelle Verhaltensauffälligkeiten

2.1 Woran erkennt man ein Kind mit oppositionellen Verhaltensauffälligkeiten?

Kinder mit oppositionellen Verhaltensauffälligkeiten können sich weniger als andere Kinder gleichen Alters an wichtige Regeln halten. Sie geraten häufig in Streitigkeiten mit Eltern und anderen erwachsenen Bezugspersonen, aber auch mit Geschwistern oder anderen Kindern außerhalb der Familie. Sie werden schnell wütend, sie verärgern andere vorsätzlich und schieben die Schuld für eigene Fehler oder eigenes Fehlverhalten auf andere. Sie sind reizbar und reagieren schnell zornig. Oppositionelle und aggressive Verhaltensauffälligkeiten sind bis zu einem gewissen Grad Teil einer normalen Entwicklung. Es gibt Entwicklungsphasen, in denen diese Auffälligkeiten stärker ausgeprägt sind. Beispielsweise zeigen viele Dreijährige ausgeprägte Wutausbrüche, die dann im Alter von vier oder fünf Jahren schon wieder seltener werden. Auch in der Pubertät nehmen Auseinandersetzungen mit den Eltern typischerweise deutlich zu. Aggressives und oppositionelles Verhalten ist also bis zu einem gewissen Grade normal. Ein Kind, das sich **nie** aggressiv verhält, müsste einem möglicherweise eher Sorge bereiten als ein Kind, das gelegentlich wütend wird und Regeln verletzt. Allerdings gibt es Kinder, die diese Probleme wesentlich stärker haben als die meisten anderen Kinder des gleichen Alters und die aufgrund dieser Auffälligkeiten sowohl in der Familie wie auch im Kindergarten bzw. in der Schule oder mit den Gleichaltrigen deutliche Schwierigkeiten bekommen. Typischerweise zeigen sich die Probleme vor allem im Umgang mit vertrauten Erwachsenen oder Gleichaltrigen. Gewöhnlich schätzen sich die Kinder selbst nicht als oppositionell oder trotzig ein, sondern rechtfertigen ihr Verhalten als Reaktion auf unsinnige Forderungen oder zufällige unglückliche Umstände.

Wichtig

Insgesamt werden also unter oppositionellen Verhaltensauffälligkeiten verschiedene Formen aggressiven und verweigernden Verhaltens zusammengefasst:

- Nichtbeachten von Regeln und Grenzen
- Wutausbrüche und aggressives Verhalten gegenüber Eltern oder anderen Erwachsenen (meist bei Grenzsetzungen)
- dominierendes und aggressives Verhalten gegenüber Geschwistern in der Familie
- dominierendes und aggressives Verhalten gegenüber Gleichaltrigen außerhalb der Familie

Oppositionelle und aggressive Verhaltensweisen können **auf einen Lebensbereich begrenzt** bleiben oder sich auf **mehrere Lebensbereiche** erstrecken. Bei den meisten Kindern, die diese Auffälligkeiten haben, zeigen sich die Schwierigkeiten in der Familie, bei vielen Kindern sind diese Probleme sogar hauptsächlich auf die Familie begrenzt. Bei anderen treten die Schwierigkeiten auch im Kindergarten oder in der Schule und im Freizeitbereich gegenüber gleichaltrigen Kindern auf. Manchmal ist das auffällige Verhalten auch nur auf **eine** Person in der Familie begrenzt. Beispielsweise zeigen manche Kinder eine ausgeprägte Rivalität ihrer Schwester oder ihrem Bruder gegenüber, während sie sich bei allen anderen Familienmitgliedern nicht oppositionell und aggressiv verhalten. Andere Kinder beachten kaum Grenzen und Aufforderungen der Mutter und entwickeln sogar heftige Wutausbrüche, während sie dem Vater gegenüber solche Verhaltensweisen so gut wie nicht zeigen. In der Mehrzahl der Fälle verhalten sich die Kinder gegenüber **mehreren** Familienmitgliedern oppositionell, während sie in anderen Situationen außerhalb der Familie oft als freundlich und angepasst erlebt werden. Es kann also durchaus vorkommen, dass die

Eltern über das problematische Verhalten ihres Kindes in der Familie schon nahezu verzweifelt sind, während die **Erzieherin** im Kindergarten das gleiche Kind als freundlich und ausgeglichen, zugewandt und hilfsbereit erlebt. Allerdings gibt es auch viele Kinder mit diesen Verhaltensproblemen, die sowohl in der Familie als auch im Kindergarten bzw. in der Schule als auch gegenüber anderen gleichaltrigen Kindern auffällig sind.

Die Ausbreitung der Verhaltensprobleme auf verschiedene Lebensbereiche ist ein wichtiges Maß für den **Schweregrad der Problematik:** Je durchgängiger die Verhaltensprobleme sind, umso schwerwiegender sind die Auffälligkeiten. Bei manchen Kindern sind die Auffälligkeiten so stark ausgeprägt, dass sie in der Familie, im Kindergarten oder in der Schule kaum tragbar sind; bei der Mehrzahl der Kinder sind die Probleme jedoch weniger stark ausgeprägt. Sie treten nicht in allen Situationen gleichermaßen auf und der Übergang zu dem, wie Kinder sich normalerweise verhalten, ist fließend.

Wichtig

Wenn die oppositionellen Verhaltensauffälligkeiten stark ausgeprägt sind, dann sprechen wir von einer **oppositionellen Verhaltensstörung**.

2.2 Wie wird eine oppositionelle Verhaltensstörung diagnostiziert?

Die Diagnose einer solchen oppositionellen Verhaltensstörung kann nur von einem Fachmann gestellt werden. Die Merkmale, die Fachleute bei einer solchen Diagnose berücksichtigen, sind in der folgenden Übersicht aufgelistet. Eine Diagnose kann allerdings nur dann gestellt werden, wenn mehrere der genannten Merkmale zutreffen. Dabei ist es notwendig, dass die in den Kriterien beschriebenen Verhaltensauffälligkeiten deutlich stärker ausgeprägt sind als bei Kindern gleichen Alters. Zudem müssen die Auffälligkeiten über einen Zeitraum von mindestens sechs Monaten vorliegen. In Teil IV dieses Buches finden Sie einen Beurteilungsbogen, der auf den in der Übersicht aufgeführten Merkmalen basiert und mit dessen Hilfe Sie für Ihr Kind überprüfen können, wie viele dieser Punkte zutreffen (Arbeitsblatt 2). Eine Diagnose können Sie aus diesen Antworten jedoch nicht ableiten, dazu ist das Urteil eines Fachmannes notwendig. Mit der Beantwortung des Beurteilungsbogens sollten Sie noch warten, wir werden ihn im Rahmen des Elternleitfadens einsetzen (siehe Teil II).

Übersicht • Merkmale einer oppositionellen Verhaltensstörung (Störung des Sozialverhaltens mit oppositionellem, aufsässigem Verhalten)

Das Kind

(1) hat für das Entwicklungsalter ungewöhnlich häufige oder schwere Wutausbrüche oder wird schnell wütend;
(2) streitet sich häufig mit Erwachsenen;
(3) widersetzt sich häufig aktiv den Anweisungen oder Regeln von Erwachsenen oder weigert sich, diese zu befolgen;
(4) ärgert andere häufig absichtlich;
(5) schiebt häufig die Schuld für eigene Fehler oder eigenes Fehlverhalten auf andere;
(6) ist häufig reizbar oder lässt sich von anderen leicht ärgern;
(7) ist häufig zornig und ärgert sich schnell;
(8) ist häufig boshaft oder rachsüchtig.

2.3 Wie häufig sind oppositionelle Verhaltensauffälligkeiten?

Oppositionelle Verhaltensauffälligkeiten und Verhaltensstörungen sind weit verbreitet. Die Häufigkeitsangaben hängen sehr stark von den Kriterien ab, die bei der Definition der Auffälligkeit angewandt werden. In einer eigenen Studie im gesamten Bundesgebiet beschrieben die Eltern von Kindern im Alter von vier bis zehn Jahren bei rund 3 % aller Mädchen und rund 6 % aller Jungen ausgeprägte oppositionelle Verhaltensstörungen. Leichtere Auffälligkeiten treten nach Angaben der Eltern bei wesentlich mehr Kindern auf. Abbildung 2 zeigt die Häufigkeit, mit der Eltern von Jungen bzw. von Mädchen im Alter von vier bis zehn Jahren einzelne oppositionelle und aggressive Verhaltensauffälligkeiten beschreiben. Bei 8 bis 9 % aller Jungen und Mädchen in diesem Alter erleben die Eltern häufiges Streiten und Widersprechen. Starke Eifersucht wird bei 6 bis 7 % festgestellt. Ausgeprägtere Auffälligkeiten wie heftige Wutausbrüche oder Zerstören von Eigenem werden seltener berichtet. Sie kommen bei Jungen häufiger vor als bei Mädchen – ausgeprägte Raufereien und Schlägereien sind beispielsweise bei Jungen dreimal häufiger beobachtet worden als bei Mädchen.

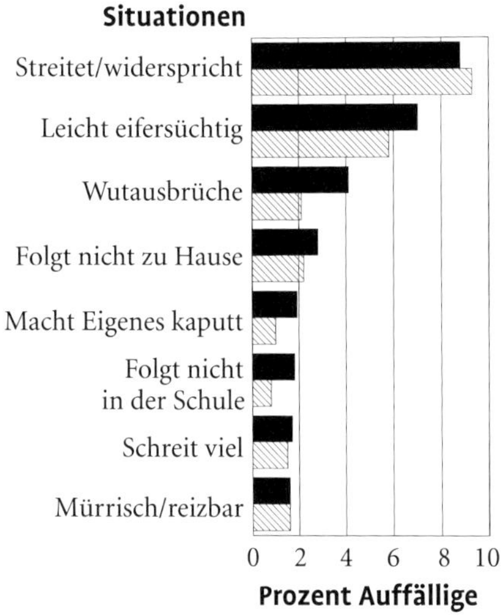

Abbildung 2 Häufigkeit von oppositionellen und aggressiven Verhaltensauffälligkeiten bei Jungen und Mädchen im Alter von vier bis zehn Jahren nach Einschätzung der Eltern (Jungen; Mädchen)

2.4 Was sind die Ursachen oppositioneller Verhaltensauffälligkeiten?

Wie bei den hyperkinetischen Verhaltensauffälligkeiten sind auch die Ursachen oppositionellen Problemverhaltens vielfältig. Während man jedoch bei den hyperkinetischen Auffälligkeiten vor allem in letzter Zeit immer stärker die Bedeutung biologischer Faktoren erkennt, spielen bei den oppositionellen Verhaltensweisen die sogenannten psychosozialen Faktoren eine größere Rolle. Insbesondere Verhaltensmuster in der Erziehung des Kindes dürften die Entstehung und Aufrechterhaltung oppositioneller Auffälligkeiten beeinflussen. Der in Zusammenhang mit den Ursachen hyperkinetischer Auffälligkeiten (vgl. Abschnitt 1.2) bereits beschriebene Teufelskreis kann auch in Familien mit oppositionellen Kindern entstehen: Eltern und Kind sind in einem Kreislauf aus ständigen Ermahnungen, Beschimpfungen, Quengeln, Überhören und Androhungen von Konsequenzen gefangen, der dazu führt, dass

- Eltern und Kind überwiegend negativ miteinander umgehen,
- kaum positive Erfahrungen möglich sind und damit die Wärme in der Eltern-Kind-Beziehung verloren geht,
- Eltern und auch andere Bezugspersonen in der Erziehung inkonsequent werden und manchmal etwas erlauben, dann wieder das Gleiche verbieten oder Konsequenzen androhen, die dann nicht eintreten.

Dieser Teufelskreis wird in Teil II des Buches ausführlicher erläutert.

Übersicht

Die Ursachen dafür, dass Eltern und Kind in einen solchen Teufelskreis geraten, sind vielfältig. Zu den häufigsten Ursachen zählen:

- ungünstige Temperamentsmerkmale des Kindes
- hyperkinetische Auffälligkeiten des Kindes

- kritische Entwicklungsphasen
- psychische oder körperliche Probleme der Eltern
- andere Belastungen in der Familie
- Belastungen außerhalb der Familie

Ungünstige Temperamentsmerkmale des Kindes. Bei manchen Kindern – dazu zählen oft auch hyperkinetische Kinder – gibt es schon von Geburt an Schwierigkeiten: Sie schlafen schlecht, sie trinken schlecht, die Verdauung bereitet Schwierigkeiten, sie lassen sich schnell irritieren und schreien sehr viel. Solche »Schreibabys« stellen eine hohe Belastung für die Eltern dar und die Eltern brauchen viel Kraft, Ruhe und Geduld, um trotzdem positiv auf ihr Kind zugehen, es trösten und ihm helfen zu können. Wenn dies nicht gelingt, dann treten Eltern und Kind schon sehr früh in den Teufelskreis aus negativen Erfahrungen.

Hyperkinetische Auffälligkeiten des Kindes. Bei Kindern mit hyperkinetischen Auffälligkeiten ist das Risiko sehr groß, in einen solchen Teufelskreis zu geraten, weil die Kinder durch ihre Impulsivität und ihre Unruhe immer wieder Grenzen übertreten und Regeln nicht beachten.

Kritische Entwicklungsphasen. Es gibt Entwicklungsphasen, in denen Kinder eher dazu neigen, oppositionell, trotzig und verweigernd zu reagieren. Da ist zum einen das sogenannte **Trotzalter**. Wenn Kinder im Alter von zwei bis drei oder auch vier Jahren beginnen, sich als eigenständige Personen wahrzunehmen, dann erproben sie auch das Nein-Sagen. Ihre eigenen Gefühle haben sie meist noch nicht unter Kontrolle, sodass sie dann auch mit sehr heftigen Wutausbrüchen reagieren können. In dieser Phase ist es wichtig, dass sich die Eltern einerseits bewusst sind, dass Trotzverhalten zu einer normalen Entwicklung dazugehört. Sie müssen ihrem Kind aber auch helfen, den richtigen Weg zu finden, das heißt, das Kind möglichst ruhig zu begrenzen und ihm durch eine klare Führung zu zeigen, wie es mit seinem Trotz und Ärger besser umgehen kann. Ein reines Gewährenlassen hilft dem Kind sicher nicht. Der Elternleitfaden und die Anwendungsbeispiele in Teil II und Teil III dieses Buches können bei der Bewältigung dieser Entwicklungsphase sehr hilfreich sein.

Eine zweite kritische Phase ist die **Pubertät**. Häufig beginnen Kinder schon mit elf und zwölf Jahren, sich gegen ihre Eltern abzugrenzen, wesentlich mehr Rechte einzufordern und neue Freiheiten zu erproben. Verselbstständigung, Unabhängigkeit und Autonomie sind die zentralen Themen dieses Alters. Dies führt regelmäßig zu mitunter heftigen Auseinandersetzungen mit den Eltern. Auch hier sind klare Regeln und konstruktive Auseinandersetzungen mit dem Kind/Jugendlichen nötig. Die Hilfestellungen, die wir hier in diesem Buch geben, können teilweise bei der Lösung dieser Probleme herangezogen werden. Darüber hinaus sind jedoch auch noch andere Umgangsformen notwendig (z. B. Konfliktgespräche), die nicht Gegenstand dieses Buches sind. Für den Umgang mit Teenagern mit ADHS und oppositionellen Verhaltensstörungen gibt es den Elternratgeber *Wackelpeter & Trotzkopf in der Pubertät* von Claudia Kinnen, Christiane Rademacher und Manfred Döpfner im Beltz Verlag.

Psychische oder körperliche Probleme der Eltern. Wenn Eltern selbst starke psychische Belastungen und Probleme haben, dann finden sie nicht die Kraft, die Zeit und die Ruhe, sich mit ihren Kindern so zu beschäftigen, wie es nötig ist, und können nicht die Wärme und Geborgenheit bieten, die Kinder brauchen. Die häufigsten psychischen Probleme der Eltern sind Depressionen, Ängste und Alkoholprobleme. Aber auch chronische körperliche Erkrankungen, chronische Schmerzen und andere körperliche Probleme können die gleichen Auswirkungen haben.

Andere Belastungen in der Familie. Eheprobleme, Trennung der Eltern, Probleme mit anderen Kindern in der Familie sind häufig Ursachen dafür, dass Eltern mit ihrem Kind in den beschriebenen Teufelskreis geraten, weil sie aufgrund dieser Belastungen ihrem Kind nicht gerecht werden können. Manchmal sind auch spezielle Familienkonstellationen dafür mitverantwortlich, beispielsweise die Geburt eines Geschwisters, die dazu führt, dass die Mutter ihre Aufmerksamkeit hauptsächlich auf das neue Familienmitglied richtet und das ältere Kind sich vernachlässigt fühlt.
Belastungen außerhalb der Familie. Manchmal können auch Belastungen außerhalb der Familie dazu führen, dass sich starke Spannungen aufbauen und sich dann in oppositionellen und aggressiven Verhaltensweisen entladen. Das können Belastungen der Eltern sein, zum Beispiel am Arbeitsplatz oder Streit mit Verwandten, aber auch Belastungen des Kindes. Zu den häufigsten Belastungen des Kindes zählen Probleme in der Schule durch zu hohe Leistungsanforderungen, aber auch durch mangelnde Anerkennung, Konflikte mit Klassenkameraden oder mit Lehrern. Diese Probleme können natürlich auch schon im Kindergarten auftreten.

2.5 Wie entwickeln sich die Kinder weiter?

Die Entwicklung von Kindern mit oppositionellen Verhaltensauffälligkeiten ist variabler als die bei Kindern mit hyperkinetischen Problemen. Abbildung 3 veranschaulicht die Entwicklungsprozesse grafisch. Sie zeigt verschiedene Entwicklungsphasen bei Kindern mit oppositionellen Verhaltensauffälligkeiten, von der frühen Kindheit bis zum Jugendalter.
Frühe Kindheit. Oppositionelles und aggressives Verhalten von Kindern in der Familie wird durch einen Teufelskreis in der Erziehung gefördert und verstärkt. Dieser Teufelskreis besteht aus vielen Ermahnungen, einem zunehmend negativen und strafenden Umgang mit dem Kind sowie der Schwierigkeit der Eltern, in der Erziehung konsequent zu bleiben. Einerseits kann ein solcher Teufelskreis dann leicht entstehen, wenn das Kind ein eher schwie-

riges Temperament hat, sehr impulsiv und ein Hitzkopf ist, vielleicht schon im Säuglingsalter viel geschrien und Probleme mit der Nahrungsaufnahme hatte oder wenn das Kind hyperkinetische Auffälligkeiten hat. Andererseits gerät man in einen solchen Teufelskreis leichter, wenn die Eltern selbst mit bestimmten Belastungen zu kämpfen haben – entweder mit eigenen psychischen Problemen oder mit anderen Belastungen innerhalb und außerhalb der Familie. Häufig beginnt dieser Teufelskreis schon in der frühen Kindheit, er kann aber auch erst später einsetzen.

Die Kinder machen im Teufelskreis die Erfahrung, dass sie durch ihr oppositionelles Verhalten gelegentlich auch »erfolgreich« sind, und sie lernen nicht in ausreichendem Maße, ihre aggressiven Gefühle zu kontrollieren und Konflikte auf konstruktive Weise zu lösen. Viele Kinder zeigen solche Verhaltensweisen schließlich auch im Kindergarten und in der Schule. Am Ende sehen sie kaum noch Möglichkeiten, Konflikte anders als mit aggressiven Mitteln zu lösen, und es fehlt ihnen auch an entsprechenden sozialen Fertigkeiten dafür.

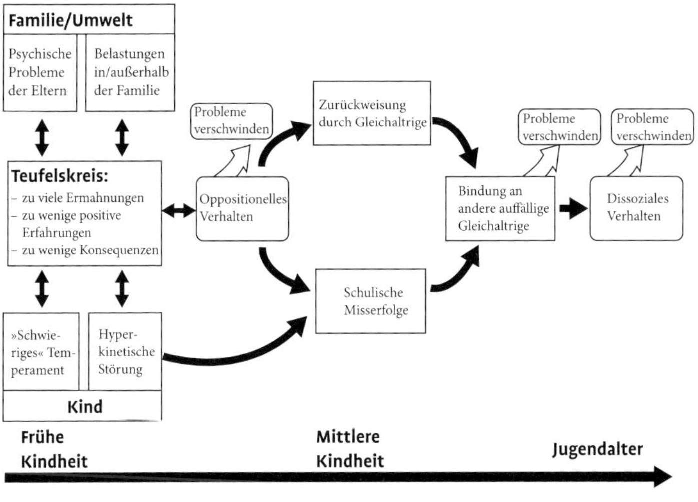

Abbildung 3 Entwicklung von Kindern mit oppositionellen Verhaltensauffälligkeiten

Grundschulalter. Im Grundschulalter oder etwas später gibt es zwei zentrale Faktoren, welche die weitere Entwicklung wesentlich beeinflussen können. Aggressive Kinder werden erstens von den Gleichaltrigen abgelehnt und geraten deshalb vermehrt in Konflikte. Sie finden wenig Möglichkeiten, sich angemessene Formen der Konfliktlösung anzueignen. Sie haben zweitens ein hohes Risiko für schulischen Misserfolg, das auf ihr oppositionelles und verweigerndes Verhalten gegenüber den Leistungsanforderungen der Schule und – falls vorhanden – auch auf die hyperkinetischen Auffälligkeiten zurückzuführen ist.

Jugendalter. Aggressiv auffällige Jugendliche, deren schulische Karriere durch Misserfolge gekennzeichnet ist und die von Gleichaltrigen abgelehnt werden, tendieren dazu, sich gleichgesinnten, ebenfalls auffälligen Jugendlichen anzuschließen. Denn hier bekommen diese Jugendlichen das, was sie weder in der Familie noch in der Gleichaltrigengruppe noch in der Schule erhalten haben, nämlich Anerkennung. Solche Gruppen mit auffälligen Jugendlichen sind der zentrale »Trainingsort« für delinquente Aktionen und für Drogenmissbrauch: Die Jugendlichen schwänzen die Schule (in der sie überwiegend Misserfolge erfahren haben), sie stehlen, meistens erst zu Hause, später auch in Geschäften, sie zerstören mutwillig Eigentum, nehmen Alkohol und Drogen zu sich und geraten in Konflikt mit der Polizei.

Glücklicherweise ist dies kein unausweichliches Schicksal für alle trotzigen und verweigernden Kindergartenkinder. Vielen Kindern und auch Jugendlichen gelingt es, von diesem »fahrenden Zug« wieder rechtzeitig abzuspringen. Es gibt einerseits wesentlich mehr aggressive und oppositionelle Kinder, als es kriminelle Jugendliche gibt, und andererseits werden manche Jugendliche nach einer unauffälligen Kindheit kriminell. Aber das Risiko für eine solche Entwicklung ist bei Kindern, die aggressiv und oppositionell auffällig sind, deutlich erhöht. Deshalb ist es auch so wichtig, möglichst frühzeitig die richtigen Maßnahmen zu ergreifen.

Ein höheres Risiko für eine ungünstige Entwicklung haben Kinder, die nicht nur in der Familie, sondern auch im Kindergarten oder in der Schule und im Freizeitbereich gegenüber Gleichaltrigen diese Auffälligkeiten zeigen, und Kinder, die früh durch aggressives Verhalten aufgefallen sind. Im späten Jugendalter setzt bei den Jugendlichen, die delinquent geworden sind, noch einmal ein günstiger Trend ein. Nicht alle, sondern etwa die Hälfte bis drei Viertel der delinquenten Jugendlichen begehen auch im frühen Erwachsenenalter Straftaten. Bis zum 30. Lebensjahr sinkt die Delinquenzrate weiter. Insgesamt aber ist die Entwicklung bei vielen, viel **zu vielen** Kindern mit oppositionellen und aggressiven Verhaltensauffälligkeiten sehr ungünstig und problematisch.

Wichtig

Es wäre sicher übertrieben, bei jedem Wutanfall eines Vierjährigen schon den sechzehnjährigen Straftäter zu sehen. Wenn aber solche oppositionellen und aggressiven Verhaltensweisen über längere Zeit auftreten, dann sollte man unbedingt etwas tun.

3 Warum werden hyperkinetische und oppositionelle Verhaltensauffälligkeiten in diesem Buch zusammengefasst?

Obwohl sich hyperkinetische und oppositionelle Verhaltensweisen deutlich voneinander unterscheiden, sie zum Teil auf verschiedene Ursachen zurückzuführen sind und Unterschiede im Entwicklungsverlauf der Kinder bestehen können, ergibt es Sinn, beide Verhaltensprobleme in einem Buch zusammenzufassen: Zum einen gibt es einen **Überschneidungsbereich** von Kindern, die sowohl hyperkinetische als auch oppositionelle Verhaltensauffälligkeiten zeigen (siehe Abbildung 4). Nach einigen wissenschaftlichen Untersuchungen haben deutlich mehr als 50 % der Kinder mit hyperkinetischen Verhaltensstörungen auch oppositionelle und aggressive Verhaltensauffälligkeiten. Zum anderen helfen ähnliche Maßnahmen sowohl Kindern mit hyperkinetischen als auch mit oppositionellen Verhaltensauffälligkeiten. Vor allem der in Teil II dargestellte Elternleitfaden kann helfen, beide Problembereiche zu vermindern.

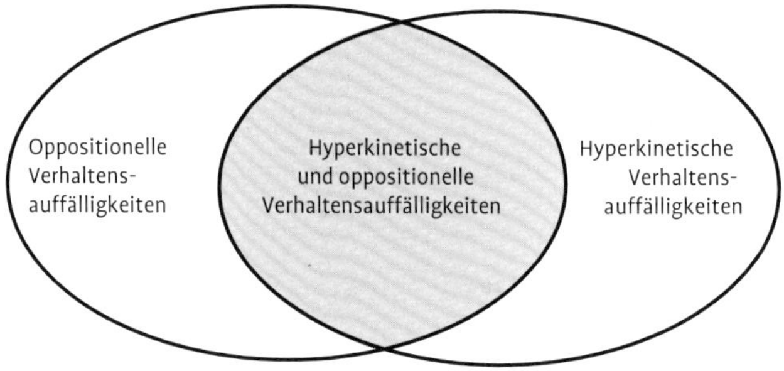

Abbildung 4 Überschneidung von oppositionellen und hyperkinetischen Verhaltensauffälligkeiten

Welche weiteren Probleme können Kinder mit hyperkinetischen oder oppositionellen Auffälligkeiten haben?

Sowohl hyperkinetische als auch oppositionelle Verhaltensprobleme können in Verbindung mit anderen, **zusätzlichen Schwierigkeiten und Problemen** auftreten. Über die Kernproblematik hyperkinetischen (unaufmerksamen, impulsiven und unruhigen) bzw. oppositionellen Verhaltens hinaus zeigen sich Probleme in folgenden Bereichen (siehe Abbildung 5):

Abbildung 5 Kernprobleme und zusätzliche Probleme von Kindern mit hyperkinetischen und oppositionellen Auffälligkeiten

Entwicklungsrückstände und Leistungsprobleme in der Schule. Die meisten hyperkinetischen Kinder unterscheiden sich in ihrer grundlegenden Begabung nicht von anderen Kindern. Aber im Schulalter haben viele Kinder mit hyperkinetischen Verhaltensweisen schlechtere Leistungen beim Lesen, Rechtschreiben oder im Rechnen und sie wiederholen deshalb auch häufiger eine Klasse. Manche Kinder entwickeln sogenannte Teilleistungsschwächen oder umschriebene Lernstörungen, vor allem im Lesen und Schreiben. Während sie die anderen Fächer noch relativ gut bewältigen und in ihrer Intelligenz durchaus normal oder sogar gut begabt sind, haben sie große Probleme mit dem Lesen und vor allem mit der Rechtschreibung bei Diktaten. Gehäuft treten auch Ungeschicklichkeiten und Koordinationsschwierigkeiten auf, die im Schulalter ein schlechtes Schriftbild verursachen. Schon im Vorschulalter sind bei vielen Kindern Entwicklungsrückstände zu beobachten, vor allem in der Sprache, beim Zeichnen und in der Koordination von Bewegungen.

Auch Kinder, die nur oppositionelle und keine hyperkinetischen Verhaltensauffälligkeiten zeigen, haben häufig Leistungsprobleme in der Schule, vermutlich weil sie schulische Anforderungen aktiv verweigern. Manchmal kann aber auch schulische Überforderung Ursache für oppositionelles und verweigerndes Verhalten sein.

Unsicherheit und mangelndes Selbstvertrauen. Viele Kinder mit hyperkinetischen Störungen entwickeln mit der Zeit Ängste und Unsicherheiten und trauen sich weniger zu als andere Kinder. Das gilt vor allem in jenen Situationen, in denen es um schulische Leistungen geht. Aber auch in anderen Situationen leiden die Kinder oft unter einem mangelnden Selbstvertrauen. Da diese Kinder häufig Ablehnung von anderen erfahren – von Gleichaltrigen, von Eltern, von Erziehern und Lehrern –, sind viele, wenn auch nicht alle Kinder in sozialen Situationen unsicher und zeigen wenig Selbstvertrauen. Diese Schwierigkeiten fallen häufig zunächst weniger auf, weil die anderen Probleme so sehr ins Auge springen.

Auch oppositionell auffällige Kinder, die manchmal so extrem stark und mächtig wirken, leiden sehr häufig an einem mangelnden Selbstvertrauen, haben aber das Gefühl, dass sie sich keine »Blöße« geben und keine Schwächen zeigen dürfen. Es ist häufig sehr schwer, diese harte und abweisende Schale zu durchdringen und an die Unsicherheiten und Selbstwertprobleme dieser Kinder vorzustoßen.

Dissoziale Verhaltensauffälligkeiten. Oppositionelle Verhaltensstörungen sind häufig Vorläufer von umfassenden aggressiv-dissozialen Störungen des Sozialverhaltens, die manchmal schon im Alter von neun bis zwölf Jahren beginnen können, häufiger aber etwas später im Verlauf der Pubertät. Ältere Kinder und Jugendliche mit solchen dissozialen Verhaltensstörungen lügen häufig, um sich Vorteile zu verschaffen; sie stehlen in und außerhalb der Familie; sie schwänzen die Schule, bleiben nachts länger weg als erlaubt und kommen durch Diebstahl, Zerstörung fremden Eigentums, Körperverletzung oder Raub mit dem Gesetz in Konflikt. Viele, jedoch nicht alle Kinder mit oppositionellen Verhaltensstörungen entwickeln beim Übergang zum Jugendalter oder im Jugendalter diese aggressiv-dissozialen Verhaltensstörungen. Umgekehrt weisen Kinder und Jugendliche mit aggressiv-dissozialen Verhaltensstörungen typischerweise auch die Merkmale von oppositionellen Verhaltensstörungen auf.

Ablehnung durch Gleichaltrige. Sowohl hyperkinetische als auch oppositionell auffällige Kinder werden häufig von Gleichaltrigen abgelehnt, entweder weil sie aufgrund ihrer hyperkinetischen Auffälligkeiten ständig beim Spielen stören oder weil sie wegen ihrer aggressiven Verhaltensweisen als Störenfriede empfunden werden. Viele Kinder mit diesen Verhaltensproblemen versuchen, andere zu dominieren und zu kontrollieren, was ebenfalls die Ablehnung durch Gleichaltrige hervorruft.

Belastete Beziehungen zu Erwachsenen. Aufgrund der Verhaltensweisen von hyperkinetischen bzw. oppositionell auffälligen Kindern haben die Eltern ständig Auseinandersetzungen mit ihrem Kind, und die Beziehungen zwischen den Eltern und dem Kind sind oft sehr belastet. Die Eltern sind häufig regelrecht verzweifelt und haben das Gefühl, das Kind überhaupt nicht mehr in den Griff zu bekommen und in der Erziehung völlig versagt zu haben. Für das Kind entsteht der Eindruck, von seinen Eltern nur noch Ablehnung zu erfahren und ihnen nichts recht machen zu können.

Auch die Beziehungen zwischen dem Kind und der **Erzieherin** im Kindergarten oder der **Lehrerin** in der Schule sind meist ähnlich angespannt. Die Kinder werden als hochgradig problematisch und oft als störend erlebt. Aufgrund dieser Belastungen kommt es zu allem Übel dann häufig auch noch zu Spannungen zwischen den Eltern und der **Erzieherin** oder der **Lehrerin**.

Vor dem Hintergrund, dass hyperkinetische und oppositionelle Verhaltensauffälligkeiten häufig gemeinsam auftreten und von einer ähnlichen Zusatzproblematik begleitet sind, ergeben sich für die Behandlung beider Verhaltensstörungen ähnliche Ansatzpunkte und Vorgehensweisen. Diese sollen im folgenden Kapitel 4 beschrieben werden.

4 Was kann man tun?

Obwohl es neben den Überschneidungen und Gemeinsamkeiten von hyperkinetischen und oppositionellen Auffälligkeiten auch deutliche Unterschiede in beiden Störungsbildern gibt, sind die Maßnahmen in weiten Bereichen ähnlich. Deshalb werden wir die Maßnahmen für beide Problembereiche gemeinsam besprechen; spezielle Maßnahmen haben wir entsprechend kenntlich gemacht.

Wie Tabelle 1 zeigt, lassen sich im Wesentlichen vier Möglichkeiten der Hilfe für diese Kinder voneinander abgrenzen. Dabei bestehen Unterschiede darin, wo die Maßnahmen ansetzen.

Die medikamentöse Behandlung ist nur bei Kindern mit hyperkinetischen Störungen möglich. Die anderen drei Behandlungsmöglichkeiten sind sowohl bei Kindern mit hyperkinetischen als auch bei Kindern mit oppositionellen Auffälligkeiten angezeigt.

Wichtig

Grundregel bei der Auswahl der Hilfsmaßnahmen für Kinder mit hyperkinetischen oder oppositionellen Verhaltensauffälligkeiten ist, dass die Maßnahmen dort ansetzen sollen, wo die Probleme auftreten: beim Kind selbst, in der Familie, im Kindergarten oder in der Schule.

Dieses Prinzip ist deshalb von außerordentlicher Bedeutung, weil die meisten Hilfsmaßnahmen sehr spezifisch wirken. Sie dürfen daher nicht erwarten, dass sich durch Bewegungstherapie oder Krankengymnastik neben den Koordinationsstörungen, die viele Kinder haben, auch hyperkinetische Auffälligkeiten in der Schule vermindern. Ebenso wenig kann erwartet werden, dass durch Maßnahmen in der Familie sich auch automatisch die Probleme im Kindergarten oder in der Schule vermindern und umgekehrt.

Deshalb ist in der Regel eine Kombination von Maßnahmen notwendig, um dem Kind wirkungsvoll helfen zu können.

Tabelle 1 Behandlungsmöglichkeiten bei hyperkinetischen und oppositionellen Verhaltensauffälligkeiten

Ansatzpunkt	Behandlungsmöglichkeiten	Ausführlich nachzulesen in
Familie	Psychologische und pädagogische Maßnahmen (z. B. Problemsituation analysieren, Verminderung negativer Erfahrungen in der Eltern-Kind-Beziehung, Beeinflussung der Verhaltensprobleme durch positive / negative Konsequenzen)	Abschnitt 4.1
Kindergarten / Schule	Psychologische und pädagogische Maßnahmen (z. B. Gespräch mit Erzieherin / Lehrerin, Bewältigung von Verhaltensproblemen im Kindergarten / in der Schule in Zusammenarbeit mit der Erzieherin / Lehrerin, die Ursachen von Leistungsproblemen in der Schule beheben)	Abschnitt 4.2
Kind	Psychologische Behandlung und pädagogische Förderung (z. B. Aufmerksamkeitstraining, Training sozialer Kompetenz, Einzelpsychotherapie, Therapie zum Aufbau von Spielintensität und Spielausdauer bei Kindergartenkindern)	Abschnitt 4.3
	Bei hyperkinetischen Störungen: medikamentöse Behandlung mit Psychostimulanzien, Atomoxetin oder Guanfacin	Abschnitt 4.4

Übersicht

Im Folgenden wollen wir vier Fragen beantworten:

(1) Was kann man in der Familie tun?
(2) Was kann man im Kindergarten oder in der Schule tun?
(3) Braucht mein Kind eine spezielle psychologische Behandlung oder pädagogische Förderung?
(4) Wann sind Medikamente hilfreich?

4.1 Was kann man in der Familie tun?

Wenn Ihr Kind in der Familie Verhaltensauffälligkeiten zeigt, dann ist es wichtig, in der Familie etwas zu unternehmen und zu verändern. Sie können das selbst in die Hand nehmen oder die Hilfe von Profis in Anspruch nehmen. Wenn Sie einen Arzt oder Psychologen hinzuziehen, dann wird er mit Ihnen gemeinsam überlegen, welche Schritte Sie in der Familie unternehmen können. Von der Vorstellung, man könne das Kind zu einem Therapeuten geben, der dann mit ihm in seinen vier Wänden eine Behandlung durchführt und die Probleme in Luft auflöst, müssen Sie sich verabschieden. Es kann durchaus sein, dass der Therapeut auch mit dem Kind arbeitet, aber er wird Sie sehr intensiv in diese Arbeit einbeziehen und mit Ihnen Maßnahmen besprechen, die direkt darauf abzielen, Veränderungen in der Familie herbeizuführen. Also:

Wichtig

Hauptansatzpunkt bei Kindern mit hyperkinetischen oder oppositionellen Verhaltensauffälligkeiten in der Familie ist die Familie selbst.

Was können Sie oder was kann der Therapeut mit Ihnen gemeinsam tun? Hauptansatzpunkt ist der Teufelskreis, in den Eltern mit ihren hyperkinetischen oder oppositionellen Kindern geraten. In Teil II und III dieses Buches werden wir mit Ihnen zusammen Schritt für Schritt die einzelnen Stufen erarbeiten, die Ihnen helfen können, aus diesem Teufelskreis herauszutreten und die Verhaltensprobleme Ihres Kindes in der Familie zu vermindern. Dazu müssen zunächst die größten Probleme und die schwierigsten Situationen in der Familie herausgefiltert werden. Danach werden psychologische und pädagogische Maßnahmen erarbeitet, durch die sich die Probleme zumindest vermindern, häufig auch lösen lassen. Sie werden erfahren, auf welche Weise Sie die vielen negativen und fruchtlosen Auseinandersetzungen verringern und wieder vermehrt positive Erfahrungen mit Ihrem Kind machen können. Sie werden erfahren, wie Sie positive und negative Konsequenzen anwenden können, um die Verhaltensprobleme Ihres Kindes zu beeinflussen.

Einige dieser Probleme können Sie auch mit der App *ADHS-Kids* vom Autor Manfred Döpfner bearbeiten. Die App basiert auf diesem Elternratgeber und unterstützt Eltern dabei, ihr Erziehungsverhalten konsequent umzusetzen. Eine Erinnerungsfunktion hilft, dass auch die Eltern an vereinbarte Regeln in kritischen Situationen denken. Im Buch haben wir an den Stellen, die auch mit dieser App bearbeitet werden können, einen entsprechenden Hinweis angebracht. Die App ist für iOS- und Android-Betriebssysteme in den jeweiligen App-Stores kostenlos erhältlich.

Wenn Sie zu einem Arzt oder Psychologen gehen, dann wird er mit Ihnen in ähnlicher Weise diese konkreten Maßnahmen in der Familie erarbeiten. Möglicherweise wird er dazu dieses Buch oder ähnliche Materialien einsetzen. Dieses Buch basiert auf einem umfangreichen Therapieprogramm, das wir an der Universität Köln für Kinder mit hyperkinetischem und oppositionellem Problemverhalten entwickelt haben und das mittlerweile von vielen Therapeuten eingesetzt wird. Sie sollten sich daher nicht wundern, wenn Sie in der Therapie mit diesem Buch oder mit ähnlichen Materialien konfrontiert werden. Je älter Ihr Kind ist, umso aktiver wird Ihr Kind in diese Therapie einbezogen.

Diese Maßnahmen haben sich bei vielen Kindern mit hyperkinetischen und oppositionellen Verhaltensproblemen bewährt. Sie gehören zu den am besten untersuchten psychologischen Maßnahmen bei hyperkinetischen und oppositionellen Störungen und sie zeigen von allen psychologischen Behandlungsverfahren die besten Erfolge bei der Verminderung dieser Verhaltensauffälligkeiten. Wir haben unser Programm, das Grundlage auch dieses Elternbuches ist, in einer wissenschaftlichen Studie bei 75 Kindern mit hyperkinetischen und meist auch oppositionellen Verhaltensproblemen untersucht und dabei erhebliche Erfolge nachweisen können. Außerdem haben wir in einer weiteren wissenschaftlichen Untersuchung überprüft, ob dieses Buch – *Wackelpeter & Trotzkopf* – Eltern helfen kann, die Verhaltensprobleme ihrer Kinder zu beeinflussen. In dieser Studie konnte gezeigt werden, dass Eltern von Kindern mit Verhaltensauffälligkeiten die Verhaltensprobleme ihrer Kinder mithilfe dieses Buches tatsächlich deutlich vermindern können und dass sie das Buch als ausgesprochen hilfreich einschätzen. *Wackelpeter & Trotzkopf* ist damit das erste Buch, dessen Wirksamkeit als Anleitung zur Selbsthilfe nachgewiesen ist.

Natürlich kann ein solches Buch nicht so erfolgreich sein wie eine auf die individuellen Besonderheiten abgestimmte Therapie bei einem psychologischen oder ärztlichen Psychotherapeuten. Die Frage, wann Sie dieses Buch als Selbsthilfeprogramm nutzen und wann Sie besser eine professionelle Hilfe in Anspruch nehmen, haben wir im Einführungskapitel dieses Buches bereits angeschnitten. In Kapitel 5 werden wir auf die verschiedenen Einrichtungen und Berufsgruppen eingehen, die Ihnen im Rahmen einer Therapie helfen können.

4.2 Was kann man im Kindergarten oder in der Schule tun?

Übersicht

Im Zusammenhang mit dem Kindergarten und der Schule stellen sich sehr viele Fragen, die wir im Folgenden behandeln möchten:

- Wann sollte man im Kindergarten oder in der Schule Maßnahmen ergreifen?
- Wie führe ich das Gespräch mit der **Erzieherin** oder **Lehrerin**?
- Was tun, wenn mein Kind Verhaltensprobleme im Kindergarten hat?
- Was tun, wenn mein Kind Leistungsprobleme in der Schule hat?
- Was tun, wenn mein Kind Verhaltensprobleme in der Schule hat?

Wann sollte man im Kindergarten oder in der Schule Maßnahmen ergreifen?

Im Kindergarten oder in der Schule besteht dann Handlungsbedarf, wenn Ihr Kind in diesen Lebensbereichen Verhaltensauffälligkeiten zeigt oder wenn von dort starke Belastungen auf Ihr Kind ausgehen, die dann möglicherweise die Probleme in der Familie verstärken. Wenn Ihr Kind keine Verhaltensprobleme im Kindergarten oder in der Schule zeigt, wenn es meist ausgeglichen aus dem Kindergarten oder aus der Schule kommt und wenn es in der Schule auch keine Leistungsprobleme hat, dann besteht dort auch kein Handlungsbedarf. Wenn aber Probleme vorhanden sind, dann sind Sie als Eltern zunächst gefordert, Kontakt zu der Erzieherin oder zur Lehrerin aufzunehmen und gemeinsam nach Lösungsmöglichkeiten zu suchen. Wir werden Ihnen im Folgenden dazu einige Ratschläge geben. Manchmal ist es jedoch auch sehr hilfreich, wenn Sie in der Arbeit mit dem Kindergarten oder mit der Schule von einem Profi unterstützt werden. Das macht in der Regel der Ärztliche oder Psychologische Psychotherapeut, der Psychologe an einer Beratungsstelle oder auch der Kinder- und Jugendpsychiater oder der Kinderarzt.

Wie führe ich das Gespräch mit der Erzieherin oder Lehrerin?

Sie sollten also in einem ersten Schritt mit der **Kindergartenerzieherin** oder mit der **Klassenlehrerin** sprechen und sie fragen,

- wie sich Ihr Kind im Kindergarten oder in der Schule verhält,
- wie gut es in die Kindergartengruppe oder in den Klassenverband integriert ist
- und ob es Hinweise auf Entwicklungsrückstände (beim Kindergartenkind) bzw. auf Leistungsprobleme in der Schule gibt.

Sie können dazu auch die beiden Beurteilungsbogen über hyperkinetische und über oppositionelle und aggressive Verhaltensauffälligkeiten in Teil IV dieses Buches (Arbeitsblatt 1 und 2) benutzen und die Beurteilungen der Erzieherin / Lehrerin mit Ihren eigenen vergleichen (Hinweise zum Ausfüllen der Bogen finden Sie in Stufe 1 des Elternleitfadens, Teil II).

Mögliche Probleme beim Gespräch. Bei einem Gespräch mit der Erzieherin oder mit der Lehrerin lauern verschiedene Gefahren, die Sie beachten sollten. Eltern lieben ihr Kind, und wenn sie von einer dritten Person hören, welche Schwierigkeiten ein Kind macht oder welche Probleme es hat, dann haben viele Eltern die Tendenz, sich schützend vor ihr Kind zu stellen und erst einmal alles abzuwehren. Schnell kommt es dann dazu, dass neben den Konflikten, die das Kind möglicherweise im Kindergarten oder in der Schule hat, auch noch die Eltern mit der Erzieherin oder der Lehrerin in Streit geraten. Das ist meist gar nicht hilfreich. Natürlich kann es sein, dass die »Chemie« zwischen Erzieherin oder Lehrerin und

Ihrem Kind »nicht stimmt« und deshalb Probleme entstehen oder sich verschärfen. Aber wenn das Kind auch in anderen Lebensbereichen – in der Familie oder im Freizeitbereich bei Gleichaltrigen – Schwierigkeiten hat, dann ist es unwahrscheinlich, dass allein die Antipathie der Erzieherin / Lehrerin für die Probleme des Kindes im Kindergarten / in der Schule verantwortlich ist. Wir haben schon darauf hingewiesen, dass Beziehungsprobleme sowohl zwischen den Eltern und dem Kind als auch zwischen der Erzieherin / Lehrerin und dem Kind typisch sind. Kinder, die solche Verhaltensweisen haben, werden manchmal nicht nur von Eltern, sondern gelegentlich auch von der Erzieherin oder der Lehrerin auf den Mond gewünscht.

Versuchen Sie, ein konstruktives Gespräch zu führen, in dem Sie konkret nach den Verhaltensproblemen Ihres Kindes im Kindergarten bzw. in der Schule fragen und in dem Sie Informationen über das Verhalten Ihres Kindes in der Familie geben. Gehen Sie dabei nicht davon aus, dass die Eindrücke, die Sie von Ihrem Kind haben, von der Erzieherin oder Lehrerin bestätigt werden. In der Regel verhalten sich Kinder in verschiedenen Lebensbereichen unterschiedlich. Es ist daher sehr wahrscheinlich, dass Sie von Verhaltensproblemen hören werden, die Sie in der Familie noch nie oder nur in sehr abgeschwächter Form beobachten konnten oder dass ein problematisches Verhalten, das Sie aus der Familie gut kennen, im Kindergarten oder in der Schule gar nicht auftritt.

Was tun, wenn mein Kind Verhaltensprobleme im Kindergarten hat?

Wenn die Erzieherin konkrete hyperkinetische oder oppositionelle Verhaltensprobleme beschreibt, dann können Sie im weiteren Gesprächsverlauf darauf hinweisen, dass Sie sich mit diesem Buch beschäftigen, das viele Informationen enthält, die auch im Kindergarten genutzt werden können. Die in Teil II und III beschriebenen Hilfen bei Verhaltensproblemen des Kindes in der Familie können größtenteils auch auf die Kindergartensituation angewendet werden. Das Hauptproblem bei der Umsetzung dieser Hilfen im Kindergarten ist, dass die Erzieherin nur eine begrenzte Zeit zur individuellen Beschäftigung mit Ihrem Kind zur Verfügung hat. Bei Kindern mit hyperkinetischen Verhaltensproblemen ist es häufig zunächst wichtig, das Kind zu einem intensiveren und ausdauernderen Spiel zu führen. Das kann dadurch erfolgen, dass das Kind beispielsweise die Aufgabe bekommt, sich morgens bei Beginn des Kindergartens ein Spiel auszusuchen, das es dann für eine gewisse Zeit spielt, ohne es zu unterbrechen oder etwas Neues zu beginnen. Nach Möglichkeit sollte das Spiel in einer Spielecke gespielt werden, die das Kind von einigen Reizen abschirmt. Das Kind sollte auf jeden Fall belohnt werden, wenn es das Spiel zu Ende spielt. Dafür, wie auch zur Verminderung von anderen Verhaltensproblemen, haben sich auch im Kindergarten *Punkte-Pläne* und der *Wettkampf um lachende Gesichter* bewährt. Diese Methoden werden im Elternleitfaden (Teil II, Stufen 10 bis 12) erläutert.

Verhaltensprobleme des Kindes im Kindergarten lassen sich am besten durch Hilfsmaßnahmen verringern, die direkt im Kindergarten ansetzen. Wenn dies nicht möglich ist (z. B. durch *Punkte-Pläne*), dann können Sie die Erzieherin bitten, Ihnen täglich mitzuteilen, ob ein bestimmtes Problemverhalten (z. B. schlägt andere Kinder) aufgetreten ist. Dann können Sie Ihr Kind zu Hause dafür belohnen, wenn es ihm gelungen ist, dieses Problemverhalten zu unterlassen. Solche Maßnahmen sind aber gerade im Kindergartenalter besonders schwierig, weil Belohnungen vor allem bei jüngeren Kindern eigentlich unmittelbar erfolgen sollten und nicht erst nach Stunden. Sie können dennoch mit diesem Vorgehen bei Verhaltensproblemen Erfolg haben, die nicht allzu häufig auftreten (also nicht mehrmals täglich) und die relativ umgrenzt sind.

Manchmal ist es auch günstig, mit der Erzieherin zu überlegen, ob der Wechsel des Kindes in eine andere Gruppe des Kindergartens Entlastung schaffen kann. Dies ist besonders dann überlegenswert, wenn in der Gruppe mehrere schwierige Kinder sind und dadurch die Gruppe als Ganzes schwer zu steuern ist. Diese Frage kann aber sehr heikel sein, weil die Kindergartenerzieherin sehr schnell bei einem solchen Vorschlag ihre eigene Kompetenz in Frage gestellt sehen kann. In seltenen Fällen hat sich auch ein Wechsel des Kindergartens als hilfreich erwiesen. Mit der Zeit wachsen hyperkinetische und oppositionelle Kinder innerhalb der Kindergartengruppe nämlich häufig in eine Außenseiterrolle hinein und erfahren dann sehr viel Ablehnung. Dann ist es für die Kinder besonders schwer, wieder aus dieser negativen Rolle herauszufinden. In einem solchen Fall kann ein Wechsel hilfreich sein. Andererseits ist die Gefahr natürlich sehr groß, dass das gleiche Problem in kürzester Zeit auch in einem anderen Kindergarten wieder auftritt. Deshalb ist es meist sinnvoll, solche Veränderungen in Verbindung mit anderen Maßnahmen durchzuführen, beispielsweise der Aufnahme einer Psychotherapie des Kindes. Der Therapeut kann dann den Wechsel in die neue Gruppe begleiten und sehr früh Kontakt mit der neuen Erzieherin aufnehmen, um mit ihr gemeinsam zu überlegen, welche Maßnahmen ergriffen werden können, damit das Kind nicht wieder in eine ähnliche Rolle kommt.

In städtischen Ballungsräumen gibt es auch Sonderkindergärten oder Heilpädagogische Kindergärten, die speziell für Kinder mit Entwicklungs- und Verhaltensstörungen aufgebaut wurden.

Diese Kindergärten haben häufig gut geschultes Personal und vor allem deutlich kleinere Gruppen. Für ausgeprägt *hyperkinetische* Kinder können diese Einrichtungen sehr hilfreich sein, vor allem dann, wenn die Kinder auch noch erhebliche Entwicklungsrückstände, beispielsweise in der Bewegung oder in der Sprache haben. Bei Kindern mit *oppositionellen und aggressiven* Verhaltensweisen ohne Entwicklungsrückstände können solche Gruppen hilfreich sein oder auch nicht. Wenn sich Kinder gegenüber Gleichaltrigen aggressiv verhalten, ist es meist nicht hilfreich, wenn sie in eine Gruppe von körperlich oder geistig schwächeren Kindern kommen, weil sie mit ihrem aggressiven Verhalten dann noch häufiger »erfolgreich« sind. Die Vor- und Nachteile einer Eingliederung in eine solche spezielle Einrichtung können natürlich nur vor Ort für jeden Fall individuell geklärt werden.

Was tun, wenn mein Kind Leistungsprobleme in der Schule hat?

Wenn Ihr Kind schlechte Leistungen in der Schule zeigt, dann sollten Sie versuchen, die Ursachen dafür festzustellen oder feststellen zu lassen. Das ist natürlich einfacher gesagt als getan, aber wir möchten Ihnen einige Hinweise dafür geben.

Übersicht

Folgende Ursachen für Leistungsprobleme kommen in Frage:

(1) Das Kind ist in der Schule grundsätzlich überfordert.
(2) Das Kind hat in Teilbereichen Leistungsschwächen.
(3) Die Leistungsprobleme sind durch Aufmerksamkeits- und Konzentrationsprobleme bedingt.
(4) Das Kind lernt weniger als die anderen Kinder mit vergleichbarer Leistungsfähigkeit in der Klasse.
(5) Das Kind hat Prüfungsängste und ist dadurch in seiner Leistungsfähigkeit gehemmt.

Natürlich können diese Ursachen für Leistungsprobleme in der Schule auch kombiniert auftreten. Wir werden die einzelnen Punkte im Folgenden behandeln.

Das Kind ist in der Schule grundsätzlich überfordert

Wenn ein Kind in allen Kernfächern schlechte Leistungen erbringt und wenn keine ausgeprägten Aufmerksamkeitsschwächen vorliegen, wenn das Kind außerdem genügend lernt und während Klassenarbeiten nicht aufgrund von Angst blockiert ist, dann kann es sein, dass das Kind in der Schule grundsätzlich überfordert ist. Natürlich können auch unter anderen Bedingungen schulische Überforderungen auftreten: Ein Kind kann sich hyperkinetisch verhalten, Leistungen in der Schule verweigern und auch noch grundsätzlich überfordert sein. Wenn also Leistungsprobleme in der Schule vorliegen, dann ist es zunächst wichtig, die Begabung eines Kindes zu überprüfen und festzustellen, ob eine grundsätzliche Überforderung vorliegt. Dazu werden Intelligenztests durchgeführt, die besser sind als ihr Ruf. Man darf auf der anderen Seite natürlich nicht in einen Intelligenzfetischismus verfallen. In der Regel geben solche Testverfahren jedoch recht gute Hinweise auf die Begabung des Kindes. Schwierig kann es sein, wenn das Kind sehr starke Aufmerksamkeitsschwächen hat oder sehr impulsiv ist und wenn diese Auffälligkeiten auch während der Durchführung des Intelligenztests nicht zu begrenzen sind. Das Ergebnis eines Intelligenztests spiegelt dann nicht unbedingt die Begabung des Kindes, sondern auch seine Aufmerksamkeitsschwächen und seine Impulsivität wider. In solchen Fällen muss versucht werden, zunächst die Aufmerksamkeitsprobleme und Impulsivität zu vermindern (möglicherweise auch probeweise durch Medikamente), um dann noch einmal die Intelligenz zu überprüfen.

Wenn die Untersuchung eindeutige Hinweise auf eine grundsätzliche schulische Überforderung ergibt, dann müssen Maßnahmen ergriffen werden, um die Überforderung zu vermindern. Wenn die Überforderung nicht zu stark ist, dann kann durch eine Klassenwiederholung eine Verschnaufpause erreicht werden. Liegt eine sehr deutliche Überforderung vor, dann sollte eine Umschulung erwogen werden: vom Gymnasium auf die Realschule, von der Realschule auf die Hauptschule, von der Grundschule oder der Hauptschule auf eine Förderschule mit dem Förderschwerpunkt Lernen. Eine weitere Möglichkeit bieten Maßnahmen der Inklusion. Dabei werden Kinder mit einem Förderbedarf entsprechend ihrer Lernmöglichkeiten in ihrer angestammten Schule gefördert. Gesamtschulen, in denen mehrere Schularten integriert sind, können den Schülern bei Lernproblemen im Sekundarbereich oft noch flexibler helfen. Durch die Inklusion werden an den Schulen zunehmend mehr Möglichkeiten geschaffen, um den individuellen Fähigkeiten und auch Beeinträchtigungen von Schülern gerecht zu werden. Dafür steht dann mehr Lehrpersonal zur Verfügung, das auf die individuellen Besonderheiten des Kindes besser eingehen kann. Eine Inklusion von Schülern in Regelschulen ist nach unserer Erfahrung häufig, aber nicht immer die bessere Alternative zu Förderschulen. Oft ist es für Kinder auch sehr belastend, ständig zu erfahren, dass andere vieles besser können als sie und dass für sie immer eine Sondersituation geschaffen werden muss. Zudem gelingt es manchmal auch bei einer Inklusion nicht, den Kindern das Maß an besonderen Lernbedingungen zu ermöglichen, das sie wirklich brauchen. Erster Ansprechpartner für solche Probleme ist natürlich die Klassenlehrerin. Untersuchungen der Intelligenz und andere testpsychologische Untersuchungen können Sie an Erziehungsberatungsstellen, bei schulpsychologischen Diensten, bei niedergelassenen Psychologen, beim Kinder- und Jugendpsychiater und manchmal auch beim Kinderarzt durchführen lassen. Wenn die Frage eines besonderen Förderbedarfs im Raum steht, kann die Schule auch eine Überprüfung des sonderpädagogischen Förderbedarfs einleiten, in dem das Kind dann entsprechend untersucht wird, meist von Sonderpädagogen oder auch am Gesundheitsamt. Sie können sich dann im Rahmen dieses Verfahrens von den entsprechenden Fachleuten beraten lassen. Die Überprüfung und anschließende Feststellung des sonderpädagogischen Förderbedarfs ist Voraussetzung für die Beschulung nach Inklusion in der Heimatschule und für die Beschulung in einer Förderschule.

Schülern mit ADHS kann von den Schulen ein individueller Nachteilsausgleich gewährt werden. Die Schule hat die Aufgabe, geeignete Maßnahmen zu ergreifen, um die Nachteile auszugleichen, die den Schülern aufgrund ihrer Unaufmerksamkeit, Unruhe oder Impulsivität entstehen. Das können beispielsweise geeignete Sitzplätze im Klassenzimmer sein, verlängerte Arbeitszeiten, eine Verminderung der Hausaufgaben oder andere spezifische Hilfen sein. Da Schüler mit ADHS zusätzlich auch Lernstörungen aufweisen (z. B. Lese-Rechtschreibstörung oder Rechenstörung) kann auch hierfür ein Nachteilsausgleich (z. B. Aussetzen der Benotung) erfolgen.

In besonderen Einzelfällen kann auch ein individueller Schulbegleiter für das Kind beantragt werden. Die Überprüfung der Notwendigkeit und Finanzierung wird im Rahmen des Kinder- und Jugendhilfegesetzes (KJHG) vom Jugendamt übernommen. Hier wird festgestellt, ob bei dem Kind eine seelische Behinderung vorliegt oder droht. In diesen Fällen kann ein Schulbegleiter in Form eines Integrationshelfers für das Kind genehmigt werden. Der Schulbegleiter kann das Kind ganz individuell beim Lernen, Arbeiten, aber auch in den sozialen Situationen, wie den Pausen, begleiten und unterstützen.

Das Kind hat in Teilbereichen Leistungsschwächen

Vor allem Kinder mit hyperkinetischen Auffälligkeiten, aber auch Kinder mit ausschließlich oppositionellen Verhaltensauffälligkeiten haben häufig in Teilbereichen Leistungsschwächen, während sie in anderen schulischen Fächern deutlich bessere Leistungen erbringen können. Am häufigsten ist die Lese- und Rechtschreibleistung beeinträchtigt, während die Kinder beispielsweise im Rechnen / Mathematik bessere Noten erzielen. In solchen Fällen kann eine umschriebene Lese- und Rechtschreibschwäche vorliegen, eine sogenannte Legasthenie. Kinder mit einer solchen Schwäche haben typischerweise große Probleme bereits beim Erlernen der Grundfertigkeiten des Lesens und des Schreibens in der ersten Klasse. Es fällt ihnen schwer, sich die Buchstaben zu merken, und wenn ihnen das gelingt, dann haben sie Schwierigkeiten, die Buchstaben zu Worten zusammenzuziehen und ein Wort zu erlesen. Wenn man ein Wort diktiert, dann haben sie keine Vorstellung davon, wie es geschrieben wird. Die Leseprobleme vermindern sich oft in den ersten zwei oder drei Schuljahren, aber die Schreibprobleme bleiben, vor allem bei ungeübten Diktaten. Zur Überprüfung einer solchen Schwäche muss ebenfalls eine testpsychologische Untersuchung durchgeführt werden. Zunächst wird anhand eines Intelligenztests ausgeschlossen, dass die Lese- und Rechtschreibprobleme durch eine verminderte Gesamtintelligenz verursacht werden. Danach werden spezielle Lese- und Rechtschreibtests durchgeführt, mit deren Hilfe diese Fähigkeiten überprüft werden.

Kinder mit umschriebenen Lese- und Rechtschreibschwächen brauchen eine spezifische Förderung. Teilweise werden solche Förderstunden in Grundschulen angeboten, aber häufig reicht das nicht aus. Psychologen oder Sonderpädagogen bieten entsprechende Förderungen und Trainings an. Das Problem dabei ist manchmal die Finanzierung. Krankenkassen übernehmen die Kosten für solche Trainings und Förderprogramme in der Regel nicht. Manchmal werden die Kosten im Rahmen des Kinder- und Jugendhilfegesetzes (KJHG) vom Jugendamt übernommen.

Ist die Lese- und Rechtschreibschwäche nicht so stark ausgeprägt, dann können natürlich auch die Eltern durch regelmäßiges Üben helfen. Die meisten Kinder können ihre Rechtschreibfähigkeit durch gezieltes Üben deutlich verbessern, nichts anderes wird auch in den entsprechenden Trainings gemacht. Gegenüber professionellen Trainern haben Eltern zwei Nachteile: Sie kennen sich erstens nicht so gut darin aus, wie man gezielte Übungen aufbaut, und sie geraten leichter in Streit mit ihrem Kind. Das liegt daran, dass das Kind bei den Eltern eher seinen Unmut, seine Verzweiflung

und seinen Widerstand gegen das Üben äußert, aber auch daran, dass die Eltern manchmal weniger Geduld aufbringen als die Profis. Wenn Sie schon jetzt erhebliche Probleme mit Ihrem Kind bei der Durchführung der Hausaufgaben haben, dann sollten Sie spezielle Übungen zur Verbesserung der Lese- und Rechtschreibfähigkeit erst durchführen, nachdem Sie den Elternleitfaden in Teil II des Buches durchgearbeitet haben und einige Verhaltensprobleme des Kindes in der Familie vermindern konnten.

Wenn Sie mit Ihrem Kind üben wollen, dann lassen Sie sich am besten von der Lehrerin beraten, welche Übungsmaterialien Sie verwenden sollen. Es gibt auf dem Markt eine Vielzahl von Übungsheften. Sie sollten lieber häufiger und dafür kürzere Übungszeiten durchführen, beispielsweise jeden zweiten Tag 20 Minuten. Sie sollten mit Ihrem Kind eine feste Vereinbarung über Übungszeiten treffen und Ihr Kind gezielt dafür belohnen, wenn es mit Ihnen die Übungszeiten durchhält und gut mitarbeitet. Sehr hilfreich kann dabei ein *Punkte-Plan* sein, wie er in den Stufen 10 und 11 des Elternleitfadens (Teil II) beschrieben ist. Sie können beispielsweise Ihrem Kind für jedes richtig geschriebene Wort einen Punkt geben, den es dann später gegen eine Belohnung eintauschen kann.

Viel seltener als die umschriebene Lese- und Rechtschreibschwäche ist eine umschriebene Rechenschwäche (Dyskalkulie genannt), bei der Kinder große Probleme schon beim Erwerb der Grundrechenarten haben, während beim Lesen und Schreiben keine Probleme auftreten. Häufig sind deutliche Probleme beim Rechnen Hinweise auf eine allgemeine Intelligenzminderung und nicht auf eine umschriebene Rechenschwäche. Die Diagnose der Rechenschwäche erfolgt in vergleichbaren Schritten wie die Diagnose der Lese-Rechtschreibschwäche. Auch die Förderungsmöglichkeiten und deren Finanzierungen sind vergleichbar.

Die Leistungsprobleme sind durch Aufmerksamkeits- und Konzentrationsprobleme bedingt

Bei Kindern mit hyperkinetischen Auffälligkeiten sind Leistungsprobleme häufig, aber nicht immer durch Aufmerksamkeitsstörungen, Konzentrationsprobleme und impulsives Arbeitsverhalten bedingt. Rechenaufgaben werden falsch abgeschrieben, das Kind denkt nicht lange genug nach, bevor es versucht, eine Aufgabe zu lösen; ihm unterlaufen viele Flüchtigkeitsfehler und es kontrolliert die Lösungen nicht mehr. In solchen Fällen ist es zunächst notwendig, die Aufmerksamkeitsprobleme des Kindes zu vermindern und sein Arbeitsverhalten zu verbessern. Im Rahmen des Elternleitfadens in Teil II und der Anwendungsbeispiele in Teil III des Buches werden wir Ihnen zeigen, wie Sie Ihrem Kind bei der Durchführung der Hausaufgaben helfen können, die Aufgaben zu Ende zu bringen. Auch in der Schule können Maßnahmen ergriffen werden, die dem Kind helfen, sich bei der Bewältigung der Aufgaben in der Schule besser zu konzentrieren und weniger Fehler zu machen (siehe unten). Außerdem gibt es sogenannte Aufmerksamkeitstrainings, die Kindern helfen sollen, planvoller an die Lösung von Aufgaben heranzugehen und weniger Fehler zu machen (siehe Abschnitt 4.3). Schließlich kann auch durch eine medikamentöse Behandlung das Ausmaß der Flüchtigkeitsfehler vermindert werden (siehe Abschnitt 4.4). Wenn das Kind nach der Durchführung dieser Maßnahmen weiterhin Leistungsprobleme hat, dann liegt das entweder daran, dass die Aufmerksamkeitsschwächen sich nicht weiter vermindern lassen oder dass andere Ursachen für diese Leistungsprobleme mitverantwortlich sind.

Das Kind lernt weniger als die anderen Kinder mit vergleichbarer Leistungsfähigkeit in der Klasse

Für viele Kinder mit hyperkinetischen und mit oppositionellen Verhaltensauffälligkeiten stellen schulische Leistungssituationen eine einzige Plage dar. Seit dem 1. Schuljahr fällt es ihnen schwer, die nötige Energie aufzubringen, um die Aufgaben erfolgreich zu bewältigen. Daraus entstehen Misserfolge, die es ihnen noch schwerer machen, sich an die Aufgaben zu setzen. Dadurch kommt es zu weiteren Misserfolgen und die Spirale dreht sich immer weiter. Die Kinder unternehmen alles, um diesen unangenehmen Situationen zu entgehen, auch wenn es nur für kurze Zeit ist: In der

Schule schalten sie einfach ab, die Hausaufgaben werden vergessen oder nur teilweise oder ganz schnell gemacht. Zusätzliches Lernen wird als reine Schikane erlebt. Im Endergebnis lernen die Kinder dann häufig einfach zu wenig und daraus resultieren zusätzliche Leistungsprobleme. Um diese Spirale wieder zu stoppen, ist es notwendig, dass Lernen wieder zumindest ein wenig Spaß macht und nicht nur als eine reine Qual erlebt wird. Im Rahmen unseres Elternleitfadens werden Sie mit Möglichkeiten vertraut gemacht, die dem Kind auch helfen können, die Hausaufgaben und andere Aufgaben wieder mit Erfolg zu bewältigen. In der Schule können direkt Maßnahmen ergriffen werden, die dem Kind wieder Erfolgserlebnisse bei der Bewältigung der Aufgaben verschaffen. Bei Kindern mit hyperkinetischen Störungen kann auch durch eine medikamentöse Behandlung eine wesentliche Voraussetzung dafür geschaffen werden, dass das Kind wieder Erfolgserlebnisse bei schulischen Aufgaben hat (siehe Abschnitt 4.4).

Das Kind hat Prüfungsängste und ist dadurch in seiner Leistungsfähigkeit gehemmt

Obwohl man es auf den ersten Blick nicht glaubt, haben auch Kinder mit hyperkinetischen und oppositionellen Verhaltensauffälligkeiten manchmal ausgeprägte Versagensängste vor Leistungssituationen. Sie sind ganz aufgeregt, wenn sie in der Klasse aufgerufen werden oder wenn eine Klassenarbeit ansteht, und vergessen dann alles, was sie vorher gekonnt haben, oder machen noch mehr Flüchtigkeitsfehler als sonst. Zwar liegen die Ursachen für Leistungsprobleme bei diesen Kindern meist eher in den anderen bereits genannten Faktoren, doch dürfen solche Leistungsängste nicht völlig außer Acht gelassen werden. Manchmal ist aber auch das berühmte »Brett vor dem Kopf« nur eine einfache Ausrede für andere Probleme – dass der Stoff doch nicht beherrscht wurde oder dass Aufmerksamkeitsprobleme die schlechten Noten bewirkt haben. Der beste Weg zur Verminderung von Leistungsängsten sind schulische Erfolge. Wenn also auch noch andere Faktoren an den Leistungsproblemen beteiligt sind, dann ist es sinnvoll, erst diese Ursachen zu vermindern und dann zu beobachten, ob sich damit auch die Leistungsblockaden vermindern. Wenn Leistungsängste tatsächlich im Vordergrund stehen, dann ist es sinnvoll, einen Psychotherapeuten aufzusuchen.

Fazit

Wichtig

Insgesamt ist es wichtig, darauf zu achten, dass Kinder mit hyperkinetischen und oppositionellen Verhaltensproblemen nicht an ihren Leistungsgrenzen beschult werden, wodurch diese Leistungsgrenzen auch immer bestimmt sein mögen.

Wenn diese Kinder sich nämlich permanent abmühen müssen, um gerade das notwendige Minimum zu erreichen und ihren Kopf über Wasser zu halten, dann ist das eine enorme Belastung für die Kinder, der sie auf die Dauer nicht gewachsen sind und die zu dauerhaften psychischen Schäden führen kann. Gerade in der heutigen Zeit ist es mehr als verständlich, dass Eltern alles unternehmen, um ihrem Kind die bestmögliche Bildung zukommen zu lassen. Wenn aber Kinder nur unter höchsten Anstrengungen den schulischen Anforderungen gerade noch so gerecht werden, dann werden sie eine extreme Abneigung gegenüber jeder Form von Leistungsanforderungen entwickeln und diese vermutlich auch im späteren Berufsleben behalten. Unserer Meinung nach ist es viel sinnvoller, durch moderate Leistungsanforderungen Belastungen vom Kind (und von der Familie) wegzunehmen und dem Kind dadurch die Möglichkeit zu geben, sich psychisch zu stabilisieren. Wenn dies gelingt, dann ist das Kind im Jugendalter in der Lage, durch eine entsprechende weiterführende Beschulung einen höheren Bildungsabschluss zu erreichen und den Leistungsanforderungen eher gerecht zu werden.

Was tun, wenn mein Kind Verhaltensprobleme in der Schule hat?

Wichtig

Hyperkinetische oder oppositionelle Verhaltensprobleme von Kindern in der Schule lassen sich am besten durch Maßnahmen vermindern, die direkt in der Schule ansetzen. Hyperkinetische Verhaltensstörungen in der Schule können außerdem häufig gut durch eine medikamentöse Behandlung vermindert werden.

Wenn die Lehrerin konkrete hyperkinetische oder oppositionelle Verhaltensprobleme beschreibt, dann können Sie im weiteren Gesprächsverlauf darauf hinweisen, dass Sie sich mit diesem Buch beschäftigen, das viele Informationen enthält, die auch in der Schulsituation genutzt werden können. Die in Teil II und Teil III beschriebenen Hilfen bei Verhaltensproblemen des Kindes in der Familie können prinzipiell auch auf die Schulsituation angewendet werden. Stärker noch als im Kindergarten besteht das Hauptproblem bei der Umsetzung dieser Hilfen in der Schule in der Tatsache, dass die Lehrerin nur eine begrenzte Zeit zur individuellen Beschäftigung mit Ihrem Kind zur Verfügung hat. Der Teufelskreis, der in Stufe 3 des Elternleitfadens ausführlich beschrieben wird, trifft für die Schule häufig in besonderem Maße zu: Die Lehrerin sieht sich fast ständig gezwungen, negative Maßnahmen zu ergreifen, weil das Kind immer wieder den Unterricht stört. Passiert das einmal nicht, dann ist die Lehrerin froh, endlich den Unterricht fortführen zu können, und beachtet das positive Verhalten des Kindes kaum oder gar nicht. Das Kind erfährt dann erst bei der nächsten Störung wieder Beachtung, auch wenn diese negativ getönt ist.

Zur Verminderung von Verhaltensproblemen in der Schule haben sich *Punkte-Pläne* und der *Wettkampf um lachende Gesichter* besonders bewährt. Diese Methoden werden im Elternleitfaden

(Teil II, Stufen 10 bis 12) erläutert. Die Schwierigkeit der Lehrerin besteht allerdings auch hierbei darin, die notwendige Zeit aufzubringen, um diese Verfahren durchzuführen. Zudem muss sie, was nach unserer Erfahrung das größere Problem ist, die notwendigen, für sich genommen eigentlich wenig zeitaufwendigen Maßnahmen in ihre Alltagsroutine übernehmen. Damit steht die Lehrerin vor dem gleichen Problem wie die Eltern.

Manchmal ist es auch sehr hilfreich, wenn ein Teil des Aufwandes, der zur Veränderung von Verhaltensproblemen in der Schule notwendig ist, in die Familie verlagert wird. Dazu sind *Tagesbeurteilungen für die Schule* hilfreich. Sie finden einen Vordruck hierfür auf der **Memo-Karte 1** in Teil V. Auf der Vorderseite sind fünf **Verhaltensziele** beschrieben, die häufig bei Kindern mit hyperkinetischen und oppositionellen Verhaltensproblemen wichtig sind:
(1) Ich passe im Unterricht auf und mache mit.
(2) Ich mache die Aufgaben in der Klasse vollständig zu Ende.
(3) Ich bleibe die ganze Zeit über bei meinen Aufgaben. Ich rede nicht dazwischen und stehe auch nicht mittendrin auf.
(4) Ich vertrage mich mit den anderen Kindern und streite mich nicht mit ihnen.
(5) Ich beachte die Regeln und Aufforderungen der Lehrerin / des Lehrers und werde nicht wütend.

Für jeden Schultag kann die Lehrerin beurteilen, in welchem Ausmaß das Kind die einzelnen Verhaltensziele erreicht hat. Dazu ist eine dreistufige **Beurteilung** vorgegeben:

- Super, du hast heute dein Ziel voll erreicht (mit einem lachenden Gesicht und Strahlenkranz oder einem Stern als Zeichen).
- Gut, du hast heute dein Ziel überwiegend erreicht (mit einem lachenden Gesicht oder einem Plus-Zeichen).
- Du hast heute dein Ziel nicht erreicht. Du musst dich morgen noch etwas mehr anstrengen (mit einem traurigen Gesicht oder einem Minus als Zeichen).

Sie können Ihr Kind zu Hause für seine Anstrengungen belohnen, indem Sie ihm für jedes »Super« zwei Punkte und für jedes »Gut«

einen Punkt geben. Wie beim Punkteplan (siehe Stufe 10 des Elternleitfadens) werden die Punkte in Sonderbelohnungen eingetauscht. Orientieren Sie sich dabei an den Hinweisen, die wir in den Stufen 10 und 11 des Elternleitfadens geben.

Manchmal ist es besser, anstelle dieser allgemein formulierten Ziele für die Tagesbeurteilung Ziele zu definieren, die auf die speziellen Probleme des Kindes abgestimmt sind, zum Beispiel:

- Ich bleibe während des Unterrichts auf meinem Platz sitzen und stehe nicht auf.
- Ich achte darauf, dass ich die richtigen Hefte aus meiner Tasche herausziehe.
- Ich höre der Lehrerin zu und rede nicht mit meiner Banknachbarin.
- Ich melde mich im Unterricht und träume nicht so vor mich hin.
- Ich ärgere meinen Banknachbarn nicht, indem ich ihm Schimpfworte sage.
- Ich nehme anderen Kindern nichts weg.
- Wenn es Streit gibt, dann schlage ich nicht.
- Ich werfe nicht vor Wut Gegenstände durch die Gegend.

Für solche individuellen Ziele haben wir auf die Rückseite der Memo-Karte 1 einen Vordruck für eine individuelle Tagesbeurteilung von der Schule abgedruckt.

Mit der Lehrerin müssen Sie vereinbaren, wann und wie sie die Beurteilung durchführt. Das Problem dabei ist nicht der Aufwand, der ist gering; das Problem ist, dies in die Routine, in den Alltag zu integrieren. Am besten ist es, wenn die Lehrerin am Ende des Schultages den Vordruck zur Hand nimmt und ihn kurz mit Ihrem Kind durchspricht, indem sie es zuerst nach seiner eigenen Beurteilung fragt und dann ihre Beurteilung abgibt und kurz begründet. Ihr Kind nimmt die Beurteilungskarte mit nach Hause. Sie erhalten dann jeden Tag eine Rückmeldung und können den Eintausch in Punkte vornehmen. Das Problem bei diesem Vorgehen ist, dass die Karte schnell irgendwo liegen bleibt und verloren geht. Deshalb ist es manchmal sinnvoll, dass die Karte für eine Woche bei der Lehrerin verbleibt und Ihr Kind am letzten Schultag in der Woche die Karte mit nach Hause nimmt. Die Beurteilung des Kindes müsste aber dennoch täglich erfolgen. Wenn dies nicht gelingt, können Sie mit der Lehrerin eine feste Zeit am Nachmittag vereinbaren, zu der Sie sie anrufen und ihre Beurteilung telefonisch abfragen. Ihr Kind sollte bei diesem Telefonat dabei sein.

Bei älteren Kindern (ab 9 Jahren) kann man auch das Kind selbst die Beurteilung vornehmen lassen. Sie sollten dann mit der Lehrerin vereinbaren, dass Sie diese Selbstbeurteilungen des Kindes anfangs regelmäßig und später stichprobenartig mit den Einschätzungen der Lehrerin abstimmen. Wenn Ihr Kind sich wesentlich besser beurteilt, als die Lehrerin das tut, gibt es entsprechende Punktabzüge. In der Grundschule genügen in der Regel die Beurteilungen der Klassenlehrerin, da diese die meisten und die wichtigsten Stunden unterrichtet. Wenn nötig kann man eine zweite Beurteilung bei einer weiteren Lehrerin auf einer gesonderten Karte durchführen lassen. In den weiterführenden Schulen ist das Verfahren prinzipiell schwieriger, es kann aber mit der Klassenlehrerin und eventuell einer zweiten Fachlehrerin durchaus gelingen. Seien Sie aber nicht zu ärgerlich, wenn sich das Verfahren als nicht durchführbar erweist, und bedenken Sie, dass die Lehrerin eben nicht nur das eine, sondern auch noch zwanzig bis dreißig andere Kinder im Blick haben muss.

4.3 Braucht mein Kind eine spezielle psychologische Behandlung oder pädagogische Förderung?

Die bisherigen Maßnahmen zielten in erster Linie auf die Bezugspersonen des Kindes ab, die Eltern, die Kindergartenerzieherin oder die Lehrerin, um ihnen Möglichkeiten an die Hand zu geben, das Verhalten des Kindes in dem realen Lebensumfeld, in der Familie, im Kindergarten oder in der Schule zu verändern. Das mag zunächst überraschen, hat doch das Kind und nicht die Eltern, die Erzieherin oder die Lehrerin das Problem. Viele Studien zeigen aber, dass diese Maßnahmen, die im unmittelbaren Umfeld des

Kindes ansetzen, die erfolgreichsten psychologischen Maßnahmen sind. Je jünger das Kind ist, umso wichtiger ist dieser Zugang. Sie sollten sich also nicht wundern, wenn ein Psychotherapeut, den Sie wegen der Verhaltensprobleme Ihres Kindes in Anspruch nehmen, hauptsächlich mit Ihnen, mit der Kindergartenerzieherin oder mit der Lehrerin arbeitet und gar nicht so intensiv mit Ihrem Kind.

Es gibt aber auch psychologische und pädagogische Hilfen, die direkt bei dem Kind ansetzen, bei denen das Kind im Mittelpunkt der Behandlung oder Förderung steht.

Übersicht

Die folgenden Behandlungsmöglichkeiten möchten wir genauer besprechen:

- Therapie zum Aufbau von Spielintensität und Spielausdauer bei Kindern im Kindergartenalter
- Aufmerksamkeits- und Konzentrationstrainings zum Aufbau von planvollem Arbeitsverhalten
- Soziale Kompetenztrainings zur Verminderung von aggressivem Verhalten und zum Aufbau von kompetentem Sozialverhalten
- Übungsbehandlungen zur Verminderung von Entwicklungsrückständen und Teilleistungsschwächen
- Einzelpsychotherapie des Kindes zur Verminderung emotionaler Probleme und zum Aufbau von Selbstvertrauen

Therapie zum Aufbau von Spielintensität und Spielausdauer bei Kindern im Kindergartenalter

Bei hyperkinetischen Kindern im Kindergartenalter kann eine Therapie sinnvoll sein, die auf die Förderung eines intensiven und ausdauernden Spielens zielt. Kinder lernen im Spiel ungeheuer viel. Ein intensives und ausdauerndes Spiel ist daher für die weitere

Entwicklung von Kindern eine wichtige Voraussetzung. Wenn hyperkinetische Kinder auch beim Spiel eine sehr starke Unruhe zeigen und von einer Spieltätigkeit zur anderen wechseln, ohne etwas zu Ende zu bringen, dann kann diese Behandlung hilfreich sein. Sie wurde im Rahmen des *Therapieprogramms für Kinder mit hyperkinetischem und oppositionellem Problemverhalten (THOP)* entwickelt. Der Therapeut versucht dabei zunächst, ein intensives und ausdauernderes Spiel in der Behandlungsstunde mit dem Kind aufzubauen und zu entwickeln. Später werden die Eltern dazu angeleitet, damit sie diese Maßnahme auch in der Familie durchführen können. Diese Behandlung ist eine verhaltenstherapeutische Behandlung; die Kosten werden daher von den Krankenkassen übernommen, wenn die Behandlung von einem kassenzugelassenen Ärztlichen oder Psychologischen Psychotherapeuten bzw. einem Kinder- und Jugendlichenpsychotherapeuten durchgeführt wird. Häufig wird diese Behandlung auch von psychologischen Beratungsstellen angeboten (siehe Kapitel 5).

Aufmerksamkeits- und Konzentrationstrainings zum Aufbau von planvollem Arbeitsverhalten

Manche hyperkinetischen Schulkinder haben enorme Probleme, selbst unter günstigen Bedingungen Hausaufgaben oder andere Aufgaben, die Konzentration erfordern, planvoll zu beginnen und Schritt für Schritt zu Ende zu führen. Für solche Kinder kann ein Aufmerksamkeits- oder Konzentrationstraining hilfreich sein. Dabei lernt das Kind anhand von bestimmten Signalkarten (siehe Abbildung 6), Aufgaben Schritt für Schritt zu bewältigen, indem es zunächst innehält und überlegt, was es tun soll (Stopp, was soll ich tun?), als nächstes einen Plan entwickelt (Was ist mein Plan?), dann die Aufgabe entsprechend seines Planes sorgfältig bewältigt (sorgfältig Schritt für Schritt zum Ziel) und am Ende das Ergebnis überprüft (Stopp, überprüfen). Wenn alles gut gelungen ist, dann hat das Kind allen Anlass, sich selbst zu loben (Prima!). Abbildung 6 zeigt die Signalkarten, die im Rahmen des *Therapiepro-*

gramms für Kinder mit hyperkinetischem und oppositionellem Problemverhalten (THOP) entwickelt wurden.

Diese Behandlung ist jedoch nur dann sinnvoll, wenn das Kind tatsächlich auch unter günstigen Bedingungen nicht zu einem konzentrierten und planvollen Arbeitsverhalten in der Lage ist. Dies ist zwar bei einigen, vor allem jüngeren Schulkindern mit hyperkinetischen Auffälligkeiten der Fall; viele andere Kinder mit dieser Problematik können sich jedoch in einer Einzelsituation, in der ihnen für konzentriertes Arbeiten eine Belohnung in Aussicht gestellt wird, recht gut konzentrieren und planvoll Aufgaben lösen. Wenn Sie im Rahmen des Elternleitfadens und der Anwendungsbeispiele in Teil II und III des Buches mit Ihrem Kind einen *Hausaufgaben-Plan* durchführen (Teil III, Anwendungsbeispiel 5) und es dem Kind dann immer noch nicht gelingt, die Hausaufgaben konzentriert und zügig durchzuführen, dann ist möglicherweise ein solches Aufmerksamkeitstraining hilfreich. Auch bei dieser Behandlung versucht der Therapeut zunächst, ein entsprechendes Arbeitsverhalten in der Behandlungsstunde aufzubauen. Danach kann er die Eltern integrieren und mit dem Kind und möglicherweise auch der Lehrerin überlegen, wie diese Hilfen auf den Schulalltag übertragen werden können. Dies ist der kritische Punkt in der Behandlung: Das neu erworbene Arbeitsverhalten soll natürlich nicht nur in der Therapiestunde, sondern vor allem dort eingesetzt werden, wo es am wichtigsten ist – in der Schule und bei den Hausaufgaben in der Familie. Auch diese Behandlung ist eine verhaltenstherapeutische Behandlung; die Kosten werden daher von den Krankenkassen übernommen, wenn die Behandlung von einem kassenzugelassenen Ärztlichen oder Psychologischen Psychotherapeuten bzw. einem kassenzugelassenen Kinder- und Jugendlichenpsychotherapeuten durchgeführt wird. Häufig wird diese Behandlung auch von psychologischen Beratungsstellen angeboten (siehe Kapitel 5).

Abbildung 6 Signalkarten für das Aufmerksamkeits- und Konzentrationstraining aus dem Therapieprogramm für Kinder mit hyperkinetischem und oppositionellem Problemverhalten (THOP)

Soziale Kompetenztrainings zur Verminderung von aggressivem Verhalten und zum Aufbau von kompetentem Sozialverhalten

Kindern, die sich anderen Kindern gegenüber häufig aggressiv verhalten, mangelt es manchmal an sogenannten sozialen Kompetenzen. Das heißt, manche Kinder wissen gar nicht, wie sie anders als mit aggressiven Mitteln Konflikte lösen können, wie sie Kontakt zu anderen Kindern knüpfen können, wie sie sich in das Spiel anderer Kinder integrieren können und wie sie auch einmal die Spielvorschläge anderer Kinder übernehmen können. Manche Kinder wiederum wissen dies zwar, aber sie können ihr Wissen nicht richtig umsetzen. Für diese Kinder können sogenannte Soziale Kompetenztrainings hilfreich sein, die manchmal als Einzeltherapie, besser aber als Gruppentherapie durchgeführt werden. In Rollenspielen üben die Kinder dann ein, wie man sich in den genannten Situationen anders verhalten kann, und sie bekommen »Hausaufgaben«, in denen sie das neu erworbene Verhalten in ihrem realen Lebensumfeld erproben sollen. Auch diese Behandlung ist eine verhaltenstherapeutische Behandlung; die Kosten werden daher von den Krankenkassen unter bestimmten Bedingungen übernommen.

Zum Teil werden aggressive Verhaltensauffälligkeiten jedoch dadurch aufrechterhalten, dass die Kinder die Erfahrung machen, dass es sich lohnt, sich so zu verhalten. In solchen Fällen sind wieder die Eltern, die Erzieherin oder die Lehrerin gefordert, die dafür Sorge tragen müssen, dass aggressives Verhalten sich eben nicht lohnt. Im Rahmen des Elternleitfadens in Teil II und der Anwendungsbeispiele in Teil III dieses Buches werden wir Sie mit entsprechenden Möglichkeiten vertraut machen.

Übungsbehandlungen zur Verminderung von Entwicklungsrückständen und Teilleistungsschwächen

Wenn das Kind Entwicklungsrückstände in einzelnen Bereichen hat, zum Beispiel in der Sprache, in der Bewegung oder beim Zeichnen, oder wenn es Leistungsschwächen in einzelnen Schulfächern hat, dann sind Übungsbehandlungen oder gezielte Nachhilfen notwendig, die auf die Verminderung dieser Defizite abzielen. Teilweise können Sie als Eltern solche Übungen mit Ihrem Kind durchführen, darauf sind wir bereits eingegangen. Wenn die Defizite jedoch stark ausgeprägt sind, ist meistens die Hilfe eines Fachmannes sinnvoll. Verschiedene Berufsgruppen bieten spezielle Übungsbehandlungen an:

- Bei Auffälligkeiten in der Körperkoordination (laufen, gehen, springen, Gleichgewicht usw.) ist manchmal eine Mototherapie oder Krankengymnastik hilfreich.
- Bei Auffälligkeiten in der Feinmotorik (malen, schneiden, Schreibbewegungen) kann entweder eine Mototherapie oder auch eine Beschäftigungstherapie (Ergotherapie) hilfreich sein.
- Bei Auffälligkeiten in der visuellen Wahrnehmungsfähigkeit oder in der Körperwahrnehmung kann eine Beschäftigungstherapie (Ergotherapie) hilfreich sein.
- Bei Auffälligkeiten in der Sprache kann eine Sprachtherapie (Logopädie) hilfreich sein. Zu den wichtigsten Sprachauffälligkeiten zählen die Artikulationsstörungen (die Kinder können bestimmte Laute nicht richtig aussprechen) und der sogenannte Dysgrammatismus (die Kinder können keine grammatikalisch korrekten Sätze von altersgemäßer Länge sprechen).
- Bei Störungen der Lese- oder Rechtschreibfähigkeit kann ein Lese- und Rechtschreibtraining hilfreich sein, auf das wir bereits eingegangen sind.

Diese Übungsbehandlungen dienen dazu, bestimmte Funktionen zu trainieren. Sie stellen keine Psychotherapie dar. Einige der Behandlungsformen, wie Logopädie oder auch Beschäftigungstherapie, können teilweise auf Rezept verordnet werden und werden dann meist auch von den Krankenkassen übernommen. Bei anderen Formen der Übungsbehandlung, zum Beispiel dem Lese- und Rechtschreibtraining, ist eine Übernahme der Kosten durch die Krankenkassen schwieriger. Falls die Krankenkassen die Kosten nicht übernehmen, kann im Rahmen des Kinder- und Jugendhilfegesetzes eine Übernahme der Kosten durch das Jugendamt beantragt werden. Häufig werden diese Übungsbehandlungen jedoch auch von Frühförderzentren, sozialpädiatrischen Zentren oder auch psychologischen Beratungsstellen angeboten und sind dann in der Regel kostenfrei.

Die Übungsbehandlungen können also helfen, bestimmte Defizite zu vermindern. Sie sollten aber nicht erwarten, dass sich dadurch auch die Verhaltensprobleme Ihres Kindes in der Familie oder in der Schule automatisch verbessern. Im günstigsten Fall kann dies gelingen, in der Regel sind jedoch weitere gezielte Maßnahmen zur Verminderung dieser Verhaltensprobleme notwendig.

Einzelpsychotherapie des Kindes zur Verminderung emotionaler Probleme und zum Aufbau von Selbstvertrauen

Wir haben bereits darauf hingewiesen, dass viele Kinder mit hyperkinetischem und aggressivem Problemverhalten auch emotionale Probleme haben: Ängste, mangelndes Selbstvertrauen, Unsicherheit usw. Bei den meisten Kindern sind diese emotionalen Probleme eher Folgen als Ursachen der hyperkinetischen und oppositionellen Verhaltensauffälligkeiten. Durch die vielfältigen Ablehnungserfahrungen – in der Familie, in der Schule, bei Gleichaltrigen – und durch die Misserfolge in der Schule und in anderen Lebensbereichen entwickeln diese Kinder häufig noch zusätzlich emotionale Probleme. Es gibt aber auch Fälle, in denen die emotionalen Probleme eine wesentliche Ursache vor allem für oppositionelle Auffälligkeiten darstellen. Wenn das Kind ausgeprägte emotionale Probleme hat, dann kann auch eine Einzelpsychotherapie des Kindes hilfreich sein, die auf die Verminderung dieser

Probleme abzielt. Auch hier sollte man jedoch nicht erwarten, dass sich damit automatisch die aggressiven oder hyperkinetischen Verhaltensprobleme ebenfalls beheben lassen. Meist müssen diese Therapien zusätzlich von Maßnahmen begleitet werden, die unmittelbar auf die Verminderung der hyperkinetischen oder oppositionellen Verhaltensprobleme in der Familie und im Kindergarten oder in der Schule abzielen.

Es gibt verschiedene Formen der Einzelpsychotherapie. Am wichtigsten ist die Unterscheidung zwischen tiefenpsychologisch fundierten, analytischen oder spieltherapeutischen Verfahren einerseits und den verhaltenstherapeutischen Verfahren andererseits. Nach dem bisherigen Stand der Forschung können alle diese Verfahren bei der Behandlung emotionaler Probleme von Kindern hilfreich sein. Spezifische Verfahren zur Behandlung hyperkinetischer und oppositioneller Verhaltensauffälligkeiten werden dagegen nur von der Verhaltenstherapie angeboten.

4.4 Sind Medikamente hilfreich?

Eine medikamentöse Behandlung kann nur bei Kindern mit hyperkinetischen Verhaltensauffälligkeiten erwogen werden. Bei Kindern mit ausschließlich oppositionellen Verhaltensauffälligkeiten ist dagegen eine medikamentöse Behandlung, von wenigen extremen Ausnahmefällen vielleicht abgesehen, nicht hilfreich. Die medikamentöse Therapie hyperkinetischer Störungen kann eine wichtige Ergänzung der anderen Behandlungsformen darstellen; manchmal ist sie sogar eine wesentliche Voraussetzung dafür, dass andere Behandlungsformen erfolgreich eingesetzt werden können.

Am erfolgreichsten ist die Therapie mit Medikamenten, welche die Aktivität des Gehirns steigern. Diese Medikamente wirken also nicht dämpfend, sondern aktivierend auf das Gehirn. Deshalb werden sie auch Psychostimulanzien genannt. Es gibt verschiedene Psychostimulanzien. In Deutschland sind die Wirkstoffe Methylphenidat und Dexamphetamin in Fertigarzneimitteln erhältlich. Am häufigsten werden die Methylphenidat-Medikamente mit dem Handelsnamen Medikinet®, Ritalin®, Concerta® und Equasym® verwandt. Dexamphetamin ist in Deutschland unter den Handelsnamen Elvanse® und Attentin® erhältlich. Die Medikamente sind sehr gut untersucht und führen bei mindestens 70 % der Kinder mit ausgeprägten hyperkinetischen Störungen zu einer deutlichen Verminderung dieser Auffälligkeiten. Neben den Psychostimulanzien sind weitere Medikamente mit anderen Wirkstoffen für die Behandlung von ADHS bei Kindern und Jugendlichen zugelassen. Strattera® und Agakalin® enthalten den Wirkstoff Atomoxetin, Intuniv® enthält den Wirkstoff Guanfacin.

Die Wirkung aller genannten Medikamente hält jeweils nur so lange an, wie das Medikament gegeben wird. Deshalb sind in der Regel eine längerfristige, d. h. mehrjährige medikamentöse Behandlung und eine Kombination mit anderen Behandlungsmaßnahmen notwendig.

Die medikamentöse Behandlung von Kindern mit psychischen Störungen stößt auch heute noch selbst in Fachkreisen, bei Psychologen, bei Lehrern und bei anderen Berufsgruppen auf Ablehnung. In der Regel basiert diese Ablehnung mehr auf allgemeinen Vorurteilen als auf einer soliden Kenntnis des Forschungsstandes. Wir möchten deshalb die wichtigsten Erkenntnisse zur Wirksamkeit dieser Medikamente, zu ihren Nebenwirkungen sowie ihrer Anwendung zusammenfassen, damit Sie sich selbst ein Bild machen und eine entsprechende Entscheidung fällen können.

Übersicht

Folgende Fragen wollen wir beantworten:

- Welche Erkenntnisse gibt es zur Wirksamkeit von Medikamenten bei Kindern mit hyperkinetischen Störungen?
- Welche Nebenwirkungen können auftreten?
- Machen diese Medikamente abhängig?
- In welchen Fällen ist eine medikamentöse Behandlung sinnvoll?

- Wie wird eine medikamentöse Behandlung durchgeführt?
- Wie wird die Wirksamkeit der medikamentösen Behandlung überprüft?
- Werden die Medikamente auch am Wochenende und in den Schulferien gegeben?
- Wie lange muss mein Kind die Medikamente einnehmen?

Welche Erkenntnisse gibt es zur Wirksamkeit von Medikamenten bei Kindern mit hyperkinetischen Störungen?

In wissenschaftlichen Studien wurden vor allem drei Wirkstoffe auf ihre Wirksamkeit untersucht: Methylphenidat, Dexamphetamin (die auch unter dem Namen Psychostimulanzien zusammengefasst werden) und Atomoxetin. Die wissenschaftlichen Erkenntnisse aus einer Vielzahl von Studien zur Wirksamkeit von Psychostimulanzien und von Atomoxetin können wie folgt zusammengefasst werden:

- **Psychostimulanzien haben bei den meisten Kindern mit hyperkinetischen Störungen eine deutliche Wirkung.** Zwischen 70 % und 90 % der Kinder, die älter als vier Jahre sind, sprechen auf die Behandlung positiv an. Bei Kindern unter fünf Jahren liegt der Anteil der Kinder, die von dem Medikament profitieren, deutlich darunter (ca. 50 %). Der Anteil der Schulkinder mit ausgeprägten hyperkinetischen Störungen, deren Verhalten sich infolge der medikamentösen Behandlung im Unterricht **normalisiert**, liegt bei etwa 50 %. Die Haupteffekte beziehen sich auf eine Verbesserung der Konzentrationsfähigkeit und auf die Verminderung des hyperkinetischen, störenden, unangemessenen und impulsiven Verhaltens. Oppositionelles Verhalten gegenüber Erwachsenen kann sich vermindern und die Beziehungen zu Gleichaltrigen können sich verbessern, hauptsächlich aufgrund der Verminderung der aggressiven Verhaltensauffälligkeiten. Außerdem hat die Verminderung der ADHS-

Symptomatik häufig auch eine Verbesserung der schulischen Leistungen zur Folge, weil die Kinder mehr vom Unterricht aufnehmen und sich besser konzentrieren können.

Atomoxetin ist ebenfalls sehr wirkungsvoll bei der Verminderung von Unruhe, Impulsivität und Unaufmerksamkeit. Es gibt Hinweise darauf, dass die Wirksamkeit dieses Medikamentes etwas geringer ist als die von Psychostimulanzien. Allerdings profitieren manche der Kinder von diesem Medikament, bei denen Psychostimulanzien nicht wirksam sind. Die Nebenwirkungen sind bei beiden Medikamenten ähnlich.

- **Die verschiedenen Medikamente mit Methylphenidat und Dexamphetamin unterscheiden sich in ihrer Wirkdauer.** Das normale Methylphenidat (mit schneller Freisetzung im Körper) ist beispielsweise in den Medikamenten Ritalin® und Medikinet® enthalten. Diese Medikamente entfalten ihre Wirkung nur für einige Stunden nach der Einnahme. Andere Medikamente sind sogenannte Retard-Präparate, d. h., sie setzen bestimmte Anteile des Methylphenidats verzögert im Körper frei und wirken daher länger am Tag. In Deutschland sind verschiedene Retard-Präparate erhältlich, zum Beispiel Medikinet® retard, Ritalin® LA, Equasym® retard, Concerta® oder Elvanse®. Diese Präparate unterscheiden sich in ihrer Zusammensetzung und können daher unterschiedliche lange und gut wirken. Die Medikamente mit den Wirkstoffen Atomoxetin und Guanfacin haben ebenfalls eine längere Wirkdauer.
- **Bei den Medikamenten mit Methylphenidat und Dexamphetamin kann man die Wirkung am ersten Tag der Einnahme beobachten.** Bei den Medikamenten mit den Wirkstoffen Atomoxetin und Guanfacin muss die Behandlung über mehrere Wochen fortgesetzt werden, bis eine deutliche Wirkung eintritt.
- **Bei allen Medikamenten ist eine genaue individuelle Austestung notwendig,** um im Einzelfall festzustellen, ob das Medikament wirkt, welche Dosierung notwendig ist und bei den Methylphenidat-Medikamenten auch welches Präparat am besten für das Kind ist.

- **Die Behandlung ist nach allem, was wir gesichert wissen, nur wirksam, solange sie durchgeführt wird.** Eine Langzeitbehandlung (meist über mehrere Jahre) kann deshalb notwendig sein, um die positiven Effekte aufrechtzuerhalten.
- **Die genaue Wirkung der Medikamente ist nicht bekannt.** Man weiß, dass die Medikamente den Hirnstoffwechsel beeinflussen und vor allem auf die Botenstoffe Dopamin (bei den Psychostimulanzien) und Noradrenalin (bei Atomoxetin und Guanfacin) einwirken. Diese Stoffe spielen bei der Entstehung hyperkinetischer Störungen vermutlich eine entscheidende Rolle. Damit ist der Wissensstand hinsichtlich der Wirksamkeit dieser Medikamente mit dem Stand des Wissens bei vielen anderen Medikamenten vergleichbar: Man weiß, dass es wirkt, man kennt die Nebenwirkungen, aber man weiß nicht so genau, **wie** es wirkt.
- **Die Medikamente sind kein Wundermittel für Kinder mit ADHS.** Durch Medikamente lernt das Kind nichts hinzu. Sie vermindern lediglich die Auftretenswahrscheinlichkeit problematischer Verhaltensweisen und verbessern die Lernmöglichkeiten der Kinder. Das Kind wird zwar wahrscheinlich weniger Fehler machen, soweit sie durch Aufmerksamkeitsprobleme bedingt sind; die Regeln der deutschen Rechtschreibung wird es jedoch auch nach einer Medikamenteneinnahme nicht automatisch beherrschen, wenn es sie nicht schon vorher kannte. Aber vielleicht wird es solche Regeln danach besser **lernen** können. Die vielfältigen Schwierigkeiten von Kindern mit hyperkinetischen Störungen erfordern auf jeden Fall zusätzliche Maßnahmen. Das Medikament kann jedoch die Wirksamkeit anderer Maßnahmen steigern, weil es dem Kind hilft, auf die Umwelt besser zu achten und erfolgreicher zu reagieren.
- **Die Ergebnisse gelten nur für Kinder mit *ausgeprägter* ADHS, die ein hohes Maß an motorischer Unruhe, an Aufmerksamkeitsschwächen und an Impulsivität zeigen.** Sie sind nicht für die große Gruppe der Kinder mit leichteren hyperkinetischen Auffälligkeiten gültig.

Welche Nebenwirkungen können auftreten?

Die Nebenwirkungen sind in der überwiegenden Zahl der Fälle gering. Sie treten häufig nur vorübergehend auf und verschwinden fast immer mit Absetzen der Medikation. Deshalb lässt sich die Wirksamkeit einer Behandlung mit diesen Medikamenten fast immer ohne größeres Risiko überprüfen. Bei den verschiedenen Wirkstoffen können unterschiedliche Nebenwirkungen auftreten. Bei den am häufigsten angewendeten Psychostimulanzien (Wirkstoffe Methylphenidat und Dexamphetamin) müssen folgende Nebenwirkungen beachtet werden:

- **Durchschlafstörungen und Appetitminderung.** Die häufigsten Nebenwirkungen sind leichtere Ein- oder Durchschlafstörungen und eine Verminderung des Appetits. Ernsthafte Appetitminderungen sind bei etwa 6–12 %, ernsthafte Schlafstörungen bei etwa 11 % der Kinder zu beobachten. Mitunter vermindern sich diese Nebenwirkungen nach einigen Wochen, sie können aber auch über Monate und Jahre fortdauern. Wenn diese Nebenwirkungen sehr stark sind, muss die Behandlung möglicherweise beendet oder die Dosierungen müssen verändert werden. Bei manchen Kindern vermindern sich allerdings auch zuvor bestehende Schlafprobleme. Der Arzt muss regelmäßig wegen einer möglichen Appetitminderung das Gewicht des Kindes kontrollieren.
- **Bauch- und Kopfschmerzen.** Einige Kinder reagieren anfangs mit Bauch- und Kopfschmerzen, die jedoch im Verlauf der Therapie in der Regel verschwinden. Selten tritt in Verbindung mit den Bauchschmerzen auch Übelkeit auf.
- **Tics.** In etwa 1–2 % der Fälle treten sogenannte Tics auf. Tics sind unwillkürliche Zuckungen, meist im Gesicht, manchmal auch im Hals-Schulter-Bereich oder am gesamten Oberkörper. Es gibt auch vokale Tics, bei denen die Kinder unwillkürlich Laute ausstoßen und Geräusche machen. Viele Kinder mit Tics haben auch hyperkinetische Auffälligkeiten. Wenn Tics bereits vor Beginn der medikamentösen Behandlung vorhanden sind, können sich diese verschlimmern; mitunter verbessern sich die

Tics aber auch. Wenn ein Kind Tics hat oder wenn bei Familienmitgliedern Tics schon einmal aufgetreten sind, dann muss die medikamentöse Behandlung mit besonderer Vorsicht durchgeführt werden. In solchen Fällen wird man psychologische Behandlungsalternativen noch stärker betonen oder die Medikamente geringer dosieren. Wenn ausgeprägte Tics vorhanden sind, werden andere Medikamente eingesetzt, die auf die Verminderung der Tics abzielen und häufig auch zumindest eine Verminderung der motorischen Unruhe bewirken. Wenn das Kind im Verlauf einer medikamentösen Behandlung Tics entwickelt, dann kann es sinnvoll sein, zunächst die weitere Entwicklung der Tics zu beobachten und bei Bedarf die Dosierung der Medikamente zu reduzieren.

- **Weinerlichkeit und Depressivität.** Wenige Kinder reagieren auf die Medikamente mit einer ausgeprägten Weinerlichkeit oder mit trauriger Verstimmung. Häufig können diese Nebenwirkungen durch eine niedrigere Dosierung behoben werden. Einige Eltern berichten auch, dass ihr Kind jetzt sehr ernst wirke und viel von seiner Spontaneität und Ausgelassenheit verloren habe. In solchen Fällen sollte man genau beobachten, ob dieser Eindruck nicht dadurch entsteht, dass sich die Impulsivität und Hyperaktivität des Kindes vermindert hat, dass also das eingetreten ist, was man eigentlich erreichen wollte.
- **Blutdrucksteigerung.** Gelegentlich sind leichte Steigerungen des Blutdrucks und der Herzfrequenz zu beobachten, die jedoch meist im normalen Bereich bleiben. Allerdings kann bei 5 bis 10 % der Kinder auch eine ausgeprägte Steigerung des Blutdrucks auftreten. Eine regelmäßige Kontrolle des Blutdrucks ist daher notwendig. Bei Kindern mit bekannten Herzerkrankungen müssen zusätzliche Untersuchungen durchgeführt werden, bevor eine medikamentöse Therapie begonnen werden kann.
- **Wachstumsverzögerungen.** In den wissenschaftlichen Langzeituntersuchungen konnte bislang nicht sicher geklärt werden, ob eine Behandlung mit Methylphenidat über mehrere Jahre hinweg zu einer Wachstumsverzögerung führen kann. Möglicherweise wird bei einigen Kindern das Längenwachstum vorüber-

gehend verlangsamt, ohne dass die Endgröße vermindert wird. Bei einer Langzeittherapie mit Methylphenidat muss jedoch der Arzt die Körpergröße des Kindes regelmäßig kontrollieren. Einige Untersuchungen zeigen, dass durch medikamentenfreie Intervalle, beispielsweise während der Sommerferien, das Wachstum beschleunigt werden kann.

- **Kinder mit Anfallsleiden.** Kinder mit einem Anfallsleiden (epileptischen Anfällen) haben gehäuft Aufmerksamkeitsschwächen und neigen auch zu impulsivem Verhalten und Unruhe. Meist bekommen diese Kinder Medikamente gegen das Anfallsleiden. Wenn eine medikamentöse Behandlung der hyperkinetischen Auffälligkeiten erwogen wird, muss bedacht werden, dass durch diese Medikamente möglicherweise Anfälle ausgelöst werden können. Es gibt jedoch auch wissenschaftliche Untersuchungen, die zeigen, dass sich bei manchen Kindern die Anfälle sogar vermindern und sich das Hirnstrombild (EEG) verbessert. Dennoch sollte die medikamentöse Behandlung mit Psychostimulanzien bei Kindern mit einem Anfallsleiden nur unter großer Vorsicht durchgeführt werden. Bevor man eine solche Behandlung in Erwägung zieht, sollte man andere, d. h. psychologische Behandlungsmöglichkeiten ausschöpfen.

Bei Medikamenten mit den Wirkstoffen Atomoxetin und bei Guanfacin können zudem Müdigkeit und Schwindel und bei Guanfacin können auch eine Verminderung des Blutdrucks und eine Gewichtszunahme auftreten.

Machen diese Medikamente abhängig?

Die immer wieder geäußerte Befürchtung, Kinder könnten von Psychostimulanzien körperlich abhängig werden, lässt sich wissenschaftlich nicht bestätigen. Es gibt keinen einzigen Bericht, der die Entwicklung einer Abhängigkeit von Stimulanzien belegt, wenn sie entsprechend der ärztlichen Verordnung eingenommen werden. Allerdings können diese Medikamente missbräuchlich eingesetzt werden, weil sie bei entsprechender Dosierung die

Wachheit vorübergehend steigern. Um der Gefahr des Medikamentenmissbrauchs zu begegnen, dürfen Methylphenidat-Präparate nur auf einem speziellen Rezept für Betäubungsmittel verordnet werden. Bei den Medikamenten mit den Wirkstoffen Atomoxetin und Guanfacin ist kein spezielles Rezept notwendig, weil eine Missbrauchsgefahr nicht besteht.

Eine andere Frage ist die nach der sogenannten **psychischen Abhängigkeit**, die durch Medikamente möglicherweise erzeugt werden kann. Wenn Menschen schon relativ früh in ihrem Leben die Erfahrung machen, dass sich Probleme durch Medikamente lösen oder zumindest vermindern lassen, dann kann sich dadurch möglicherweise eine Einstellung entwickeln, die dazu führt, dass auch später bei auftretenden psychischen Problemen eher zu Medikamenten gegriffen wird. Man würde erwarten, dass hyperkinetische Kinder, die medikamentös behandelt wurden, später im Jugend- und Erwachsenenalter eher zu Drogen oder Medikamenten greifen als andere hyperkinetische Kinder. Die zu dieser Frage bisher vorliegenden Studien konnten dies jedoch nicht bestätigen. Dennoch sollte dieses Problem nicht außer Acht gelassen werden. Wenn eine medikamentöse Behandlung durchgeführt wird, dann sollte man das Kind sorgfältig darauf vorbereiten und darauf achten, dass es die eintretenden Veränderungen nicht ausschließlich auf die Medikamente zurückführt. Es sollte vielmehr erkennen, dass die Medikamente ihm helfen, sich noch stärker zu bemühen und anzustrengen (nach dem Motto: Wenn du willst, dann kannst du natürlich auch weiterhin trödeln, dazwischenreden und Quatsch machen. Es fällt dir aber mit den Medikamenten leichter, solche Dinge zu unterlassen, wenn du es willst.).

Ein medikamentös behandeltes Kind muss nicht mit der Zeit zunehmend mehr Tabletten nehmen, um die gewünschten Effekte zu erzielen. Das Kind gewöhnt sich also nicht an die Medikamente. Allerdings kann es notwendig sein, dass die Dosierung erhöht werden muss, wenn das Kind deutlich gewachsen ist und an Gewicht zugenommen hat. Dadurch hat sich dann nämlich die relative Dosis vermindert, die in Milligramm (mg) Wirkstoff pro Kilogramm Körpergewicht berechnet wird.

In welchen Fällen ist eine medikamentöse Behandlung sinnvoll?

Wichtig

Es gibt zwei Hauptkonstellationen, in denen eine medikamentöse Therapie angezeigt ist:

(1) Wenn die hyperkinetischen Auffälligkeiten sehr stark ausgeprägt sind und dadurch erhebliche Probleme in der Schule, in der Familie oder im Freizeitbereich auftreten, welche die weitere Entwicklung des Kindes stark gefährden.

(2) Wenn sich die hyperkinetischen Verhaltensauffälligkeiten durch andere Maßnahmen und Therapieformen nicht hinreichend vermindern ließen.

Im ersten Fall ist es sinnvoll, mit einer medikamentösen Therapie und einer begleitenden Beratung zu beginnen, bevor andere Behandlungen durchgeführt werden. Die hyperkinetischen Verhaltensauffälligkeiten treten in diesem Falle in allen Lebensbereichen sehr stark auf und es kommt zu einer krisenhaften Zuspitzung in der Schule oder in der Familie, die sich typischerweise darin zeigt, dass die weitere Beschulung des Kindes unmittelbar bedroht ist. Die Symptome sind also so massiv ausgeprägt, dass die Situation von der Klassenlehrerin nicht mehr bewältigt werden kann; Hausaufgaben lassen sich in der Familie dann oft nur noch mit höchstem Aufwand erledigen. Solche Situationen erfordern eine möglichst rasche Verminderung der Verhaltensauffälligkeiten, die durch die medikamentöse Therapie am ehesten erreicht werden kann. Erfolge anderer Maßnahmen und Therapien sind mit einer größeren Zeitverzögerung verbunden und bei extremen Auffälligkeiten im Allgemeinen auch schwerer zu erzielen. Glücklicherweise sind Kinder mit diesen ausgeprägten Formen hyperkinetischer Störungen in der Minderheit. Bei allen anderen Kindern stehen Maßnahmen in der Familie, im Kindergarten oder in der

Schule und die Behandlung des Kindes selbst am Anfang. Falls diese Maßnahmen die Probleme nicht hinreichend vermindern, kann eine ergänzende medikamentöse Behandlung sinnvoll sein. In einzelnen Fällen kann eine medikamentöse Therapie bereits vor der Einschulung durchgeführt werden, obwohl die Medikamente erst ab dem Alter von sechs Jahren zugelassen sind. Im Vorschulalter lassen sich aber häufig andere Lösungsmöglichkeiten finden, zudem sind die Probleme häufig noch nicht so sehr zugespitzt. Meist wird mit einer medikamentösen Behandlung im Alter zwischen sechs und zwölf Jahren begonnen. Sie kann auch bei Jugendlichen noch durchgeführt werden, ist aber seltener notwendig, weil dann zumindest die sehr stark ausgeprägten Auffälligkeiten häufig schon zurückgegangen sind.

Wie wird eine medikamentöse Behandlung durchgeführt?

Bei den Psychostimulanzien tritt die Wirkung etwa 30 bis 45 Minuten nach Einnahme der Tabletten ein. Sie bleibt dann zwei bis vier Stunden auf maximalem Niveau. Nach drei bis sieben Stunden ist eine deutliche Verminderung der Wirkung zu beobachten. Bei den meisten Kindern bleibt die Wirkung bei einer einmaligen Einnahme der Tabletten am Morgen über den Schulvormittag hinweg erhalten. Bei älteren Kindern und wenn die Schule besonders lange geht, kann eine zweite Einnahme am späten Vormittag hilfreich sein. Bei ausgeprägt hyperkinetischem Verhalten in der Familie am Nachmittag kann eine erneute Einnahme um die Mittagszeit notwendig sein. Nach unseren Erfahrungen können die Verhaltensprobleme in der Familie in vielen Fällen aber durch andere Maßnahmen so weit reduziert werden, dass eine erneute Tabletteneinnahme am Nachmittag nicht notwendig ist.

Inzwischen gibt es Präparate, die Methylphenidat oder Dexamphetamin enthalten und bei denen die Wirkdauer verlängert ist, zum Beispiel Concerta®, Medikinet® retard, Equasym® retard, Ritalin®, Elvanse®. Wenn also eine mehrfache Gabe am Tag von Psychostimulanzien mit kurzer Wirkdauer schwierig ist (z. B. eine zweite Einnahme am späten Schulvormittag), dann können solche Präparate hilfreich sein.

Während Psychostimulanzien sehr schnell wirken, ist der Wirkungseintritt bei Medikamenten mit den Wirkstoffen Atomoxetin und Guanfacin verzögert. Bei manchen Kindern sind die Effekte nach ein bis zwei Wochen erkennbar, in der Regel dauert es jedoch vier bis acht Wochen, bis die maximale Wirkung eintritt. Die Wirkdauer ist bei Medikamenten mit den Wirkstoffen Atomoxetin und Guanfacin jedoch so, dass mit einer einmaligen Einnahme am Morgen der gesamte Tag meist abgedeckt ist.

Wie wird die Wirksamkeit der medikamentösen Behandlung überprüft?

Wichtig

Die medikamentöse Behandlung ist zwar bei der Mehrzahl der Kinder mit ausgeprägt hyperkinetischen Verhaltensstörungen wirkungsvoll, eine genaue Überprüfung der Wirksamkeit in einem kontrollierten Behandlungsversuch ist jedoch unbedingt erforderlich, weil die medikamentöse Behandlung sich nur dann rechtfertigen lässt, wenn Effekte eindeutig nachgewiesen werden können. Darüber hinaus reagieren die Kinder sehr unterschiedlich auf die Medikamente. Bei manchen Kindern genügen sehr niedrige Dosierungen, andere benötigen dagegen mehrere Tabletten. Daher muss jedes Kind auf seine individuelle Dosierung eingestellt werden.

Bei der Behandlung mit Methylphenidat beginnt man bei jüngeren Kindern (etwa unter 8 Jahren) mit einer halben oder einer ganzen Tablette (mit 10 mg Wirkstoff) am Morgen; bei älteren Kindern beginnt man üblicherweise mit einer Tablette. Bei Kindern im Grundschulalter kann die Dosierung meist bis auf 20 bis 25 mg pro Tag ohne Bedenken gesteigert werden. Bei Jugendlichen werden selten mehr als 50 oder 60 mg gegeben. Je höher die Dosierung ist, umso eher treten Nebenwirkungen auf.

Die systematische Überprüfung der Wirksamkeit muss in der Regel in Zusammenarbeit mit der **Klassenlehrerin** erfolgen. Mit der Lehrerin wird für mehrere Wochen vereinbart, dass das Verhalten des Kindes am Ende jeder Woche anhand eines *Wochen-Beurteilungsbogens* eingeschätzt wird, der speziell für die Austestung der medikamentösen Therapie entwickelt wurde. Man kann aber hierfür auch die *Tagesbeurteilungen für die Schule* nehmen, die auf **Memo-Karte 1** in Teil V dieses Buches zu finden sind. Ihre Anwendung wurde bereits in Abschnitt 4.2 beschrieben. In den ersten beiden Wochen, in denen die Lehrerin das Kind beurteilt, erhält das Kind keine Medikamente. In der dritten und vierten Woche beginnt man mit der niedrigen Dosierung. Wenn das Kind weiterhin als hyperkinetisch auffällig beschrieben wird und wenn keine ausgeprägten Nebenwirkungen festzustellen sind, dann kann in den darauffolgenden Wochen die Dosierung schrittweise gesteigert werden. Die maximale Dosis darf jedoch nicht überschritten werden. Am Ende dieses kontrollierten Behandlungsversuches kann dann festgestellt werden, ob das Medikament Ihrem Kind hilft und welche Dosierung am besten ist.

Bei der Behandlung mit Medikamenten mit den Wirkstoffen Atomoxetin und Guanfacin erfolgt die Aufdosierung meist langsamer, weil der Wirkungseintritt auch langsamer ist. In der Regel sind fünf bis sechs Wochen notwendig, bis die Effekte beurteilt werden können.

Werden die Medikamente auch am Wochenende und in den Schulferien gegeben?

Ob Ihr Kind auch am Wochenende und in den Schulferien Medikamente benötigt, hängt davon ab, welche Verhaltensprobleme durch die medikamentöse Behandlung verändert werden sollen. Falls Ihr Kind die Medikamente an den Schultagen einnimmt, um die hyperkinetischen Verhaltensprobleme während des Unterrichts zu vermindern, dann ist es nicht notwendig, dass das Kind auch am Wochenende oder in den Ferien die Tabletten einnimmt. Wenn durch die medikamentöse Behandlung auch Verhaltensprobleme in der Familie vermindert werden sollen, dann ist es sinnvoll, wenn das Kind auch an schulfreien Tagen die Tabletten einnimmt. Nach unserer Erfahrung genügt bei vielen Kindern die Einnahme der Tabletten an den Schultagen. Oft vermindern sich dann auch die Verhaltensprobleme des Kindes in der Familie oder diese Schwierigkeiten lassen sich durch andere Maßnahmen verringern. Bei der Behandlung mit Medikamenten mit den Wirkstoffen Atomoxetin und Guanfacin wird in der Regel keine Wochenendpause gemacht.

Wie lange muss mein Kind die Medikamente einnehmen?

Wenn sich die medikamentöse Behandlung im kontrollierten Behandlungsversuch als wirkungsvoll erwiesen hat, dann sollte die Behandlung zunächst für einen Zeitraum von sechs bis neun Monaten durchgeführt werden. Danach sollte die Notwendigkeit zur Weiterführung der Behandlung in einem Auslassversuch von 1 bis 2 Wochen überprüft werden. Zu diesem Zeitpunkt wird der Arzt auch Blutdruck, Pulsfrequenz, Körpergröße und Körpergewicht prüfen sowie nach weiteren Nebenwirkungen fragen. Bei einem solchen Auslassversuch geht man genauso vor wie bei dem kontrollierten Behandlungsversuch. In Einzelfällen kann eine Erhöhung der Dosierung notwendig sein. Der Auslassversuch kann aber auch zeigen, dass die gleichen Effekte schon mit einer niedrigeren Dosierung erzielt werden können oder dass die Fortführung der Medikation nicht notwendig ist. In der Regel ist jedoch die Fortführung der Langzeittherapie über mehrere Jahre notwendig. Der Zeitpunkt, zu dem die Behandlung beendet werden kann, ist individuell unterschiedlich. In manchen Fällen kann die Behandlung mit Beginn der Pubertät abgeschlossen werden, mitunter ist es jedoch notwendig, sie bis ins späte Jugendalter fortzusetzen. Auch im Erwachsenenalter kann die Fortführung der Behandlung notwendig sein. Auf jeden Fall sollte die Notwendigkeit einer Weiterführung der medikamentösen Therapie etwa einmal pro Jahr überprüft werden.

Zusammenfassung

Bei der medikamentösen Behandlung mit Psychostimulanzien oder mit Atomoxetin ist Folgendes zu beachten:

- Die Medikamente sind bei der Mehrzahl der Kinder mit ausgeprägten hyperkinetischen Störungen, aber nicht bei allen wirksam. Sie sind nur so lange wirksam, wie man sie gibt.
- Häufig werden kurzzeitig wirksame Psychostimulanzien wie Ritalin® oder Medikinet® verordnet, deren Wirkung drei bis sechs Stunden nach der Einnahme nachlässt. Bei manchen Kindern reicht eine Morgengabe, um Verhaltensprobleme in der Schule zu vermindern. Eine erneute Gabe am späten Vormittag oder am Nachmittag ist jedoch mitunter notwendig. Durch Psychostimulanzien mit längerer Wirkdauer, wie Medikinet® retard, Equasym® retard, Ritalin® LA, Concerta® oder Elvanse®, können zweimalige oder sogar dreimalige Gaben am Tag vermieden werden.
- Medikamente mit den Wirkstoffen Atomoxetin und Guanfacin beruhen auf anderen Wirkprinzipien und wirken in der Regel ebenfalls über den gesamten Tag hinweg.
- Die Nebenwirkungen sind bei allen Medikamenten meist gering und verschwinden mit dem Absetzen der Medikamente wieder. Häufigste Nebenwirkungen sind Schlafstörungen, Appetitminderungen, Bauch- und Kopfschmerzen, Weinerlichkeit und Depressivität.
- Eine genaue individuelle Einstellung auf die optimale Dosierung mit Überprüfung der Effekte und der Nebenwirkungen ist unbedingt erforderlich. Die Mitarbeit der Schule bei der Beurteilung der Wirksamkeit ist notwendig.

- Meist muss die Behandlung über mehrere Jahre hinweg fortgesetzt werden. Einmal pro Jahr sollte in einem Auslassversuch die Notwendigkeit einer weiteren Behandlung überprüft werden.
- Blutdruck, Gewicht und Körpergröße sollten regelmäßig kontrolliert werden.

5 Wer kann helfen?

Es gibt eine Vielzahl von Berufsgruppen und Einrichtungen, die Ihnen möglicherweise bei der Bewältigung der Probleme helfen können. Am wichtigsten ist jedoch:

Wichtig

Sie können selbst helfen. Trotz der vielen Hilfsangebote ist Ihre Selbsthilfe möglicherweise am wichtigsten. Den Schlüssel zur Lösung der Verhaltensprobleme Ihres Kindes in der Familie haben Sie vermutlich selbst in der Hand. In Teil II und Teil III dieses Buches werden wir Ihnen konkrete Anleitungen dazu geben, die Ihnen helfen können, die Verhaltensprobleme Ihres Kindes in der Familie zu vermindern. In vielen Fällen kann diese Selbsthilfe schon ausreichen. Sie können auch die App *ADHS-Kids* verwenden, wenn die Probleme mit Ihrem Kind nicht allzu stark sind.

Wenn die Verhaltensprobleme allerdings sehr stark ausgeprägt sind, dann ist häufig Hilfe und Unterstützung notwendig. Aber auch in diesen Fällen kommt es entscheidend auf Ihre Mitarbeit an. Manchmal wünscht man sich, man könne die Lösung der Probleme an einen anderen delegieren. Das ist jedoch so gut wie immer ein Irrglaube.

Die Selbsthilfegruppe. Bei dem Versuch, die Probleme selbst zu lösen, kann eine Selbsthilfegruppe wirklich sehr hilfreich sein. Besonders für Kinder mit hyperkinetischen Störungen haben sich bundesweit solche Selbsthilfegruppen etabliert. Manchmal werden allerdings in solchen Gruppen immer noch sehr einseitige Sichtweisen vertreten. Sie sollten bei all jenen Gruppen vorsichtig sein, die nur eine einzige Erklärung für die Entstehung der Probleme zulassen und dementsprechend auch nur einen Behandlungsansatz als den einzig richtigen verkünden. In einigen Gruppen werden beispielsweise hauptsächlich Behandlungen mit speziellen Diäten propagiert. Die wissenschaftlichen Erkenntnisse lassen jedoch erhebliche Zweifel an der Wirksamkeit solcher Maßnahmen aufkommen. Erkundigen Sie sich nach entsprechenden Selbsthilfegruppen in Ihrer Region. Sie können sich auch an den Bundesverband Aufmerksamkeitsstörung / Hyperaktivität e. V. wenden. Eine Adressliste von Selbsthilfeorganisationen finden Sie am Ende des Kapitels auf S. 119.

Die Erzieherin im Kindergarten. Wenn Ihr Kind noch in den Kindergarten geht, dann sollten Sie unbedingt das Gespräch mit der Erzieherin suchen. Sie können dabei zunächst überprüfen, ob die Verhaltensprobleme, die Sie in der Familie beobachten können, auch im Kindergarten auftreten. **Oppositionelle und aggressive** Verhaltensprobleme treten in diesem Alter oft in der Familie stärker zutage als in anderen Situationen. **Hyperkinetische** Auffälligkeiten können dagegen im Kindergarten stärker auftreten, weil das Kind viel stärker von anderen Reizen abgelenkt werden kann. Häufig wird die Erzieherin auch einen konkreten Rat für Sie haben. Falls Ihr Kind auch im Kindergarten entsprechende Auffälligkeiten zeigt, können Sie der Erzieherin auch dieses Buch zur weiteren Information zur Verfügung stellen. Viele der in diesem Buch dargestellten Maßnahmen können auch im Kindergarten eingesetzt werden (siehe dazu Abschnitt 4.2).

Die Lehrerin. Wenn Ihr Kind bereits die Schule besucht, dann sollten Sie mit der Klassenlehrerin Kontakt aufnehmen und sich ein Bild von dem Verhalten Ihres Kindes in der Klasse verschaffen.

Wenn Ihr Kind Leistungsprobleme in der Schule hat, dann kann die Lehrerin Ihnen möglicherweise wichtige Hinweise geben. Bei Verhaltensproblemen sind eine enge Absprache und regelmäßige Rückmeldung ganz entscheidend. Hinweise dazu haben wir in Abschnitt 4.2 gegeben.

Der Sportverein oder andere Freizeiteinrichtungen. Für viele Kinder mit den beschriebenen Verhaltensproblemen kann die Integration in einen Sportverein oder eine andere Freizeitgruppe (z. B. Pfadfinder) sehr hilfreich sein. Überlegen Sie, welche besonderen Stärken Ihr Kind hat. Es kann dann in einer entsprechenden Gruppe möglicherweise Erfolgserlebnisse bekommen, die ihm helfen können, mit dem Ärger und den Frustrationen in der Schule und zu Hause besser zurechtzukommen. Wenn Ihr Kind mit anderen Kindern häufig in Streit gerät, kann das natürlich auch zu neuen Problemen führen. In solchen Fällen haben sich Sportarten bewährt, in denen Spielregeln ausgesprochen wichtig sind und entsprechend gut kontrolliert werden. Wenn der Sport für Ihr Kind attraktiv ist, dann wird es auch bereitwilliger Regeln akzeptieren als in der Familie oder in der Schule.

Der Kinderarzt. Der Kinderarzt ist für viele Eltern der erste Ansprechpartner. Er kann Ihnen häufig einen konkreten Rat geben und wichtige Anlaufstellen nennen, die Ihnen weiterhelfen können. Wenn Ihr Kind hyperkinetisch auffällig ist, können Sie mit Ihrem Kinderarzt auch die Möglichkeit einer medikamentösen Therapie besprechen. Viele Kinderärzte führen eine solche Therapie mittlerweile selbst durch. Wichtig dabei ist jedoch, dass Ihr Arzt genügend Zeit hat, die Wirksamkeit der Behandlung zu überprüfen und Sie auch bei der Bewältigung anderer Probleme mit dem Kind zu beraten. Häufig überweisen Kinderärzte zur weiteren Abklärung und zur Durchführung eines medikamentösen Behandlungsversuches an einen Kinder- und Jugendpsychiater.

Der Kinder- und Jugendpsychiater. Kinder- und Jugendpsychiater besitzen sowohl das medizinische als auch das psychologische Fachwissen, um eine genaue Diagnose zu stellen und um psychologische und medizinische Behandlungen durchzuführen. Besonders bei Kindern mit hyperkinetischen Verhaltensproblemen, die erhebliche Schwierigkeiten haben und bei denen bisherige Behandlungen nicht hinreichend erfolgreich waren, sollte ihre Hilfe in Anspruch genommen werden. Der Kinder- und Jugendpsychiater kann auch eine stationäre Behandlung oder eine tagesklinische Behandlung in einer kinder- und jugendpsychiatrischen Klinik veranlassen.

Die Erziehungsberatungsstelle. Erziehungsberatungsstellen oder psychologische Beratungsstellen gibt es fast in jeder Kleinstadt. Sie können bei vielen Verhaltensproblemen wichtige Hilfen anbieten. Die Mitarbeiter haben häufig eine fundierte Psychotherapieausbildung.

Der schulpsychologische Dienst. Wenn Ihr Kind Leistungsprobleme oder Verhaltensprobleme in der Schule hat, dann kann es hilfreich sein, den schulpsychologischen Dienst einzuschalten. Dort werden diagnostische Untersuchungen durchgeführt und Sie werden hinsichtlich der weiteren Beschulung Ihres Kindes beraten.

Der Psychotherapeut oder der Kinder- und Jugendlichenpsychotherapeut. Psychotherapeuten sind im Grundberuf Arzt oder Psychologe. Deshalb werden sie entweder Ärztliche oder Psychologische Psychotherapeuten genannt. Die meisten Psychotherapeuten bieten Therapien für Erwachsene an, manche arbeiten aber auch mit Kindern und Jugendlichen. Die Kinder- und Jugendlichenpsychotherapeuten bieten ausschließlich Therapien für Kinder und Jugendliche an. Es gibt zwei verschiedene Arten von Psychotherapie, die von den Krankenkassen anerkannt sind: die tiefenpsychologisch fundierte Psychotherapie und die Verhaltenspsychotherapie oder Verhaltenstherapie. Bei Kindern mit hyperkinetischen oder mit oppositionellen Verhaltensauffälligkeiten hat sich die Verhaltenstherapie besonders bewährt. Die tiefenpsychologisch fundierte Psychotherapie wird dagegen von den Fachverbänden für diese Verhaltensauffälligkeiten nicht als Therapie der ersten Wahl empfohlen. Tiefenpsychologisch fundierte Psychotherapie scheint eher bei Kindern mit emotionalen Störungen zu wirken.

Wichtig

Wenn Sie also einen niedergelassenen Psychotherapeuten aufsuchen, sollten Sie ihm folgende Fragen stellen:

(1) Bieten Sie eine Therapie für Kinder und Jugendliche an?

(2) Führen Sie Verhaltenstherapie durch?

(3) Sind Sie von der Krankenkasse anerkannt?

Wenn der niedergelassene Psychotherapeut alle drei Fragen mit Ja beantworten kann, dann sind Sie an den Richtigen geraten. Bevor der Psychotherapeut eine Therapie durchführen kann, wird er in einigen Sitzungen mit Ihnen über die Probleme sprechen und Ihr Kind psychologisch untersuchen. Danach können Sie bei Ihrer Krankenkasse einen Antrag auf Verhaltenstherapie für Ihr Kind stellen. Sie sollten die Bewilligung der Krankenkasse abwarten, um sicher sein zu können, dass die Therapie auch von der Krankenkasse bezahlt wird. Die Krankenkasse wird immer nur eine bestimmte Anzahl von Sitzungen bewilligen. Bei einer Kurzzeittherapie sind das 25 Stunden. Die Therapie kann aber bei Bedarf und mit einem entsprechenden Antrag auch deutlich länger finanziert werden. Der Verhaltenstherapeut wird sicher auch mit Ihnen als Eltern intensiv arbeiten wollen und gemeinsam mit Ihnen Lösungen für konkrete Verhaltensprobleme Ihres Kindes in der Familie erarbeiten. Es kann gut möglich sein, dass er intensiver mit Ihnen als mit Ihrem Kind arbeitet. Möglicherweise setzt er dieses Elternbuch in seiner Arbeit mit Ihnen ein. Es gibt auch ein Gruppenprogramm für Eltern, das sich an dieser Therapie orientiert. Vielleicht bietet der Therapeut ja eine solche Elterngruppe an.

Falls Sie selbst eigene psychische Probleme haben, zum Beispiel Depressionen, Ängste oder Alkoholprobleme, oder falls Sie starke Probleme mit Ihrem Partner oder Ihrer Partnerin haben, dann kann es sinnvoll sein, wenn Sie für sich selbst eine Psychotherapie bei einem Psychologischen oder Ärztlichen Psychotherapeuten in Anspruch nehmen.

Die Heilpädagogin, die Sprachtherapeutin (Logopädin), die Mototherapeutin, die Ergotherapeutin. Wir haben bereits darauf hingewiesen, dass sowohl Kinder mit hyperkinetischen als auch mit oppositionellen Verhaltensauffälligkeiten gehäuft Rückstände in bestimmten Entwicklungsbereichen haben. Bei diesen Kindern können Behandlungen hilfreich sein, die darauf abzielen, diese Entwicklungsrückstände zu vermindern: Kinder mit Sprachstörungen benötigen eine Sprachbehandlung bei einer Logopädin; Kinder mit Problemen in der Körperkoordination und der motorischen Entwicklung benötigen Krankengymnastik oder Mototherapie; Kinder mit Störungen in der Feinmotorik oder auch in der visuellen Wahrnehmungsfähigkeit können von Ergotherapie oder heilpädagogischen Behandlungen profitieren. Im Rahmen dieser Behandlungen lernen Kinder häufig auch, sich ausdauernder zu beschäftigen und Regeln und Grenzen einzuhalten. Man sollte jedoch nicht erwarten, dass sich durch solche Therapien die Verhaltensprobleme des Kindes in der Familie, im Kindergarten oder in der Schule ebenfalls automatisch vermindern.

Das Jugendamt. Das Jugendamt kann Ihnen in verschiedenen schwierigen Lebenslagen helfen. Wenn Sie sich beispielsweise in der Familie völlig überfordert fühlen, dann kann Ihnen unter bestimmten Bedingungen eine Familienhilfe zur Verfügung gestellt werden. Manchmal ist es hilfreich, wenn das Kind einen Hort oder eine andere Tageseinrichtung besucht. In einzelnen Fällen kann es für die weitere Entwicklung des Kindes notwendig sein, dass es eine spezielle Betreuung in einem Heim erhält. In solchen Situationen ist die Unterstützung durch das Jugendamt unerlässlich. Manchmal können über die Jugendhilfe auch Maßnahmen finanziert werden, die beispielsweise nicht von der Krankenkasse übernommen werden. In der Regel weiß der Kinderarzt oder der Therapeut über solche Möglichkeiten Bescheid. In Zeiten leerer öffentlicher Kassen sind der Finanzierung solcher Maßnahmen jedoch auch Grenzen gesetzt.

5.1 Internet-Adressen von Fachorganisationen und von Selbsthilfeorganisationen

Zentrales adhs-netz
http://www.zentrales-adhs-netz.de
Das zentrale adhs-netz ist ein bundesweites Netzwerk zur Verbesserung der Versorgung von Kindern, Jugendlichen und Erwachsenen mit Aufmerksamkeitsdefizit- / Hyperaktivitätsstörungen (ADHS). Das Netzwerk richtet sich sowohl an Experten als auch an Betroffene, ihre Angehörigen und Bezugspersonen. Es informiert außerdem die Öffentlichkeit über ADHS. Auf der Homepage finden Sie Adressen von regionalen ADHS-Netzwerken und von Selbsthilfeverbänden, über die Sie sich näher hinsichtlich der Versorgungsmöglichkeiten in Ihrer Region erkundigen können.

Informationsportal des zentralen adhs-netzes für Betroffene und Bezugspersonen
http://www.adhs.info
Das Informationsportal bietet jeweils gezielte Informationen für Eltern von Kindern mit ADHS, für Lehrer und andere Pädagogen, die solche Kinder und Jugendliche betreuen, und es gibt spezielle Seiten für Kinder selbst und für Jugendliche, die an ADHS leiden. Auch für Erwachsene sind eigene Informationsseiten abrufbar.

ADHS Deutschland, Selbsthilfe für Menschen mit ADHS
http://www.adhs-deutschland.de
Zusammenschluss der beiden Verbände BV AÜK und BV-AH, Informationen über ADHS, zahlreiche Selbsthilfegruppen in Deutschland, Belgien und der Schweiz.

JUVEMUS, Vereinigung zur Förderung von Kindern und Erwachsenen mit Teilleistungsschwächen e. V.
http://www.juvemus.de
Informationen zum Überschneidungsbereich ADHS und Schule bzw. Teilleistungsschwächen

6 Was ist meist weniger hilfreich und was ist zukünftig vielleicht erfolgversprechend?

Es gibt noch viele andere Behandlungsformen und Hilfen, die bei Kindern und Jugendlichen mit hyperkinetischen und oppositionellen Verhaltensauffälligkeiten durchgeführt werden. Die Wirksamkeit dieser Maßnahmen wurde meist nicht genau untersucht oder ließ sich nicht nachweisen. Dies schließt allerdings nicht aus, dass solche Verfahren in Einzelfällen hilfreich sein können. Sie stellen jedoch auf keinen Fall die Methoden der ersten Wahl dar.

Krankengymnastik, Psychomotorik, Mototherapie und Ergotherapie werden manchmal auch zur Behandlung von hyperkinetischen oder oppositionellen Verhaltensauffälligkeiten durchgeführt. Wie bereits dargestellt, können durch solche Verfahren häufig Defizite in bestimmten Entwicklungsbereichen vermindert werden. Die Wirksamkeit dieser Methoden bei der Verminderung der hyperkinetischen oder oppositionellen Verhaltensprobleme ist dagegen nicht gut belegt.

Spieltherapie stellt meist eine Form der tiefenpsychologischen Behandlung dar oder wird auch als sogenannte nondirektive Spieltherapie durchgeführt. Sie ist vermutlich bei der Behandlung emotionaler Probleme oder eines geringen Selbstwertgefühls hilfreich, jedoch weniger bei der Behandlung von oppositionellen oder hyperkinetischen Verhaltensauffälligkeiten.

Diät. Seit längerem gibt es auch in der Wissenschaft die Vorstellung, dass hyperkinetische Verhaltensauffälligkeiten möglicherweise durch Nahrungsmittelzusätze (z. B. Farbstoffe oder Konservierungsstoffe) oder durch normale Bestandteile der Nahrung wie Zucker, Phosphat oder auch Milcheiweiß ausgelöst werden können (vgl. Abschnitt 1.4). Einzelne Studien weisen darauf hin, dass die Vermeidung von bestimmten Farbstoffen in der Nahrung ADHS-Symptome günstig beeinflussen kann. Wissenschaftliche Studien zeigen zudem, dass bestimmte natürliche Nahrungsmittelbestandteile möglicherweise bei einzelnen Kindern eine Rolle spielen können. Manche Eltern berichten davon, dass sich die hyperkinetischen Auffälligkeiten vermindern, wenn die Kinder weniger Süßigkeiten essen. Es ist ja grundsätzlich gut, wenn man die Menge an Süßigkeiten begrenzt, die Kinder zu sich nehmen, und in einzelnen Fällen kann das auch günstige Auswirkungen auf das hyperkinetische Verhalten haben. Bei anderen Diäten ist eine ausgewogene Ernährung nicht mehr gewährleistet. Zudem erfordert die Diät ein extremes Maß an Kontrolle des Kindes, das von den allerwenigsten Familien durchgehalten werden kann. Insgesamt muss eine Behandlung mit einer Diät nach dem gegenwärtigen Erkenntnisstand als wenig erfolgversprechend eingeschätzt werden. Wir können daher eine solche Diät zumindest nicht als Mittel der ersten Wahl empfehlen. Die Wirksamkeit von ungesättigten Fettsäuren (Omega-3 / Omega-6-Fettsäuren) ist bei Kindern mit ADHS-Symptomen in den letzten Jahren in einigen Studien untersucht worden. Dabei konnten in manchen, jedoch nicht allen Studien Effekte auf die ADHS-Symptome bestätigt werden. Allerdings sind noch weitere Studien notwendig, um diese Effekte besser abzusichern. In Studien, die eine Wirksamkeit belegen, bleiben die Effekte deutlich unter denen, die bei medikamentöser Therapie oder bei Verhaltenstherapie üblicherweise gefunden werden.

Neurofeedback. Neurofeedback ist eine verhaltenstherapeutische Behandlungstechnik, bei der dem Kind ein EEG (Hirnstrombild) abgeleitet wird. Das Kind wird anhand des EEGs trainiert, seine Aufmerksamkeit und Wachheit zu verbessern. Einige Studien zeigen deutliche Effekte des Neurofeedbacks auch auf die ADHS-Symptome der Kinder, in anderen wurden die Effekte nicht gesichert. Es sind noch weitere Studien notwendig, um diese Effekte besser abzusichern. Bislang wird Neurofeedback noch nicht als Standardmethode in der Behandlung von ADHS empfohlen.

Familientherapie wird von Beratungsstellen und auch von niedergelassenen Psychotherapeuten angeboten. In der Familientherapie werden die familiären Beziehungen zwischen den einzelnen Familienmitgliedern analysiert und verändert, was sich günstig auf die Verhaltensprobleme von Kindern auswirken kann. Die Wirksamkeit von Familientherapie bei Kindern mit hyperkinetischen und oppositionellen Verhaltensauffälligkeiten ist bislang kaum untersucht worden. Außerdem gibt es viele verschiedene Formen von Familientherapie. Falls ausgeprägte Probleme in den familiären Beziehungen bestehen, kann eine Familientherapie möglicherweise hilfreich sein. Familientherapien auf verhaltenstherapeutischer Basis sind insgesamt am besten untersucht.

Kuraufenthalte stellen für Eltern, die den Familienstress kaum noch aushalten können, manchmal einen Hoffnungsschimmer dar. Es gibt auch Kurkliniken, die Kuraufenthalte speziell für Kinder mit Verhaltensauffälligkeiten anbieten. Diese Kuraufenthalte sind jedoch in der Regel nicht dafür geeignet, wirklich dauerhafte Veränderungen zu bewirken. Sie stellen meist nur eine kurzfristige Entlastung dar.

Entspannungsverfahren wie Autogenes Training oder auch Progressive Muskelentspannung werden mitunter durchgeführt, um unruhige Kinder zu beruhigen oder auch um Anspannungen bei oppositionellen Kindern zu vermindern. Die Wirksamkeit solcher Verfahren wurde jedoch bislang nicht überzeugend nachgewiesen. Möglicherweise können sie im Rahmen von umfassenden Behandlungsprogrammen hilfreich sein.

II Elternleitfaden

Wie benutze ich den Elternleitfaden?

Das Problem unter die Lupe nehmen
(Stufe 1 bis 3)

Sich wieder mögen lernen
(Stufe 4 und 5)

Das kriegen wir geregelt!
Familienregeln formulieren
(Stufe 6 bis 9)

Spielerisch, aber konsequent!
Möglichkeiten der Verhaltensänderung
(Stufe 10 bis 12)

Stärken Sie sich und Ihr Kind!
(Stufe 13 und 14)

Pannenhilfe bei neuen und
hartnäckigen Problemen
(Stufe 15 und 16)

Wie benutze ich den Elternleitfaden?

Wichtig

- Wenn Sie den Elternleitfaden **im Rahmen einer Behandlung** des Kindes durch einen Arzt / Therapeuten benutzen, dann sprechen Sie mit dem Arzt / Therapeuten ab, wie Sie den Elternleitfaden bearbeiten.
- Wenn Sie den Elternleitfaden als **Selbsthilfeprogramm** nutzen, dann sollten Sie die einzelnen Stufen Schritt für Schritt durcharbeiten.

Wir wollen Ihnen im Folgenden einen kurzen Überblick über die einzelnen Stufen des Elternleitfadens sowie einige Hinweise zur Anwendung dieser Schritte als Selbsthilfeprogramm geben.

Der Elternleitfaden besteht aus 16 Stufen, in denen wir Ihnen Möglichkeiten an die Hand geben wollen, um die Verhaltensprobleme Ihres Kindes zu vermindern. Sie werden mehrere Wochen benötigen, um die Stufen des Elternleitfadens zu erproben. Es ist sinnvoll, Schritt für Schritt alle 16 Stufen nacheinander zu bearbeiten. Nehmen Sie sich für jede Stufe mindestens eine Woche Zeit. Einzelne Stufen können jedoch auch viele Wochen in Anspruch nehmen. Wir geben am Ende jeder Stufe einen kurzen Hinweis auf die Durchführungsdauer.

In Teil III des Buches finden Sie Anwendungsbeispiele, in denen die Umsetzung der Regeln des Elternleitfadens in typischen Problemsituationen dargestellt ist. Zudem werden in den Anwendungsbeispielen noch weitere praktische Hilfen für die Bewältigung der jeweiligen Probleme gegeben. Bevor Sie den Elternleitfaden intensiv durcharbeiten, sollten Sie sich einen kurzen Überblick über die Anwendungsbeispiele verschaffen, weil diese Ihnen bei der Umsetzung der Stufen des Elternleitfadens hilfreich sein können. Am besten lesen Sie dazu das Einführungskapitel zu den Anwendungsbeispielen (Wie benutze ich die Anwendungsbeispiele? S. 252).

In jeder einzelnen Stufe des Elternleitfadens machen wir Ihnen Vorschläge, die Ihnen helfen sollen, die entsprechenden Ziele der Stufe zu erreichen. Nach unserer Erfahrung kann es jedoch schwierig sein, diese Vorschläge regelmäßig im Alltag zu beachten. Deshalb haben wir folgende Hilfsmittel entwickelt, die Sie dabei unterstützen sollen, die Probleme zu lösen:

- **Regeln.** Die Vorschläge sind in den einzelnen Stufen des Elternleitfadens in Form von möglichst konkreten Verhaltensregeln abgefasst. Natürlich können wir dabei nicht immer die vielen Besonderheiten in den Familien berücksichtigen. Verstehen Sie bitte diese Regeln als wichtige Orientierungspunkte und Hinweise, die im Einzelfall jedoch mehr oder weniger gut umsetzbar sind und manchmal auch abgewandelt werden müssen.
- **Memo-Karten** sollen Sie immer wieder an die wichtigsten Punkte der einzelnen Stufen erinnern. Sie finden diese Memo-Karten in Teil V dieses Buches sowie online zum Ausdrucken. Sie können die jeweiligen Karten an einer für Sie gut sichtbaren Stelle befestigen, sodass sie Ihnen täglich ins Auge springen. Zu den meisten Memo-Karten gibt es ein Protokoll, in das Sie Ihre konkreten Erfahrungen eintragen können. Ein solches Kurztagebuch hilft Ihnen, die Regeln umzusetzen und Veränderungen im Verhalten Ihres Kindes auch genau wahrzunehmen.
- **Arbeitsblätter** helfen Ihnen, die einzelnen Maßnahmen konkret für Ihr Kind zu erarbeiten und umzusetzen. Meist ist es hilfreich, wenn Sie sich von den Arbeitsblättern Kopien herstellen, weil Sie diese dann auch mehrfach nutzen können. Die Arbeitsblätter sind in Teil IV abgedruckt sowie online zum Ausdrucken.
- **Sticker** sollen Ihnen ebenfalls bei der Durchführung der konkreten Maßnahmen helfen. Nehmen Sie den jeweiligen Sticker heraus und befestigen Sie ihn an einer Stelle, die Ihnen immer wieder ins Auge fällt (z. B. am Spiegel oder an der Kühlschranktür). Der Sticker ist eine Erinnerungshilfe und erleichtert es Ihnen, Maßnahmen zu Hause regelmäßig durchzuführen.

Neben den hier aufgeführten Symbolen für Regeln, die Sie im Alltag nach Möglichkeit beachten sollten, den Memo-Karten und Arbeitsblättern erleichtern Ihnen drei weitere Symbole die Orientierung:

- Der **Stift** markiert die Stellen, an denen Sie etwas eintragen sollen.

- Das **Gesicht** macht auf Stellen im Elternleitfaden aufmerksam, an denen Sie bestimmte Aspekte bedenken und klären müssen.

- Einige Teile dieses Buches können Sie auch mit der kostenlosen **App** *ADHS-Kids* umsetzen. An den entsprechenden Stellen geben wir einen Hinweis darauf.

- Zu einigen Punkten gibt es Filmbeispiele im frei zugänglichen **Online-ADHS-Elterntrainer** (www.adhs-elterntrainer.de). Hier werden mehrere Problemsituationen gezeigt und auch Beispielfilme dafür, wie durch Regeln, wirkungsvolle Aufforderungen, positive und negative Konsequenzen und Verstärkerpläne die Verhaltensprobleme vermindert werden können. An den entsprechenden Stellen geben wir einen Hinweis darauf.

Die 16 Stufen des Elternleitfadens möchten wir Ihnen im Folgenden kurz beschreiben (siehe Abbildung 7, S. 127–128):

Stufe 1 bis 3: Das Problem unter die Lupe nehmen. In den ersten drei Stufen möchten wir mit Ihnen die konkreten Verhaltensprobleme Ihres Kindes und mögliche andere Probleme in der Familie herausarbeiten. Außerdem wollen wir Ihnen einen Teufelskreis vorstellen, in den die meisten Familien mit Kindern geraten, die hyperkinetische oder oppositionelle Verhaltensprobleme haben. Ihre Aufgabe ist es zu überprüfen, ob Sie in Ihrer Familie ebenfalls in diesen Teufelskreis geraten sind.

Stufe 4 und 5: Sich wieder mögen lernen. In den beiden folgenden Stufen möchten wir Ihnen Möglichkeiten vermitteln, die positive Beziehung zu Ihrem Kind zu stärken. Diese beiden Stufen sind deshalb von großer Bedeutung, weil in den meisten Familien mit Kindern, die hyperkinetische oder oppositionelle Verhaltensprobleme haben, negative Erfahrungen überwiegen und positive Erfahrungen mit dem Kind selten geworden sind.

Stufe 6 bis 9: Das kriegen wir geregelt! Familienregeln formulieren und einhalten. In den Stufen 6 bis 9 wollen wir mit Ihnen besprechen, wie Sie problematische Verhaltensweisen bei Ihrem Kind dadurch verändern können, indem Sie konsequent darauf achten, dass wichtige Regeln in der Familie eingehalten werden, und indem Sie positive bzw. negative Konsequenzen bei der Beachtung bzw. Übertretung der Regeln erfolgen lassen.

Stufe 10 bis 12: Spielerisch, aber konsequent! Möglichkeiten der Verhaltensänderung. In den Stufen 10 bis 12 des Elternleitfadens machen wir Sie mit Methoden vertraut, die sich bei der Veränderung von Verhaltensproblemen als besonders wirksam erwiesen haben. Im Kern handelt es sich dabei um Hilfsmittel, die Ihr Kind besonders anspornen werden, sein Verhalten zu ändern.

Stufe 13 und 14: Stärken Sie sich und Ihr Kind! In den Stufen 13 und 14 zeigen wir Ihnen, wie Sie wieder etwas für sich selbst tun und damit Ihre »Batterien aufladen« können. Außerdem wird gezeigt, wie Sie die Stärken Ihres Kindes erkennen und fördern können.

Stufe 15 und 16: Pannenhilfe bei neuen und hartnäckigen Problemen. In den letzten beiden Stufen des Elternleitfadens gehen wir darauf ein, was Sie tun können, wenn neue Probleme auftreten. Wir geben Ihnen einige Hinweise, die Ihnen helfen können, wenn sich die Probleme nicht in dem Maße haben lösen lassen, wie Sie es erwartet haben.

Stufe 1 bis 3	**Das Problem unter die Lupe nehmen**
Stufe 1	Welche Probleme hat mein Kind?
Stufe 2	Probleme, Belastungen und Stärken in unserer Familie
Stufe 3	Der Teufelskreis
Dauer	Diese drei Stufen können Sie unmittelbar hintereinander bearbeiten.
Stufe 4 und 5	**Sich wieder mögen lernen**
Stufe 4	Was mögen Sie an Ihrem Kind?
Stufe 5	Die *Spaß- & Spiel-Zeit*
Dauer	Mehrere Wochen pro Stufe

Stufe 6 bis 9	**Das kriegen wir geregelt! Familienregeln formulieren und einhalten**
Stufe 6	Familienregeln
Stufe 7	Geben Sie wirkungsvolle Aufforderungen
Stufe 8	Loben Sie Ihr Kind, wenn es Aufforderungen und Regeln befolgt!
Stufe 9	Setzen Sie natürliche Konsequenzen, wenn Ihr Kind Aufforderungen und Regeln nicht befolgt!
Dauer	1 bis 2 Wochen pro Stufe
Stufe 10 bis 12	**Spielerisch, aber konsequent! Möglichkeiten der Verhaltensänderung**
Stufe 10	Wenn Lob allein nicht ausreicht: Der *Punkte-Plan*
Stufe 11	Wie man einen *Punkte-Plan* verändert und beendet
Stufe 12	*Der Wettkampf um lachende Gesichter*
Dauer:	Insgesamt mehrere Monate
Stufe 13 und 14	**Stärken Sie sich und Ihr Kind!**
Stufe 13	Auftanken und für sich selbst etwas tun
Stufe 14	Fördern Sie die Stärken und Interessen Ihres Kindes und kanalisieren Sie seine Energie
Dauer	Je nach Bedarf
Stufe 15 und 16	**Pannenhilfe bei neuen und hartnäckigen Problemen**
Stufe 15	Wenn neue Probleme auftauchen
Stufe 16	Wenn sich Probleme nicht lösen lassen
Dauer	Je nach Bedarf

Abbildung 7 Aufbau und Struktur des Elternleitfadens

Das Problem unter die Lupe nehmen (Stufe 1 bis 3)

Stufe 1: Welche Probleme hat mein Kind?

Ist das bei Ihnen auch so?

Peter ist eine richtige kleine Nervensäge! Von morgens bis abends ist er auf Achse und macht immer nur Schwierigkeiten. Schon beim Aufstehen fängt das Theater an, er will nicht aus dem Bett, sich nicht waschen oder kämmen und trödelt nur herum. Schon nach fünf Minuten ist Peters Mutter völlig fertig mit ihren Nerven. Nach der Schule geht es dann weiter: Die Hausaufgaben rauben beiden den letzten Nerv. Aber damit nicht genug: Er ärgert die Schwester, hört nie auf seine Eltern, wenn sie ihm etwas sagen, macht alles kaputt und stellt nur Unfug an! Erst wenn er abends im Bett ist, nach endlosem Gezanke, hat die Mutter endlich Ruhe!

Was können Sie tun?

Häufig haben Eltern von Kindern mit Verhaltensproblemen den Eindruck, dass ihr Kind überall Schwierigkeiten hat und alles irgendwie schief läuft! Wenn man sie fragt, was bei ihrem Kind das Problem ist, dann sagen sie oft spontan: »Alles, es gibt nur Schwierigkeiten, von morgens bis abends!« Dieser Eindruck ist oft verständlich, weil die problematischen Situationen so sehr im Vordergrund stehen und überhand nehmen, dass es den Eltern schwer fällt, einzelne Probleme genauer zu beschreiben und zwischen verschiedenen Problembereichen zu unterscheiden. Aber wenn Sie Veränderungen im Verhalten Ihres Kindes erreichen möchten, dann ist es unbedingt notwendig, dass Sie sich genau klar machen, **was** sich genau **wie** ändern muss. Dafür müssen Sie für sich zunächst klären, wo genau die Schwierigkeiten und Probleme liegen. Die erste Stufe des Elternleitfadens soll Ihnen dabei helfen, dass Sie für sich herausfinden, welche Probleme Ihr Kind hat, und dass Sie diese möglichst genau beschreiben. Dadurch können Sie jedoch nicht feststellen, ob Ihr Kind eine hyperkinetische oder eine oppositionelle Verhaltensstörung hat, die den diagnostischen Kriterien entspricht. Das können Sie nicht und das brauchen Sie auch nicht. Für unsere Zwecke ist eine konkrete Beschreibung der Verhaltensprobleme des Kindes viel wichtiger als eine allgemeine Diagnose.

Das kann Ihnen helfen!

(1) Bearbeiten Sie den Beurteilungsbogen: Hyperkinetische Verhaltensauffälligkeiten (Arbeitsblatt 1) und den Beurteilungsbogen: Oppositionelle und aggressive Verhaltensauffälligkeiten (Arbeitsblatt 2)

In den beiden Beurteilungsbogen sind die Verhaltensauffälligkeiten aufgelistet, die einem Arzt oder einem Psychologen als Kriterien für die Diagnose hyperkinetischer und oppositioneller Verhaltensstörungen dienen. Wir wollen anhand dieser Bogen keine Diagnosen stellen. Sie sollen Ihnen lediglich dabei helfen, die Verhaltensprobleme Ihres Kindes möglichst genau zu beschreiben. Kreuzen Sie bitte für jede einzelne Beschreibung auf den Arbeitsblättern die Zahl an, die angibt, wie zutreffend die Beschreibung für Ihr Kind ist. Sie können auch eine Kopie der Beurteilungsbogen anfertigen und Ihrem Partner geben, damit Sie beide das Kind unabhängig voneinander beurteilen können. Bitte wundern Sie sich nicht, wenn sich größere Unterschiede in der Beurteilung Ihres Kindes zwischen Ihnen und Ihrem Partner ergeben. Das ist nicht ungewöhnlich. In diesem Falle sollten Sie miteinander über die Unterschiede sprechen.

(2) Bearbeiten Sie den Elternfragebogen über Problemsituationen in der Familie

Anhand des »Elternfragebogens über Problemsituationen in der Familie« (**Arbeitsblatt 3**) können Sie sich darüber Klarheit verschaffen, welche typischen Situationen in der Familie besonders problematisch sind. Geben Sie für jede einzelne Situation zunächst an, ob diese Situation problematisch ist oder nicht. Wenn Sie die Situation als problematisch erleben, dann können Sie in der rechten Spalte des Fragebogens einschätzen, wie stark das Problem für Sie ist. Sehr wahrscheinlich gibt es auch andere Situationen außerhalb der Familie, die schwierig sind, beispielsweise in der Schule oder mit Gleichaltrigen. Da Sie aber auf diese Situationen einen geringeren Einfluss haben, wollen wir uns hier auf die familiären Situationen beschränken.

(3) Nehmen Sie nun höchstens drei Verhaltensprobleme oder Problemsituationen heraus, die Sie als belastend erleben!

Gehen Sie nun die **Arbeitsblätter 1**, **2** und **3** noch einmal durch und wählen Sie höchstens drei Verhaltensprobleme oder Problemsituationen in der Familie aus, die Sie im Folgenden genauer betrachten und verändern möchten. Sie sollten sich für den Anfang Verhaltensprobleme oder Problemsituationen aussuchen, die möglichst klar zu umschreiben sind und die für Sie oder Ihr Kind sehr belastend sind.

Sie können die Verhaltensprobleme auch in der App bearbeiten.

(4) Analysieren Sie die Verhaltensprobleme Ihres Kindes

Nehmen Sie den »Analysebogen: Verhaltensauffälligkeiten meines Kindes« (**Arbeitsblatt 4**) zur Hand. Fertigen Sie so viele Kopien an, wie Sie Probleme analysieren wollen. Indem Sie schrittweise die Fragen auf dem Analysebogen beantworten, können Sie die ausgewählten Verhaltensprobleme Ihres Kindes genauer betrachten. Zum Beispiel:

- Beschreiben Sie das Problemverhalten konkret: Was genau macht Ihr Kind?
  Peter reagiert nicht, wenn ich etwas sage.
- Beschreiben Sie konkret die Situation(en), in der (in denen) das Problemverhalten auftritt.
  Vor allem in folgenden Situationen: wenn ich ihn auffordere, mit den Hausaufgaben zu beginnen oder sein Zimmer aufzuräumen.
- Wie reagieren Sie üblicherweise auf das Problemverhalten Ihres Kindes?
  Hausaufgaben: Ich werde immer lauter und ärgerlicher.
- Was macht das Kind dann üblicherweise?
  Hausaufgaben: Er überhört es zunächst, dann fängt er an zu schimpfen, manchmal auch richtig laut zu schreien.
- Wie geht die Situation meistens zu Ende?
  Hausaufgaben: Meistens brülle ich ihn so an und drohe mit Zimmerarrest, dass er schließlich mit den Hausaufgaben beginnt.
- Wie oft tritt dieses Problemverhalten auf – immer, in mehr als der Hälfte der Situationen, in weniger als der Hälfte der Situationen?
  Fast täglich.
- Kommt es vor, dass das Problemverhalten gar nicht oder nur in schwächerer Form auftritt?
  Wenn wenig Hausaufgaben auf sind oder wenn keine Rechenaufgaben gemacht werden müssen.
- Wie reagieren Sie, wenn sich Ihr Kind in solchen Situationen weniger problematisch oder angemessen verhält?
  Hausaufgaben: Ich sage entweder nichts oder »Warum denn nicht gleich so?«

Wenn es Ihnen schwerfällt, die Fragen zu beantworten, kann dies daran liegen, dass das ausgewählte Problem zu vielschichtig ist. Versuchen Sie, das Problem in diesem Fall in mehrere Einzelprobleme aufzuteilen oder Teilprobleme herauszugreifen (z. B. statt

»Schimpft und mault bei allen Gelegenheiten« besser: »Wenn ich ihn um etwas bitte, dann überhört er es«).

(5) Übertragen Sie die von Ihnen ausgewählten Verhaltensprobleme in die Problemliste: Verhaltensprobleme meines Kindes in der Familie (Arbeitsblatt 5)

In die Problemliste können Sie *ein* konkretes Verhaltensproblem in die obere Zeile »Beschreibung des Problemverhaltens« eintragen. Dieses Problem können Sie nun über einen Zeitraum von acht Wochen beurteilen. Dies ermöglicht Ihnen einen genauen Überblick über die Häufigkeit und Belastung durch dieses Problem. Führen Sie einmal pro Woche eine solche Beurteilung durch, nach Möglichkeit immer am gleichen Tag (z. B. am Sonntagabend für die vergangene Woche), und tragen Sie das Datum in die entsprechende Spalte ein. In den beiden nächsten Spalten können Sie beurteilen, wie häufig das Problemverhalten in der vergangenen Woche aufgetreten ist und wie belastend das Problem für Sie war. Es ist meist sinnvoll, sich zunächst auf *ein* ausgewähltes Problemverhalten zu konzentrieren. Wenn Sie mehrere Verhaltensprobleme beurteilen wollen, dann können Sie sich das Arbeitsblatt dafür kopieren und es entsprechend benutzen. In der letzten Spalte der Problemliste (»Bemerkungen«) können Sie Besonderheiten der Woche vermerken, die möglicherweise mit den Verhaltensänderungen Ihres Kindes in Beziehung stehen (z. B. »Katastrophale Woche, das Wohnzimmer wurde neu gestrichen und ich hatte häufig Auseinandersetzungen mit meinem Mann.«). Die Beurteilungen in der Problemliste sollen Ihnen helfen, einen Überblick über Veränderungen im Verlauf der Durchführung des Elternleitfadens zu bekommen. Oft verändern sich Verhaltensprobleme langsam und schrittweise. Ohne Aufzeichnungen ist es dann schwierig, sich zurückzuerinnern, wie stark das Problemverhalten vor fünf oder sechs Wochen ausgeprägt war.

Durchführungsdauer für diese Stufe

Sie können unmittelbar mit der nächsten Stufe beginnen.

Materialien für diese Stufe

- Arbeitsblatt 1 »Beurteilungsbogen: Hyperkinetische Verhaltensauffälligkeiten«
- Arbeitsblatt 2 »Beurteilungsbogen: Oppositionelle und aggressive Verhaltensauffälligkeiten«
- Arbeitsblatt 3 »Elternfragebogen über Problemsituationen in der Familie«
- Arbeitsblatt 4 »Analysebogen: Verhaltensauffälligkeiten meines Kindes«
- Arbeitsblatt 5 »Problemliste: Verhaltensprobleme meines Kindes in der Familie«
- App »ADHS-Kids«

Stufe 2: Probleme, Belastungen und Stärken in unserer Familie

Ist das bei Ihnen auch so?

Peter ist wirklich ein schwieriges Kind, aber damit nicht genug – Peter ist nicht die einzige Sorge seiner Mutter. Peters Vater hat im Moment so viel im Büro zu tun, dass er abends oft erst sehr spät und ganz fertig nach Hause kommt. Daher hat Peters Mutter zurzeit keine Unterstützung mehr von ihm in der Familie. Früher hat Peters Papa auch abends mit in der Küche geholfen oder mal mit Peter zusammen Fußball gespielt, während sie gekocht hat. Jetzt ist Peters Vater oft so gereizt, dass er Peter schon bei jeder Kleinigkeit ausschimpft. Peters Mutter hat außerdem oft Streit mit der Oma, weil diese meint, Peter wäre gar nicht schwierig, sondern die Mutter wisse nur nicht, wie man mit ihm richtig umgeht. Ein Glück, dass Peters Mama eine gute Freundin hat, die Peter wirklich mag. Mit ihr kann sie über ihre Sorgen sprechen und sie helfen sich gegenseitig.

Was können Sie tun?

Sie können das Verhalten Ihres Kindes vor allem dadurch beeinflussen, indem Sie die Situation verändern, in der das Verhalten auftritt, und indem Sie positive und negative Konsequenzen folgen lassen. Das werden wir mit Ihnen in den Stufen 6 bis 12 des Elternleitfadens erarbeiten. Aber die Verhaltensprobleme Ihres Kindes hängen nicht nur von Ihrem konkreten Verhalten in den einzelnen Situationen ab. Ebenso wird auch Ihr eigenes Verhalten durch viele Faktoren beeinflusst. Diese Zusammenhänge sind oben in Abbildung 8 dargestellt.

Abbildung 8 Hyperkinetische und oppositionelle Verhaltensauffälligkeiten, betrachtet im Lichte der Probleme und Stärken in der Familie

Im Scheinwerferlicht stehen die konkreten Verhaltensprobleme Ihres Kindes, die unter anderem dadurch beeinflusst werden, wie Sie diese Probleme wahrnehmen und erleben, und auch dadurch, wie Sie auf diese Probleme reagieren. Wir werden vor allem in der nächsten Stufe des Elternleitfadens darauf noch näher eingehen. Die drei Scheinwerfer stellen die Faktoren dar, die sowohl das Verhalten Ihres Kindes als auch Ihre eigene Wahrnehmung dieses Verhaltens und Ihre Reaktionen beeinflussen:

- Grundeigenschaften Ihres Kindes, seine Probleme und Stärken
- Grundeigenschaften der Eltern, ihre Probleme und Stärken
- Belastungen und Stärken der Familie

Diese drei Faktoren wollen wir in dieser Stufe näher beleuchten und mit Ihnen gemeinsam die möglichen Zusammenhänge zwischen diesen Faktoren und den Verhaltensproblemen Ihres Kindes herausarbeiten. In jeder Familie gibt es nicht nur Probleme und Belastungen, die zu den konkreten Verhaltensauffälligkeiten des Kindes beitragen; es gibt auch Stärken und Fähigkeiten, die zur Bewältigung von Problemen und Belastungen genutzt werden können. Manchmal sind diese Stärken und Fähigkeiten gerade die Kehrseite der Medaille, auf deren anderer Seite Probleme und Belastungen stehen. So kann Impulsivität von Kindern oder auch von Eltern nicht nur als problematisch betrachtet werden; sie kann sich auch in Witz und Einfallsreichtum oder in der Fähigkeit äußern, andere zu begeistern oder anderen schnell zu verzeihen. Weiteres dazu können Sie in Stufe 14 lesen.

Das kann Ihnen helfen!

(1) Eigenschaften Ihres Kindes: Probleme und Stärken

Überlegen Sie sich zunächst, welche Grundeigenschaften Ihres Kindes mit seinen konkreten Verhaltensproblemen möglicherweise in Verbindung stehen könnten. Schreiben Sie diese problematischen Eigenschaften auch dann auf, wenn Sie sich nicht ganz sicher sind, ob sie etwas mit den Verhaltensauffälligkeiten zu tun haben. Wir haben Sie im ersten Teil dieses Buches (Fragen und Antworten) bereits über typische Grundprobleme von Kindern mit hyperkinetischen und mit oppositionellen Verhaltensauffälligkeiten sowie über deren mögliche Ursachen informiert. Wenn wir von Grundeigenschaften reden, dann ist damit nicht gemeint, dass diese unveränderbar sind oder dass sie mit einer ganz bestimmten Ursache in Verbindung stehen. Es geht vielmehr um allgemeine Eigenschaften, die Sie bei Ihrem Kind feststellen können und die in vielfältigen Lebenssituationen auftreten. So zeigen beispielsweise viele hyperkinetische Kinder eine nahezu durchgängige körperliche Unruhe. Viele oppositionelle Kinder neigen zu sehr schnellen und impulsiven Handlungen, ohne dabei die Folgen zu bedenken. Solche Merkmale lassen sich, wie gesagt, durchaus beeinflussen; sie lassen sich aber häufig nicht völlig verändern, sondern prägen auch die Persönlichkeit Ihres Kindes. In diesem Elternleitfaden kann es nicht darum gehen, Ihr Kind völlig »umzukrempeln«, das kann niemand. Es geht darum, konkrete Probleme zu vermindern und Ihnen und Ihrem Kind zu helfen, mit einigen Grundmerkmalen besser zurechtzukommen.

Wir haben Ihnen einige Grundprobleme aufgeschrieben, die häufiger mit konkreten Verhaltensproblemen von Kindern in Beziehung stehen. Schreiben Sie bitte in die Tabelle auf S. 139, welche Eigenschaften für Ihr Kind gelten. Schreiben Sie die Eigenschaften auch dann auf, wenn sie Ihrer Meinung nach nicht für die Verhaltensprobleme Ihres Kindes verantwortlich sind:

- Gesundheitsprobleme (z. B. Allergien, Asthma usw.)
- äußeres Erscheinungsbild (z. B. zu groß für sein Alter, körperlich ungeschickt)
- Entwicklungsverzögerungen, Leistungsschwächen (z. B. Sprachschwierigkeiten, Koordinationsstörungen, schulische Teilleistungsschwächen)
- starker Bewegungsdrang
- Konzentrationsprobleme
- Impulsivität (das Kind handelt, bevor es überlegt)
- leichte Erregbarkeit, »hitziges« Temperament (»Geht schnell an die Decke!«)
- egoistisch, nur auf eigenen Vorteil bedacht; zeigt geringe soziale Einstellung
- emotionale Probleme: Ängste, Unsicherheit, Selbstwertprobleme
- Ess-, Verdauungs-, Schlafprobleme

Schreiben Sie auch die Stärken Ihres Kindes auf, hier nur einige Beispiele:

- Einfallsreichtum
- witzig, lebendig, aktiv, temperamentvoll
- starker Gerechtigkeitssinn
- lässt sich nicht leicht entmutigen
- ist an vielem interessiert
- sportlich

Schreiben Sie hier die zutreffenden Eigenschaften Ihres Kindes auf!

Probleme	**Stärken**
(1)	(1) ....
(2)	(2) ....
(3)	(3) ....
(4)	(4) ....
(5)	(5) ....
(6)	(6) ....

(2) Eigenschaften der Mutter: Probleme und Stärken

Überlegen Sie sich, welche problematischen Eigenschaften Sie sich selbst als Mutter (Sie Ihrer Partnerin) zuschreiben. Auch hier haben wir Ihnen zur Hilfe einige Beispiele aufgeschrieben. Beachten Sie alle Ihre Eigenschaften, auch diejenigen, die Sie auf keinen Fall für die Verhaltensprobleme Ihres Kindes verantwortlich machen.

- Gesundheitsprobleme (z. B. häufige Kopfschmerzen, Rückenschmerzen, Allergien)
- emotionale Probleme (z. B. fühle mich von der Familie alleingelassen, Stimmungsschwankungen, Gefühle von Hilflosigkeit, Hoffnungslosigkeit oder Ängste)
- eigene Unruhe, Überaktivität, Nervosität, allgemeine Anspannung
- eigene Konzentrationsschwierigkeiten; Probleme, den Tagesablauf zu strukturieren

- impulsives Verhalten (z. B. bei der Erziehung, Handlungen bereue ich später wieder)
- leichte Erregbarkeit, »hitziges« Temperament
- andere Eigenschaften oder Probleme (z. B. Probleme mit Alkohol oder mit Medikamenten)

Schreiben Sie auch Ihre Stärken auf, die Ihnen möglicherweise bei der Bewältigung von Problemen helfen können. Hier nur einige Beispiele:

- witzig, lebendig, aktiv, temperamentvoll
- lasse mich nicht leicht entmutigen
- bin nicht nachtragend
- habe bisher schon einige Probleme gemeistert, lasse mich nicht unterkriegen
- kann Probleme ansprechen
- bin eher optimistisch
- habe vielseitige Interessen, auch außerhalb der Familie
- kann gut abschalten

Schreiben Sie hier die für Sie (Ihre Partnerin) zutreffenden Eigenschaften auf!

Probleme	**Stärken**
(1)	(1) ....
(2)	(2) ....
(3)	(3) ....
(4)	(4) ....
(5)	(5) ....
(6)	(6) ....

(3) Eigenschaften des Vaters: Probleme und Stärken

Überlegen Sie nun, welche problematischen Eigenschaften Sie sich selbst als Vater (Sie Ihrem Partner) zuschreiben. Sie können als Hilfe die oben aufgeführte Liste der Eigenschaften der Mutter durchgehen. Schreiben Sie auch hier alle Eigenschaften auf, auch wenn Sie keinen Zusammenhang zwischen diesen Eigenschaften und den Verhaltensproblemen Ihres Kindes sehen. Schreiben Sie sich auch Ihre Stärken als Vater (die Stärken Ihres Partners) auf, die möglicherweise bei der Bewältigung von Problemen hilfreich sein können.

Schreiben Sie hier die für Sie (Ihren Partner) zutreffenden Eigenschaften auf!

Probleme	**Stärken**
(1)	(1) ....
(2)	(2) ....
(3)	(3) ....
(4)	(4) ....
(5)	(5) ....
(6)	(6) ....

(4) Belastungen und Stärken der Familie!

Überlegen Sie, welche anderen Belastungen und Schwierigkeiten in Ihrer Familie bestehen. Auf viele Familien treffen einige der unten aufgeführten Probleme zu. Notieren Sie auch hier wieder alle Belastungen, auch wenn sie Ihrer Meinung nach keinen Grund für die Verhaltensprobleme Ihres Kindes darstellen.

- Gesundheitsprobleme von anderen Familienmitgliedern (von Geschwistern, Großeltern)
- Eheprobleme (z. B. Meinungsverschiedenheiten in der Erziehung; Mutter fühlt sich in der Erziehung vom Vater allein gelassen; Trennungsabsichten)
- finanzielle Schwierigkeiten (z. B. finanzielle Belastungen durch Hausbau; Verschuldung)
- Probleme mit anderen Kindern in der Familie (z. B. Schulschwierigkeiten, emotionale oder Verhaltensprobleme von Geschwistern)

- Probleme am Arbeitsplatz (z. B. Konflikte mit Kollegen; Doppelbelastung der Mutter durch Beruf und Haushalt; Unzufriedenheit mit der Arbeit; Überbeanspruchung)
- Probleme mit Verwandten (z. B. Kritik von Verwandten an der Erziehung; Schwierigkeiten, sich von eigenen Eltern / Schwiegereltern abzugrenzen; Belastung durch pflegebedürftige Verwandte)
- Probleme mit Freunden oder Nachbarn (z. B. Kritik durch Freunde; Konflikte mit Nachbarn; Isolation der Familie)
- andere Probleme (z. B. Schwierigkeiten mit der Freizeitgestaltung)

Schreiben Sie auch die Stärken Ihrer Familie auf, die Ihnen möglicherweise bei der Bewältigung von Problemen helfen können. Hier nur einige Beispiele:

- Familie hält zusammen
- Familie hat schon schwierige Zeiten erfolgreich durchstanden
- es gibt gute Freunde der Familie, auf die man sich verlassen kann

Schreiben Sie hier die Belastungen und Stärken Ihrer Familie auf!

Probleme	**Stärken**
(1)	(1) ....
(2)	(2) ....
(3)	(3) ....
(4)	(4) ....
(5)	(5) ....
(6)	(6) ....

(5) Überlegen Sie, in welchem Zusammenhang Ihrer Meinung nach die verschiedenen Probleme miteinander stehen!

Um einzelne Schwierigkeiten besser verstehen zu können, ist es meist sinnvoll, sie in Verbindung mit den anderen Problemen zu betrachten. Dabei geht es nicht um die Frage der »Schuld« (z. B. die Mutter hat das Kind »verzogen«), sondern vielmehr darum zu sehen, wie sich die verschiedenen Bedingungen gegenseitig beeinflussen. Der Vater, der grundsätzlich ein eher heftiges Temperament und gerade Ärger in seinem Beruf hat, wird die Verhaltensprobleme seines Kindes viel massiver wahrnehmen und auch gereizter reagieren als in Zeiten, in denen beruflich keine Probleme vorhanden sind. Die Mutter kann sicherlich viel gelassener mit den Verhaltensproblemen ihres Kindes umgehen, wenn sie sich von ihrem Partner unterstützt fühlt, körperlich gesund ist und keine anderen Sorgen hat. Eine Mutter, die in finanziellen Schwierigkeiten steckt, sich vor kurzem von ihrem Partner getrennt hat und mit der Doppelbelastung von Haushalt und Beruf zurechtkommen muss, wird es viel schwerer haben, bei Verhaltensproblemen ihres Kindes mit der nötigen Ruhe und Konsequenz zu reagieren. Dies wird dann wiederum die Verhaltensprobleme des Kindes verstärken, die dann die Mutter noch mehr belasten.

Versuchen Sie gemeinsam mit Ihrem Partner anhand Ihrer Aufzeichnungen, sich die Zusammenhänge zwischen den verschiedenen Problemen vor Augen zu führen.

(6) Überlegen Sie zusammen mit Ihrem Partner mögliche Lösungsansätze und nutzen Sie die Stärken in der Familie

Gehen Sie die Probleme und Belastungen durch, die auf Ihre Familie zutreffen, und überlegen Sie bei jedem einzelnen Punkt, ob Sie Entlastung schaffen können. Denken Sie dabei auch an mögliche Unterstützung von Freunden, Verwandten und Nachbarn oder an Hilfs- und Therapieangebote von Kinderärzten, Psychologen oder Paartherapeuten. Nutzen Sie Ihre Stärken, die Ihres Partners und Ihres Kindes. Häufig lassen sich die Schwierigkeiten nicht völlig lösen, aber schon eine Verminderung der Probleme kann eine deutliche Entlastung bedeuten. Wenn Sie selbst oder Ihr Partner erhebliche psychische Probleme haben oder wenn die Partnerschaft sehr belastet ist, dann sollten Sie auch die Möglichkeit einer eigenen Therapie oder einer Paartherapie bedenken.

Durchführungsdauer für diese Stufe
Sie können unmittelbar mit der nächsten Stufe beginnen.

Materialien für diese Stufe
keine

Stufe 3: Der Teufelskreis

Ist das bei Ihnen auch so?

Peter hört einfach nicht! »Peter, geh dir die Hände waschen!« geht ins linke Ohr rein und rechts wieder raus. Peters Mutter sagt es noch einmal und noch einmal und immer wieder. Dann wird sie immer wütender, weil Peter einfach nicht hört und sie noch nicht einmal anschaut. Dann reicht es ihr! »Du brauchst nicht zu glauben, dass du nach dem Essen raus darfst, wenn du jetzt nicht die Händewäschst! ... und Fernsehen ist für heute auch gestrichen!« Aber meist nutzen diese Drohungen auch nichts und die Mutter gibt entnervt auf: »Dann iss halt mit Dreckspfoten, soll mir auch egal sein!« Und dann geht Peter doch raus oder sieht fern, weil die Mutter einfach nicht die Nerven hat, es ihm zu verbieten. Manchmal ist ihr auch schon die Hand ausgerutscht, wenn Peter einfach nicht hören wollte. Peter kann sie so in Wut bringen, dass sie einfach nicht mehr anders kann.

Was können Sie tun?

Viele Familien geraten bei der Erziehung ihrer Kinder in einen so genannten »Teufelskreis«. Je mehr Verhaltensprobleme Kinder haben, desto häufiger finden sich Familien in diesem Teufelskreis wieder. In dieser Stufe geht es darum, Ihnen zunächst einmal den Teufelskreis zu erklären und anschließend eine Vorstellung davon zu geben, wie man aus diesem Teufelskreis wieder ausbrechen kann. Die weiteren Stufen dieses Elternleitfadens sind einzelne Hilfen, um aus dem Teufelskreis wieder herauszukommen.

Das kann Ihnen helfen!

In der folgenden Abbildung 9 ist der Teufelskreis dargestellt, in den typischerweise Familien mit Kindern geraten, die oppositionelle oder hyperkinetische Verhaltensauffälligkeiten haben. Diesen Teufelskreis werden wir im Folgenden näher erklären.

Der Teufelskreis!

(1) Die Eltern stellen dem Kind eine Aufforderung

In vielen verschiedenen alltäglichen Situationen fordern die Eltern ihre Kinder auf, etwas Bestimmtes zu tun oder zu lassen. Das Kind kann diese Aufforderung der Eltern befolgen oder auch nicht. Wenn das Kind tut, was die Eltern gesagt haben, dann achten die meisten Eltern nicht weiter auf ihr Kind, sondern machen etwas anderes, wie z. B. Essen kochen, bügeln oder auch Zeitung lesen. Wenn das Kind der Aufforderung nicht nachkommt, dann beginnt die nächste Stufe des Teufelskreises.

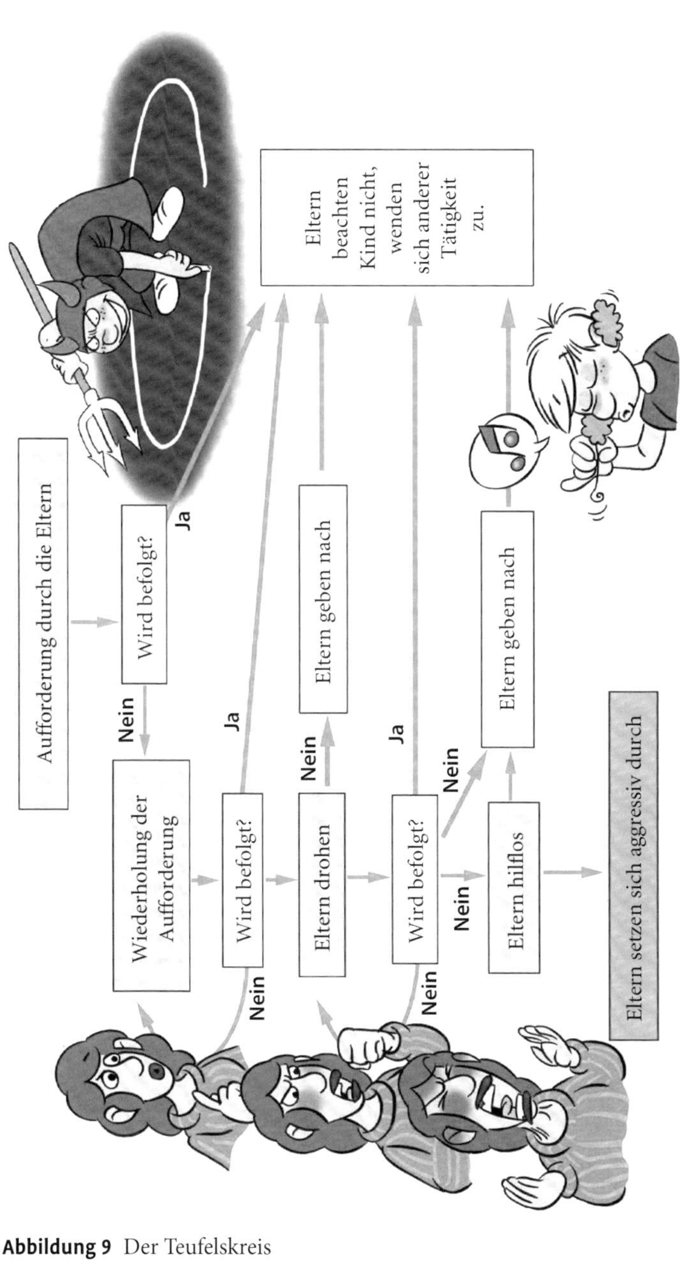

Abbildung 9 Der Teufelskreis

(2) Die Eltern wiederholen ihre Aufforderung

Die Eltern wiederholen zunächst ihre Aufforderung. Dies kann je nach Familie fünf- bis zehnmal oder auch noch häufiger erfolgen. In der Regel werden die Eltern bei jeder Wiederholung immer ärgerlicher und die Stimme wird immer lauter und gereizter. Auch hier hat das Kind wieder die Möglichkeit, irgendwann doch das zu tun, was die Eltern gesagt haben, oder aber weiterhin nicht »zu hören«. Wenn das Kind jetzt tut, was die Eltern sagen, wenden sich die Eltern – meist sehr ärgerlich und wütend – wieder anderen Beschäftigungen zu, oft mit Worten wie: »Warum nicht gleich so?« Tut das Kind immer noch nicht, was die Eltern sagen, dann geht der Teufelskreis weiter.

(3) Die Eltern drohen

Meist gehen die Eltern dann dazu über, ihren Kindern zu drohen, das heißt, ihnen anzudrohen, was passiert, wenn sie nicht tun, was ihnen gesagt wird. Weil die Eltern zu diesem Zeitpunkt schon sehr ärgerlich sind, werden diese Drohungen oft sehr impulsiv ausgestoßen und sind nicht gut überlegt. Auch diese Drohungen können mehrfach wiederholt werden bzw. immer stärker ausfallen. Beispielsweise: »Wenn du nicht sofort das tust, was ich dir sage, darfst du heute nicht mehr raus … hast du gehört? Jetzt habe ich aber die Nase voll, dann kannst du direkt die ganze Woche drin bleiben … und Fernsehen kannst du auch knicken!« Auch hier hat das Kind die Möglichkeit, nach jeder ausgesprochenen Drohung das zu tun, was die Eltern gesagt haben, und diese werden sich dann wiederum wütend abwenden und etwas anderes tun. Tut das Kind immer noch nicht, was die Eltern gesagt haben, dann geht der Teufelskreis weiter.

(4) Die Eltern sind ratlos

Meist wissen die Eltern dann an dieser Stelle nicht weiter! Weder eine freundliche noch eine ärgerliche Aufforderung noch Androhungen von Strafen scheinen das Kind zu bewegen, das zu tun, was die Eltern wollen. Jetzt haben die Eltern zwei Möglichkeiten zu reagieren:

- Entweder sie geben nach und fordern von ihrem Kind nicht mehr das, was sie eigentlich wollten. So bleibt beispielsweise das Kinderzimmer unaufgeräumt, die liegengebliebenen Schuhe trägt die Mutter selbst weg oder das Kind kommt trotz dreckiger Finger an den Essenstisch. Oft denken sich Eltern an so einem Punkt: »Mach doch, was du willst, mir ist es egal!« und entscheiden sich, dass es weniger Arbeit ist, das selbst zu tun, was das Kind tun sollte, oder darauf ganz zu verzichten.
- Oder die Eltern reagieren aggressiv auf das Nicht-Hören ihres Kindes und verpassen dem Kind beispielsweise eine Ohrfeige oder auch eine Tracht Prügel!

Welche Erfahrungen macht das Kind im Teufelskreis?

In diesem Teufelskreis macht das Kind vielfältige ungünstige Erfahrungen, die eher dazu beitragen, dass die Verhaltensprobleme weiter zunehmen.

- Geben die Eltern am Ende des Teufelskreises nach, macht das Kind die Erfahrung, dass es die »Nörgeleien« der Eltern nur lange genug aushalten muss, denn dann muss es (meist) doch nicht das tun, was es tun sollte. Es macht die Erfahrung, dass die Drohungen der Eltern meist nicht ernst zu nehmen sind. Dies verringert die Wahrscheinlichkeit, dass das Kind bei der nächsten Aufforderung direkt oder nach einer kurzen Zeit tut, was die Eltern gesagt haben. Die Eltern erziehen ihr Kind dazu, immer häufiger Nein zu sagen!
- Reagieren die Eltern am Ende aggressiv und schlagen ihr Kind, lernt es, wie man sich zumindest als körperlich Stärkerer durchsetzen kann. Die Eltern bieten ihm ein aggressives Modell! Das Kind bekommt vorgelebt, dass gutes Zureden und auch Drohungen oft nichts nutzen, sondern im Endeffekt nur der körperlich Stärkere gewinnt! Dies wird vielleicht dazu führen, dass das Kind das nächste Mal (aus Angst vor Schlägen) der Aufforderung nachkommt. Außerhalb der Familie oder kleineren Geschwistern gegenüber wird es jedoch seine Erfahrung anwenden, dass der Stärkere siegt. Die Wahrscheinlichkeit zu aggressivem Verhalten wird größer!

- Auch wenn das Kind zu irgendeinem Zeitpunkt das tut, was die Eltern gesagt haben, macht es häufig ungünstige Erfahrungen. Die Eltern wenden sich dann meist den liegengebliebenen Tätigkeiten zu. Dies ist sehr verständlich! Denn diese Kinder kosten oft so viel Kraft, Zeit und Nerven, dass die Eltern froh sind, wenn sie endlich das tun können, was sie eigentlich die ganze Zeit schon vorhatten. Das Kind macht aber die Erfahrung, dass sein angemessenes oder weniger problematisches Verhalten gar nicht weiter beachtet wird. Diese mangelnde Aufmerksamkeit dem positiven Verhalten gegenüber wird dazu führen, dass das Kind in Zukunft eher seltener das tut, was die Eltern sagen. Schließlich werden Eltern und Kind fast nur noch negativ – ermahnend, schimpfend, schreiend, drohend, weinend – miteinander umgehen und positive Erfahrungen werden immer mehr in den Hintergrund treten. Eltern sagen dann oft, dass sie den Eindruck haben, mit ihrem Kind nur noch zu schimpfen, und die Kinder erleben ihre Eltern nur noch als permanente Nörgler.

Überlegen Sie, wann Sie in den Teufelskreis geraten!

Gehen Sie den Teufelskreis in Ruhe durch und überlegen Sie, ob Sie ähnliche Situationen auch in Ihrer Familie kennen. Es geht hierbei nicht um die Frage der Schuld oder darum, Ihnen als Eltern zu zeigen, wo und wie Sie sich falsch verhalten! Der Teufelskreis ist vielmehr eine ganz »normale Erziehungsfalle«, in die in der Regel alle Eltern von Zeit zu Zeit geraten. Wenn das Kind aber keine größeren Verhaltensprobleme zeigt, hat dies meist nicht so ungünstige Auswirkungen wie bei den »schwierigen« Kindern. Kinder mit hyperkinetischen oder oppositionellen Verhaltensauffälligkeiten missachten Aufforderungen häufig schon allein aufgrund ihrer Impulsivität, Aufmerksamkeitsprobleme oder ihres Verweigerungsverhaltens. Der Teufelskreis entwickelt sich hier viel häufiger als in anderen Familien. Gehen Sie in Gedanken vor allem die Situationen oder Verhaltensprobleme durch, die Sie in der ersten Stufe des Elternleitfadens näher beschrieben haben und die Sie verändern wollen. Entsteht in diesen Situationen öfter der oben beschriebene Teufelskreis?

In einen solchen Teufelskreis geraten übrigens nicht nur die Eltern mit ihren Kindern, auch im Kindergarten oder in der Schule dreht sich dieser Teufelskreis häufig sehr heftig: Die **Lehrerin** ermahnt ständig das Kind, wird schließlich ärgerlich und weiß nicht mehr, was sie tun soll. Wenn es dem Kind aber gelegentlich gelingt, den Aufforderungen der **Lehrerin** nachzukommen, dann ist diese so froh darüber, endlich wieder mit dem Unterricht weitermachen zu können, dass sie kaum dazu kommt, das Kind zu loben und ihm ihre Aufmerksamkeit zu schenken.

Ausbruch aus dem Teufelskreis!

Ziel dieses Elternleitfadens ist es, Ihnen zu helfen, aus dem beschriebenen Teufelskreis auszubrechen. Dazu ist es im Allgemeinen notwendig, an mehreren Stellen des Teufelskreises anzusetzen. Dies werden wir in den nächsten Stufen zusammen mit Ihnen Schritt für Schritt erarbeiten. Hier wollen wir Ihnen einen kurzen Überblick über die Grundprinzipien geben, um den Teufelskreis zu sprengen.

(1) Sorgen Sie dafür, dass Sie gemeinsam mit Ihrem Kind wieder vermehrt positive Erfahrungen machen können

Wenn Sie in dem Teufelskreis gefangen sind, machen Sie in hohem Maße negative Erfahrungen. Dies belastet Ihre Beziehung zu Ihrem Kind. Deshalb ist es besonders wichtig, dass Sie sich und Ihrem Kind wieder vermehrt Chancen zu positiven Erfahrungen einräumen. Konkrete Hinweise dazu geben wir Ihnen in den Stufen 4 und 5 des Elternleitfadens.

(2) Stellen Sie eindeutige Regeln auf und geben Sie Ihrem Kind wirkungsvolle Aufforderungen

Die meisten Kinder mit hyperkinetischen und auch mit oppositionellen Verhaltensauffälligkeiten können sich nicht in dem Maße selbst steuern, wie das andere Kinder in diesem Alter normalerweise schon tun. Deshalb sind klare und eindeutige Familienregeln und wirkungsvolle Aufforderungen sehr wichtig. Damit erhöhen Sie die Wahrscheinlichkeit, dass Ihr Kind Ihre Aufforderungen auch tatsächlich befolgt. In den Stufen 6 und 7 werden wir Ihnen dazu weitere Hinweise geben.

(3) Positive Konsequenzen kommen vor negativen Konsequenzen

Wenn Ihr Kind Aufforderungen und Regeln befolgt, dann hat es auch verdient, dass es dafür gelobt wird. Wenn Sie mit uns der Meinung sind, dass das Nichtbefolgen von Regeln und Aufforderungen eine negative Konsequenz zur Folge haben muss, dann müssen Sie auch eine positive Konsequenz erfolgen lassen, wenn Ihr Kind Aufforderungen und Regeln befolgt. Ihr Kind wird dann schrittweise immer mehr Regeln und Aufforderungen einhalten können. In Stufe 8, aber auch in den Stufen 10 bis 12 geben wir Ihnen Hinweise zur Umsetzung dieser Grundregel.

(4) Positive und negative Konsequenzen müssen unmittelbar erfolgen

Viele Eltern geraten deshalb immer tiefer in den Teufelskreis, weil sie Aufforderungen geben, ohne jedoch auf deren Einhaltung zu achten. Bei Kindern mit hyperkinetischen und oppositionellen Verhaltensauffälligkeiten ist es aber besonders wichtig, dass die Konsequenzen auf das Befolgen oder das Missachten von Regeln **sofort** erfolgen und dass sie **immer** erfolgen. Das ist für Eltern besonders schwer umzusetzen. Konkrete Hilfestellungen geben wir Ihnen in den Stufen 6 bis 12.

(5) Verlangen Sie nicht zu viel von Ihrem Kind und von sich selbst

Es wird Ihrem Kind sicher nicht gelingen, immer alle Regeln und Aufforderungen zu befolgen. Sie dürfen daher nicht enttäuscht sein, wenn Probleme immer wieder einmal auftauchen. Unser Ziel ist es, Ihnen mit diesem Elternleitfaden zu helfen, dass einige Probleme seltener und weniger heftig auftreten. Sicher werden auch Sie nicht alle Ratschläge umsetzen und immer beherzigen können. Verlangen Sie also auch von sich selbst nicht zu viel. Wenn es Ihnen gelingt, an wichtigen Punkten im Alltag einige Probleme auf eine andere Weise anzupacken, dann haben Sie möglicherweise schon viel erreicht und sind aus dem Teufelskreis ausgebrochen.

Durchführungsdauer für diese Stufe
Sie können unmittelbar mit der nächsten Stufe beginnen.

Materialien für diese Stufe
keine

Sich wieder mögen lernen (Stufe 4 und 5)

Stufe 4: Was mögen Sie an Ihrem Kind?

Ist das bei Ihnen auch so?

Schon morgens hat die Mutter von Peter die Nase voll. Sie weiß, schon beim Wecken wird Peter mürrisch reagieren und das geht dann den ganzen Tag über so weiter: Die Mutter fühlt sich gezwungen, nur noch zu schimpfen und ihn zu ermahnen, weil er ständig irgendeinen Unfug macht und nervt. Obwohl Peter ein Wunschkind war, hat sie das Gefühl, dass sie sich kaum noch über ihn freuen kann und er sich nur noch danebenbenimmt.

In Familien mit schwierigen Kindern haben Eltern häufig das Gefühl, dass sie ihr Kind fast nur noch ermahnen, begrenzen und bestrafen müssen. Negative Erfahrungen mit dem Kind nehmen überhand und es gibt kaum noch schöne Erlebnisse miteinander. Den Kindern geht es meist ebenso. Sie haben das Gefühl, dass die Eltern eigentlich nur noch mit ihnen schimpfen und unzufrieden sind. Das kann sich so weit steigern, dass Eltern und Kinder nur noch das sehen, was danebengeht, und die guten Erfahrungen, die es auch noch gibt, aus den Augen verlieren.

In der dritten Stufe des Elternleitfadens wurde der Teufelskreis erklärt, in den Eltern und Kinder geraten. Wer in einem solchen Teufelskreis steckt, achtet meist nur noch auf die Probleme und denkt nicht mehr an die schönen Erlebnisse mit seinem Kind.

Was können Sie tun?

Wir möchten einige Ratschläge geben, die Ihnen helfen sollen, auch wieder die angenehmen Erlebnisse mit Ihrem Kind zu beachten. Damit wollen wir nicht die Probleme, die da sind, einfach schönreden. Es geht vielmehr darum, die einseitige negative Sichtweise ein wenig zu korrigieren. Denn neben den ganzen Problemen gibt es immer noch Dinge, die Ihr Kind gut macht und die Sie an ihm mögen. Das ist ein erster Schritt, den Teufelskreis aufzubrechen. Damit werden sich sicher nicht alle Probleme lösen lassen. Trotzdem ist es wichtig, dass Sie wieder Positives sehen und auch mit Ihrem Kind darüber sprechen können. Nach unseren Erfahrungen können sich dadurch das Klima und die Stimmung in der Familie verbessern, Spannungen und festgefahrene Verhaltensmuster lösen sich langsam wieder auf.

Sie können diese Stufe auch mit der App bearbeiten.

Das kann Ihnen helfen!

(1) Achten Sie auf das, was Ihnen an Ihrem Kind gefällt

In welchen Situationen sind Sie mit Ihrem Kind zufrieden? Wann freuen Sie sich über Ihr Kind oder sind auf Ihr Kind stolz? Denken Sie auch an Eigenschaften Ihres Kindes, die Sie gut finden, wie:

- ist sehr sportlich
- ist Fremden gegenüber freundlich
- schmust gerne mit mir
- kann gut Lego bauen
- ist sehr kreativ
- hilft anderen
- interessiert sich für vieles

Was gefällt Ihnen an Ihrem Kind? Bitte eintragen.

(1) ....

(2) ....

(3) ....

(4) ....

(2) Beachten Sie auch Kleinigkeiten und »Selbstverständlichkeiten«

Überlegen Sie, was im Alltag gut läuft. Denken Sie dabei besonders an Kleinigkeiten und an Dinge, die eigentlich selbstverständlich sind, wie:

- ist morgens gut gelaunt und begrüßt mich freudig
- macht morgens sein Frühstück selbstständig
- freut sich über ein bestimmtes Essen
- zieht schmutzige Schuhe aus
- spielt schön mit seinem Bruder Lego

Was lief mit Ihrem Kind in den letzten Tagen gut? Bitte eintragen.

(1) ....

(2) ....

(3) ....

(4) ....

(3) Achten Sie darauf, wenn üblicherweise schwierige Situationen besser laufen als sonst

Wenn eine sonst schwierige Situation, z. B. das Aufräumen, mal besser klappt, dann übersehen das viele Eltern oder sagen nur kritisch: »Warum nicht immer so?« Dies erlebt das Kind als Tadel. Obwohl es diesmal etwas gut gemacht hat, erntet es nur Kritik!

Deshalb sollten Sie bewusst auf Situationen achten, die weniger problematisch ablaufen. Oft glauben Eltern, dass ihr Kind ein problematisches Verhalten *immer* zeigt. Das trifft allerdings in den seltensten Fällen zu. In der Regel kommt es immer wieder vor, dass eine schwierige Situation einmal besser abläuft, z. B. dass Ihr Kind bei den Hausaufgaben weniger schimpft als sonst. Das ist nicht selbstverständlich! Deshalb sollten Sie diese Ausnahmen auch positiv sehen.

Welche schwierigen Situationen laufen auch manchmal besser? Bitte eintragen.

(1) ....

(2) ....

(3) ....

(4) ....

Übertragen Sie die wichtigsten positiven Ansatzpunkte, die Sie gefunden haben, auf Ihre **Memo-Karte 2**. Sie können das auch in die App eintragen.

(4) Zeigen Sie Ihrem Kind, wenn Sie etwas gut finden

Je mehr Probleme es mit Ihrem Kind gibt, umso wichtiger ist es, dass Sie ihm zeigen, was Sie gut an ihm finden. Sie müssen nicht bei jeder Kleinigkeit in »Lobgesänge« ausbrechen. Es genügt, wenn Sie Ihrem Kind z. B. ermunternd zunicken, ihm über die Haare streichen oder einfach »gut« oder »schön« sagen.

Da Sie Ihrem Kind verständlicherweise auch mitteilen, was Sie nicht so gut an ihm finden, hat es auch ein Recht zu erfahren, was Sie an ihm mögen!

(5) Schreiben Sie abends auf, was gut gelaufen ist

Nehmen Sie sich abends zehn Minuten Zeit und gehen Sie dabei den abgelaufenen Tag noch einmal in Gedanken durch. Überlegen Sie, was an diesem Tag mit Ihrem Kind gut oder besser als üblich gelaufen ist oder worüber Sie sich gefreut haben. Tragen Sie diese Ereignisse in das »Was-ist-schön-Tagebuch« (**Arbeitsblatt 6**) ein. Notieren Sie auch, wie Sie selbst auf das positive Verhalten Ihres Kindes reagiert haben. Das können Sie auch in der App machen.

(6) Sprechen Sie mit Ihrem Kind über die positiven Ereignisse des Tages

Nehmen Sie sich abends einige Minuten Zeit, um mit Ihrem Kind darüber zu sprechen, was an diesem Tag gut gelaufen ist und worüber Sie sich gefreut haben. Setzen Sie sich am besten abends zu

Ihrem Kind ans Bett und reden Sie mit ihm kurz darüber. Achten Sie aber darauf, dass Sie nicht damit beginnen, die negativen Ereignisse des Tages aufzulisten oder diese mit den positiven Ereignissen aufzurechnen. Wenn es Probleme gab, dann können Sie in einem Satz sagen, dass ja manches nicht so gut gelaufen ist, und dann ausführlich auf die positiven Ereignisse eingehen. Wenn Sie abends einmal zu ärgerlich sind, dann sollten Sie dieses kleine Gespräch lieber ganz ausfallen lassen.

(7) Erwarten Sie keine Wunder!

Diese Regeln können helfen, das Klima in Ihrer Familie zu verbessern. Manchmal vermindern sich auch die Probleme ein wenig oder Sie lernen, manche Dinge in einem anderen Licht zu sehen. Eine erhebliche Verringerung der Probleme dürfen Sie durch diese Regeln aber nicht erwarten. Sie sind aber dennoch wichtig, weil sie eine gute Grundlage für spätere Maßnahmen darstellen. Manchmal fällt es den Kindern auch schwer, Lob anzunehmen. Die meisten Kinder freuen sich aber über ein Lob, selbst wenn sie es zunächst nicht zeigen können. Deshalb sollten Sie das Kind auch dann loben, wenn es sich nicht offen darüber freut.

Durchführungsdauer für diese Stufe

Mindestens eine Woche. Wenn Sie die Regeln gut umsetzen können, dann können Sie in der darauf folgenden Woche mit der nächsten Stufe beginnen. Sie sollten dann die Regeln dieser Stufe aber noch mehrere Wochen weiter gezielt beachten und das »Was-ist-schön-Tagebuch« auch so lange weiterführen. Wenn es Ihnen schwerfällt, die Regeln umzusetzen, dann sollten sie sich mehrere Wochen auf diesen Schritt konzentrieren, bevor Sie zum nächsten übergehen.

Materialien für diese Stufe

- Memo-Karte 2
- Arbeitsblatt 6 »Was-ist-schön-Tagebuch«
- App »ADHS-Kids«

Stufe 5: Die *Spaß- & Spiel-Zeit*

Ist das bei Ihnen auch so?

Wenn die Mutter von Peter an die letzten Tage denkt, stellt sie fest, dass sie überhaupt keine schöne Zeit mehr mit Peter verbracht hat. Den ganzen Tag über gibt es nur Ärger und sie muss Peter ständig ermahnen oder mit ihm schimpfen. Früher haben sie oft miteinander gespielt oder sich einfach nur etwas erzählt. Die Zeiten, in denen sie miteinander Spaß haben und lachen, kommen jetzt aber kaum noch vor. Angenehme Stunden sind selten geworden. Die Mutter erlebt Peter nur noch als »Teufel« und »Trotzkopf« und Peter kennt seine Mama nur noch schimpfend.

In der dritten Stufe dieses Elternleitfadens wurde der Teufelskreis bereits dargestellt, in den Eltern und Kinder geraten: schwierige Situationen in der Familie nehmen überhand. Die Eltern haben das Gefühl, dass sie nur noch schimpfen müssen und sich kaum noch über ihr Kind freuen können. Dem Kind geht es aber genauso: Es erlebt die Eltern nur noch als begrenzend und ermahnend und kann den Eindruck bekommen, dass die Eltern es gar nicht mehr gern haben.

Die Eltern empfinden das Kind als sehr anstrengend. Verhält es sich jedoch einmal unproblematisch, dann wenden sich die Eltern Tätigkeiten zu, die bisher liegen geblieben sind. Doch dies ist eine **Falle**! Die Eltern beschäftigen sich hauptsächlich dann mit dem

Kind, wenn es Probleme bereitet, und immer seltener, wenn es sich unproblematisch verhält. Der Teufelskreis kann sich so weit zuspitzen, dass das Kind nur die Aufmerksamkeit seiner Eltern gewinnen kann, wenn es sich »daneben benimmt«.

Deshalb ist es sehr wichtig, dass Sie wieder mehr Zeit mit Ihrem Kind verbringen, die schön und angenehm ist. So macht Ihr Kind wieder die Erfahrung, dass Sie sich nicht nur dann Zeit nehmen, wenn es Probleme gibt.

Was können Sie tun?

Wir schlagen Ihnen eine besondere *Spaß- & Spiel-Zeit* vor, in der Sie Situationen schaffen, die Sie und Ihr Kind als angenehm erleben. Damit lassen sich natürlich nicht alle Probleme lösen. Aber die *Spaß- & Spiel-Zeit* kann Ihnen helfen, eine entspanntere Atmosphäre in Ihrer Familie zu schaffen. Sie können Ihrem Kind zeigen, dass Sie Zeit haben und sich für Ihr Kind interessieren. Nach unseren Erfahrungen wird durch die *Spaß- & Spiel-Zeit* die Beziehung zwischen Eltern und Kind verbessert und beide haben die Chance, sich wieder von der angenehmen Seite kennen zu lernen. Durch die *Spaß- & Spiel-Zeit* wird darüber hinaus eine wichtige Grundlage für die weiteren Stufen dieses Leitfadens gelegt, in denen die von Ihnen ausgewählten Verhaltensprobleme des Kindes direkt verändert werden sollen.

Sie können die *Spaß- & Spiel-Zeit* auch mit der App bearbeiten.

Das kann Ihnen helfen!

(1) Sammeln Sie zusammen mit Ihrem Kind Spielideen für die *Spaß- & Spiel-Zeit*

Setzen Sie sich mit Ihrem Kind zusammen und schlagen Sie vor, dass Sie mit ihm in nächster Zeit eine besondere Spielzeit verbringen wollen. Erklären Sie ihm, dass Sie mit ihm wieder vermehrt schöne Zeit verbringen wollen, anstatt ständig mit ihm schimpfen zu müssen. Sammeln Sie gemeinsam Vorschläge für Spiele, die Ihnen Spaß machen. Häufig sind bei Eltern Tisch- und Regelspiele sehr beliebt. Bei diesen Spielen kommt es jedoch häufiger zu Schwierigkeiten, da sich das Kind an Spielregeln halten muss. Aus diesem Grunde haben sich Konstruktionsspiele (Lego, Bauklötze usw.), Rollenspiele (mit Puppen oder Autos spielen) und kreative Spiele (malen, basteln usw.) als besonders geeignet für die *Spaß- & Spiel-Zeit* erwiesen. Gemeinsames Fernsehen gehört nicht in die *Spaß- & Spiel-Zeit*. Computerspiele können Sie zulassen, doch sollte sich die *Spaß- & Spiel-Zeit* nicht darauf beschränken. Denken Sie daran, dass es in dieser Spielzeit nicht um richtig und falsch geht, sondern alleine darum, miteinander Spaß zu haben!

Tragen Sie hier bitte Spielideen für Ihre Spaß- & Spiel-Zeit ein.

(1) ....

(2) ....

(3) ....

(4) ....

(5) ....

(6) ....

(7) ....

(8) ....

(2) An der Spaß- & Spiel-Zeit dürfen andere Kinder nicht teilnehmen

Die *Spaß- & Spiel-Zeit* sollten Sie allein mit Ihrem »Problemkind« verbringen. Wichtig ist, dass Ihr Kind Sie in dieser Zeit ganz für sich allein hat und Sie sich nur um Ihr Kind und sein Spiel kümmern. Wenn Sie noch andere Kinder haben, sollten diese währenddessen in einem anderen Zimmer spielen oder von einer anderen Person betreut werden. Falls dies nicht möglich ist, sollten Sie die *Spaß- & Spiel-Zeit* dann durchführen, wenn Störungen durch andere Kinder unwahrscheinlich sind. Älteren Geschwistern sollten Sie erklären, warum sie an der *Spaß- & Spiel-Zeit* nicht teilnehmen können. Die *Spaß- & Spiel-Zeit* kann aber auch während des Schulbesuchs der Älteren durchgeführt werden. Bei jüngeren Geschwistern eignet sich häufig die Mittagsruhe zur Durchführung der Spielzeit. Damit sich Geschwisterkinder nicht zurückgesetzt fühlen, können Sie mit ihnen auch eine eigene *Spaß- & Spiel-Zeit* verbringen.

(3) Wählen Sie sich einen Zeitpunkt aus, an dem die *Spaß- & Spiel-Zeit* stattfindet

Eine *Spaß- & Spiel-Zeit* sollte etwa 20 Minuten dauern. Nach Möglichkeit sollten Sie die *Spaß- & Spiel-Zeit* täglich durchführen. Überlegen Sie, ob Sie etwa 20 Minuten im Tagesablauf einplanen können, in denen Sie mit Ihrem Kind zusammen spielen. In dieser Zeit soll Ihre Aufmerksamkeit *ausschließlich* Ihrem Kind zukommen. Wenn eine tägliche Spielzeit nicht möglich ist, dann überlegen Sie, in welchen Abständen Sie zusammen spielen können (z. B. montags, mittwochs und samstags). Ihr Kind sollte sich auf die verabredete Zeit verlassen können. Sie sollten aber die Spielzeit nicht durchführen, wenn Sie verärgert, wütend oder in Hektik sind. Dann können Sie Ihrem Kind nicht genügend Aufmerksamkeit und Geduld schenken. Ihr Kind kann dann den Eindruck gewinnen, dass »seine« Zeit für die Mutter oder den Vater nur eine lästige Pflicht ist. Besprechen Sie in einer solchen Situation mit Ihrem Kind, wann die *Spaß- & Spiel-Zeit* nachgeholt werden kann.

(4) Ihr Kind bestimmt, was und wie gespielt wird!

Beginnen Sie die Spielzeit etwa so: »Jetzt ist unsere *Spaß- & Spiel-Zeit*. Was möchtest du gerne tun?« Dazu können Sie auch das Schild »*Spaß- & Spiel-Zeit* – Bitte nicht stören« (Arbeitsblatt 7) an die Tür hängen. Das Auf- und Abhängen zeigt den Beginn und das Ende der Spielzeit an und verdeutlicht, dass es sich hier um eine besondere Spielzeit handelt, in der andere »Regeln« als sonst gelten. Wenn also der Zeitpunkt für die *Spaß- & Spiel-Zeit* gekommen ist, sollte **Ihr Kind grundsätzlich ein Spiel eigener Wahl bestimmen** dürfen. Falls Ihr Kind zunächst keine Spielidee entwickelt, können

Sie ihm etwas vorschlagen. Sie sollten aber **unbedingt vermeiden, die Kontrolle über den Spielablauf** zu übernehmen. Ihr Kind bestimmt, was und wie gespielt wird!

(5) Entspannen Sie sich und lassen Sie sich auf das Spiel Ihres Kindes ein!

Indem Sie sich entspannen und Ihr Kind für kurze Zeit zunächst nur beobachten, können Sie von Ihren anderen Aufgaben etwas Abstand gewinnen und sich auf Ihr Kind einstellen. Vielleicht möchte Ihr Kind auch nur, dass Sie ihm beim Spiel zuschauen. Das Kind darf bestimmen, ob und wie Sie mitspielen!

(6) Beschreiben Sie, was Ihr Kind macht

Indem Sie das Spielverhalten Ihres Kindes beschreiben, zeigen Sie ihm, dass Sie Interesse an seinem Spiel haben. Es zeigt Ihr Engagement und macht die *Spaß- & Spiel-Zeit* lebendig und spannend. Achten Sie dabei darauf, dass Sie keine Anordnungen geben. Sie sollten lediglich das Spiel kommentieren durch Bemerkungen wie »Ach, das wird wohl ein Turm von einer Burg, den du da gerade malst!« oder »Was für einen Legostein brauchst du denn? Ich helfe dir suchen!«

(7) Stellen Sie keine Fragen und sagen Sie Ihrem Kind nicht, was es tun soll

Achten Sie darauf, dass Sie keinen Einfluss auf den Spielverlauf nehmen und Ihr Kind nicht dirigieren oder korrigieren. In der *Spaß- & Spiel-Zeit* gibt es kein Richtig oder Falsch und keine Spielregeln, an die sich Ihr Kind halten muss. Daher darf Ihr Kind in dieser besonderen Spielzeit auch jederzeit Spielregeln verändern, wenn es möchte. So darf Ihr Kind auch »Mensch ärgere dich nicht mit Schummeln« spielen. Wenn Sie dies merken, können Sie das entsprechend feststellen: »Okay, jetzt spielen wir ›Mama verliert‹!« Wenn Sie mit solchen willkürlichen Abänderung von Regeln nicht gut zurechtkommen, sollten Sie Regelspiele in der *Spaß- & Spiel-Zeit* vermeiden.

Die Spielzeit gehört Ihrem Kind, **es darf spielen und soll nicht lernen!** Es soll ein spannungsfreies und angenehmes Beisammensein mit Ihnen erleben, anstatt belehrt und kontrolliert zu werden! Allerdings ist es natürlich zulässig, Ihrem Kind dann Fragen zu stellen, wenn Sie sich z. B. nicht darüber im Klaren sind, was es gerade spielt.

(8) Loben Sie Ihr Kind gelegentlich oder sagen Sie ihm etwas, worüber es sich freut

Dies soll Ihrem Kind verdeutlichen, dass Ihnen sein Spiel und das Beisammensein gefallen. Ihr Lob muss aufrichtig gemeint und darf kein künstliches Schmeicheln sein. Hier einige Beispiele, wie ein solches Loben aussehen könnte:

- »Mir gefällt es, wenn wir beide so schön miteinander spielen.«
- »Ich finde die *Spaß- & Spiel-Zeit* mit dir sehr schön.«
- »Schau mal, wie gut dir das … gelungen ist.«
- »Das geht ja prima, wie du …«
- »Super …«

Wann immer Sie Ihr Kind loben, sollten Sie dies sehr persönlich tun. Benutzen Sie »Ich« und »Du«. Damit drücken Sie aus: »Du bist mir wichtig!« Vermeiden Sie es, von Ihrem Kind und sich selbst in der dritten Person (Peter soll …, Mama möchte …) zu sprechen. Aber nicht nur durch Sprache kann man Gefühle ausdrücken. Sie können Ihr Kind auch in den Arm nehmen, es anlächeln, seine Haare streicheln oder ihm einen Kuss geben, wenn es das mag.

(9) Drehen Sie sich um und schauen Sie für eine kurze Zeit in eine andere Richtung, wenn Ihr Kind sich problematisch verhält!

Unruhiges Spielen, Abänderung der Spielregeln oder Schummeln sollten nicht als »schlechtes Benehmen« angesehen werden. Unter problematischem Verhalten ist vielmehr aggressives Verhalten zu verstehen – ein Spiel zerstören oder lautes Herumbrüllen (es sei denn, es ist Teil eines Spiels). In diesem Fall sollten Sie auf das Verhalten Ihres Kindes zunächst nicht eingehen und einfach wegschauen. Wenn sich Ihr Kind weiterhin problematisch verhält, dann fordern Sie es auf, das Verhalten zu beenden. Sagen Sie ihm in einem sachlichen und ruhigen Ton, dass Sie die *Spaß- & Spiel-*

Zeit beenden werden, wenn es sich weiter so verhält. Ist das Problemverhalten dadurch nicht zu beenden, dann verlassen Sie den Raum. Wenn Sie am Anfang das Türschild »*Spaß- & Spiel-Zeit – Bitte nicht stören!*« aufgehängt haben, nehmen Sie es wieder ab. Sagen Sie Ihrem Kind außerdem, dass Sie beim nächsten Mal wieder miteinander spielen können. Falls Ihr Kind während der Spielzeit außergewöhnlich wütend oder zerstörerisch wird, sollten Sie es natürlich begrenzen. Was Sie in solchen Fällen tun können, werden wir in den nächsten Stufen noch genauer besprechen.

(10) Notieren Sie Ihre Eindrücke vom Spielablauf

Anhand der **Memo-Karte 3** können Sie Ihre Eindrücke noch einmal zusammenfassen und sich Klarheit über den Verlauf der *Spaß- & Spiel-Zeit* verschaffen. Notieren Sie kurz, wie gut es Ihnen gelungen ist, die Regeln zur Durchführung der Spielzeit umzusetzen und wie viel Spaß Ihnen und Ihrem Kind die Spielzeit bereitet hat.

Sie können sich die Notizen auch in der App machen.

Diese Anleitung zur *Spaß- & Spiel-Zeit* klingt sehr einfach, ist aber manchmal schwierig durchzuführen. Sie werden, wie die meisten Eltern, »Fehler« begehen. Viele Eltern geben anfangs noch zu viele Anordnungen, stellen zu viele Fragen oder loben ihr Kind zu wenig. Aber nur aus diesen Fehlern kann man lernen. Es ist also wichtig, dass Sie nicht nur Ihr Kind beobachten, sondern auch sich selbst. Versuchen Sie einfach das nächste Mal, es besser zu machen und Ihrem Kind noch mehr Aufmerksamkeit zu schenken. Denken Sie daran: Das Wichtigste ist, dass Sie und Ihr Kind an der Spielzeit Spaß haben. Es geht vor allem darum, dass Sie miteinander eine Zeit verbringen, die Sie beide als angenehm erleben. Wenn Ihnen allmählich diese Aufgabe gut gelingt, können Sie die Spielzeit auch zusammen mit Geschwistern durchführen. Sie werden sehen, dass dies schöne Stunden sind und die Möglichkeit besteht, sich wieder etwas näher zu kommen.

Durchführungsdauer für diese Stufe

Mindestens drei Wochen. Wenn es Ihnen leichtfällt, die Regeln umzusetzen, dann können Sie danach mit der nächsten Stufe beginnen. Sie sollten dann die Regeln dieser Stufe aber noch mehrere Wochen weiter gezielt beachten und die *Spaß- & Spiel-Zeit* weiterführen. Danach sollten Sie in größeren Abständen immer wieder einmal eine *Spaß- & Spiel-Zeit* durchführen. Wenn es Ihnen schwerfällt, die Regeln umzusetzen, dann sollten Sie sich mehrere Wochen auf diesen Schritt konzentrieren, bevor Sie zu dem nächsten übergehen.

Materialien für diese Stufe

- Memo-Karte 3
- Arbeitsblatt 7 »Türschild ›Spaß- & Spiel-Zeit‹«
- App »ADHS-Kids«

Das kriegen wir geregelt! Familienregeln formulieren und einhalten (Stufe 6 bis 9)

Stufe 6: Familienregeln

Ist das bei Ihnen auch so?

Eigentlich hat Peters Mutter ganz bestimmte Vorstellungen davon, was Kinder dürfen und was nicht. Aber die Tage sind eben immer anders und ihre Nerven auch und deshalb achtet sie nicht immer in gleicher Weise auf die Regeln. So gibt es Tage, an denen will sie unbedingt, dass alle mit sauberen Händen am Tisch sitzen, an anderen Tagen ist es ihr nicht so wichtig. Auf Pünktlichkeit legt sie meistens großen Wert. Und wenn Peter nur fünf Minuten zu spät nach Hause kommt, dann wird sie ganz ärgerlich und es gibt Fernsehverbot für eine Woche. Doch dann gibt es wiederum auch Tage, da sagt sie gar nichts, obwohl Peter erst bei Dunkelheit nach Hause kommt.

Erziehung ist wirklich nicht immer leicht und gerade Eltern von schwierigen Kindern geraten häufig in Situationen, in denen sie mal so und mal so reagieren. Mal gelten bestimmte Regeln und es gibt harte Strafen, wenn sie nicht eingehalten werden; mal wird auf die Einhaltung der Regeln nicht geachtet. Teilweise gibt es Eltern, die zu strenge Regeln aufstellen und den Kindern zu wenig Freiheit lassen. Dann wiederum gibt es Eltern, die eigentlich gar keine Regeln in der Familie haben und auf jede Situation anders reagieren.

Regeln und Grenzen in vernünftiger Weise zu setzen, ist bei der Erziehung sehr wichtig! Kinder brauchen Regeln, denn Regeln geben Halt, Orientierung und Sicherheit. Kinder brauchen und genießen die Freiheit, aber wenn Freiheit grenzenlos ist, überfordert sie die Kinder und bietet keine Orientierung zum Erwachsenwerden. Unser (erwachsenes) Leben besteht aus vielen Freiheiten, aber auch aus vielen Regeln und Grenzen. Kinder müssen in ihrer Entwicklung lernen, ihre Freiheiten zu nutzen und sich trotzdem an die Regeln zu halten. Dies ist eine der wichtigsten Aufgaben, die Erziehung erfüllen sollte. Die Grenzen, die Eltern ihren Kindern setzen, sind wichtige Orientierungshilfen, die den Freiraum (den alle Kinder brauchen) beschränken. Diese Grenzen des eigenen Spielraums bieten den Kindern eine klare Linie und damit Sicherheit, Geborgenheit und auch Verlässlichkeit. Die Welt bekommt Strukturen und wird für die Kinder überschaubar und berechenbar! Klare Regeln und Grenzen sind vor allem bei Kindern mit hyperkinetischen und oppositionellen Verhaltensproblemen wichtig.

Aber Regeln und Grenzen können auch einengen und Kindern »die Luft zum Atmen nehmen«. Handlungsspielräume und Freiheiten auf der einen Seite sind daher genauso wichtig für die seelische Entwicklung der Kinder wie klare Grenzen auf der anderen Seite! Es geht nicht darum, Kinder in allen Situationen zu begrenzen und ihnen keine Entscheidungsfreiräume zu geben. Wahlmöglichkeiten und die Freiheit, selbst entscheiden zu dürfen, sind für Kinder sehr wichtig. In vielen Situationen ist es ganz entscheidend, dass Kinder das Recht haben, Nein zu sagen oder etwas abzulehnen. Kinder sollen mit Regeln und Grenzen nicht zu »willenlosen, stromlinienförmigen Ja-Sagern« erzogen werden, sondern sie sollen bzw. müssen lernen, sich an **wichtige** Regeln in der Familie und in der Gesellschaft zu halten.

Was können Sie tun?

In dieser Stufe des Elternleitfadens werden wir uns mit folgenden Fragen beschäftigen: Wie soll man Grenzen sinnvoll setzen? Welche Grenzen und Regeln sind wichtig? Was ist zu streng, was zu weich? Dürfen Ausnahmen gemacht werden? Was soll passieren, wenn sich das Kind nicht an die Regeln hält?

Es ist sinnvoll, dass Sie sich selbst einmal Gedanken über die Regeln machen, die Sie wirklich für wichtig halten. In diesen Punkten sollten die Eltern auch einer Meinung sein bzw. sich auf bestimmte Punkte einigen. Unterschiedliche Ansichten und Meinungen im alltäglichen Leben sind natürlich, aber in den Grundregeln sollten die Eltern eine Linie vertreten. Daher ist es besonders wichtig, wenn dieses Kapitel von beiden Elternteilen gemeinsam bearbeitet wird.

Sie können diese Stufe auch in der App bearbeiten.

Filmbeispiele zu Regeln finden Sie beim Online-ADHS-Elterntrainer **(www.adhs-elterntrainer.de)** im Kapitel »Verhaltensprobleme lösen«. Das kann Ihnen helfen!

(1) Unterscheiden Sie zwischen Regeln / Aufforderungen und Bitten

Wenn Sie Regeln erstellen oder Aufforderungen geben, dann ist es dem Kind nicht freigestellt zu entscheiden, ob es sich daran hält oder nicht. Wenn es sich nicht daran hält, dann müssen Konsequenzen erfolgen. Wenn Sie dagegen Ihr Kind um etwas bitten, dann darf es selbst entscheiden, ob es die Bitte erfüllt oder nicht, und Sie müssen seine Entscheidung akzeptieren. Sie sollten daher genau zwischen Regeln oder Aufforderungen einerseits und Bitten andererseits unterscheiden. In dieser Stufe geht es ausschließlich um Regeln und Aufforderungen. Es ist aber auch wichtig, dass Sie Ihr Kind immer wieder um einen Gefallen bitten (z. B. den Mülleimer rauszubringen), bei dem es auch Nein sagen kann.

(2) Erstellen Sie eine Liste der Regeln, die in letzter Zeit zu Auseinandersetzungen führten

Nehmen Sie das **Arbeitsblatt 8** »Familienregeln« zur Hand und tragen Sie alle Familienregeln ein, die Ihr Kind oder auch Ihre anderen

Kinder oft nicht eingehalten haben oder die zu Meinungsverschiedenheiten zwischen Ihnen als Eltern führten. Versuchen Sie dabei, die Regeln möglichst genau zu beschreiben. Überlegen Sie, ob die Regeln nur für eine bestimmte Zeit gelten (z. B. an Wochentagen). Sie sollten sich für diesen Punkt mindestens eine halbe Stunde in Ruhe Zeit nehmen. Sie können dazu den typischen Tagesablauf durchgehen und überlegen, welche Regeln zu Auseinandersetzungen führten. Überprüfen Sie danach Regeln, die generell gelten und die ebenfalls Probleme bereiten. Sie können bei Ihren Überlegungen folgende Liste zu Hilfe nehmen. Diese Liste beinhaltet lediglich eine Reihe von Beispielen. Für Ihre Familie können natürlich völlig andere Regeln wichtig sein. Nur Sie selbst können festlegen, wo für Ihr Kind und Ihre Familie die richtigen Grenzen sind.

Beispiele für Familienregeln, die häufig Schwierigkeiten bereiten

Morgens (für Schultage):

- Mein Kind soll nach dem ersten Wecken aufstehen.
- Mein Kind soll bis 7.30 Uhr gewaschen und angezogen sein.
- Mein Kind soll mindestens eine Tasse Milch trinken und ein bisschen essen.
- Mein Kind soll pünktlich um 7.45 Uhr das Haus verlassen.

Mittags:

- Mein Kind soll unmittelbar von der Schule nach Hause kommen.
- Mein Kind soll seine Jacke und seine Schultasche wegräumen.
- Mein Kind soll vor dem Essen Hände waschen.
- Mein Kind soll beim Essen von allem probieren (Ausnahmen: bestimmte Speisen, die es gar nicht mag).
- Mein Kind soll eine halbe Stunde nach dem Mittagessen mit den Hausaufgaben beginnen.

Abends (Uhrzeiten gelten, wenn am nächsten Tag Schule ist):

- Mein Kind soll um 19.00 Uhr zu Hause sein.
- Mein Kind soll bis 20.00 Uhr ausgezogen und gewaschen sein und in sein Zimmer gehen.
- Mein Kind soll spätestens um 20.30 Uhr das Licht ausmachen.

Allgemeine Regeln:

- Mein Kind soll seine Geschwister nicht schlagen.
- Mein Kind soll seine Eltern nicht anschreien und nicht beschimpfen.
- Mein Kind soll nicht länger als 90 Minuten fernsehen (am Wochenende zwei-drei Stunden).
- Einmal in der Woche räumt mein Kind sein Zimmer gründlich auf.

(3) Überlegen Sie, für welche Familienmitglieder die Regel gilt

Manche Regeln sind für ein einzelnes Kind sehr wichtig, andere Regeln können für alle Kinder oder für die ganze Familie gelten. So mag beispielsweise die Regel »Peter beginnt mit den Hausaufgaben eine halbe Stunde nach dem Essen« nur für Peter gelten, weil seine Geschwister die Hausaufgaben ohne spezielle Regeln gut bewältigen können. Manche Regeln gelten zwar für alle Kinder, aber in einer anderen Form. So gilt für Peter die Regel, dass er um 20.00 Uhr ins Bett soll, während der ältere Bruder erst um 21.00 Uhr schlafen gehen muss. Andere Regeln gelten dagegen für alle Kinder (z. B. Geschwister werden nicht geschlagen) oder sogar für alle Familienmitglieder in gleicher Weise (z. B. zur verabredeten Zeit pünktlich zu Hause zu sein). Tragen Sie bitte jetzt in die entsprechende Spalte des **Arbeitsblattes 8** »Familienregeln« ein, für wen die Regel gilt.

(4) Überlegen Sie, warum die einzelnen Regeln wichtig sind

Gehen Sie Ihre Liste von Familienregeln durch und versuchen Sie für sich zu begründen, warum Ihnen diese Regeln wichtig sind. Beantworten Sie dabei jeweils folgende Fragen:

- Warum halten Sie diese Regel für sinnvoll und nötig?
- Was würde Negatives passieren, wenn Ihr Kind diese Regel nicht befolgt?
- Was wollen Sie durch die Regel erreichen?

Notieren Sie die Begründung zu jeder Familienregel bitte in der dafür vorgesehenen Spalte.

Hier einige Beispiele von Regeln und ihren Begründungen:

- »Vor dem Essen werden die Hände gewaschen!« (hygienische Gründe)
- »Um 20.00 Uhr geht Peter in sein Zimmer und um 21.00 Uhr wird das Licht ausgemacht!« (Ab 20.00 Uhr wollen die Eltern den Abend für sich allein haben und die Kinder brauchen ab 21.00 Uhr ihren Schlaf.)
- »Die Kinder dürfen bis 19.00 Uhr draußen bleiben!« (Später ist es zu dunkel und wir wollen um kurz nach 19.00 Uhr gemeinsam Abendbrot essen.)
- »Pünktlichkeit ist wichtig!« (Wir müssen uns aufeinander verlassen und unsere Zeit planen können. Wenn einer aus der Familie mehr als 15 Minuten später als vereinbart noch nicht da ist, machen wir uns Sorgen und denken, es ist etwas passiert.)

(5) Können Sie für die Einhaltung der Regeln sorgen? Sind Sie bereit, Konsequenzen folgen zu lassen, wenn die Regeln nicht eingehalten werden?

Häufig werden von Eltern Regeln festgelegt und Aufforderungen gestellt, ohne dass die Eltern hinreichend darauf achten, dass sie auch eingehalten werden. Dadurch lernt das Kind jedoch, dass Regeln eigentlich nicht ernst zu nehmen sind. Stellen Sie daher nur Regeln auf, wenn Sie bereit und in der Lage sind, auch auf deren Einhaltung zu bestehen. Überlegen Sie nun bei jeder Regel, die Sie in das **Arbeitsblatt 8** aufgenommen haben, ob Sie dafür sorgen können, dass diese Regel auch wirklich beachtet wird, und tragen Sie Ihre Antwort in die entsprechende Spalte ein. Wenn Sie das in den meisten Situationen nicht sicherstellen können, dann sollten Sie die Regel besser ganz fallen lassen. Konzentrieren Sie sich zunächst auf jene Regeln, deren Einhaltung Sie am besten gewährleisten können. Falls Sie bei einigen Regeln nicht wissen, wie Sie diese durchsetzen können oder welche Konsequenzen eine Regelverletzung nach sich zieht, dann stellen Sie diese Regel zunächst zurück. Wir werden in den nächsten Stufen dieses Thema anschneiden und die beiden letzten Spalten in **Arbeitsblatt 8** (Konsequenzen) besprechen.

Wenn Sie sich zum jetzigen Zeitpunkt generell zu unsicher sind, welche positiven und negativen Konsequenzen sinnvoll sind, dann konzentrieren Sie sich momentan allein darauf, Familienregeln für Ihre Familie aufzustellen und diese mit Ihrem Partner zu diskutieren. Halten Sie entsprechend den »Familienrat« (siehe Punkt 7) erst später ab, wenn Sie die Stufe 8 (Loben Sie Ihr Kind, wenn es Aufforderung und Regeln befolgt) und Stufe 9 (Setzen Sie natürliche Konsequenzen, wenn Ihr Kind Aufforderungen und Regeln nicht befolgt) bearbeitet haben.

(6) Beschränken Sie sich auf wenige Familienregeln, die Ihnen wirklich wichtig sind

Zu viele Familienregeln engen den Tagesablauf und die Freiheiten der einzelnen Familienmitglieder zu sehr ein. Stellen Sie daher lieber weniger Regeln auf, auf deren Einhaltung Sie dann aber auch achten. Unterstreichen Sie auf dem **Arbeitsblatt 8** die Regeln, die Ihnen besonders wichtig sind.

(7) Gehen Sie mit Ihrer Familie die Familienregeln gemeinsam durch und erklären Sie Ihren Kindern, warum die Regeln wichtig sind

Planen Sie einen »Familienrat«, in dem Sie in Ruhe den Kindern erklären, warum bestimmte Regeln in einer Familie wichtig und sinnvoll sind. An diesem Rat sollen alle Familienmitglieder teilnehmen, ausgenommen Kleinkinder. Gehen Sie dann die einzelnen Regeln durch und begründen Sie Ihre eigene Meinung. Lassen Sie die Kinder dazu Stellung nehmen und nehmen Sie die Meinung Ihrer Kinder ernst. Diskutieren Sie über die Regeln und hören Sie sich die Einwände der Kinder an. Sie können die Regeln auch abändern, wenn Ihnen dies sinnvoll erscheint. Legen Sie am Ende jedoch die Regeln fest und machen Sie deutlich, dass Ihnen die Einhaltung dieser Regeln wichtig ist und diese akzeptiert werden müssen, auch wenn die Kinder sie eventuell immer noch nicht als sinnvoll oder wichtig erleben. Regeln werden von Kindern dann eher akzeptiert, wenn nicht alle Regeln ausschließlich für Kinder gelten. Machen Sie daher den Kindern deutlich, welche Familienregeln auch für die Eltern gelten. Sprechen Sie mit Ihrer Familie über Ausnahmen der Regeln. Wichtig ist, dass Sie und Ihr Partner sich über diese Regeln einig sind. Gerade bei Kindern mit hyperkinetischen und oppositionellen Verhaltensauffälligkeiten ist es besonders problematisch, wenn zwischen den Partnern sehr unterschiedliche Auffassungen über wichtige und weniger wichtige Regeln existieren. Diskutieren Sie also die Regeln mit Ihrem Partner. Es ist weniger wichtig, auf *welche Regeln* Sie sich einigen, sondern *dass* Sie sich überhaupt einigen und dies auch in der Praxis umsetzen können.

Übertragen Sie die wichtigsten Familienregeln auf ein Blatt, das Sie an einer zentralen Stelle in der Wohnung (z. B. Küchentür) aufhängen. Sie können sie auch in der App notieren.

Wenn Sie die Regeln im Familienrat gut begründet haben, dann fällt es Ihnen später auch leichter, keine Grundsatzdiskussion über eine bestimmte Familienregel zu führen, wenn Ihr Kind sich später nicht daran hält. Sie können aber den Familienrat von Zeit zu Zeit wiederholen und die Regeln prinzipiell noch einmal überprüfen.

Durchführungsdauer für diese Stufe

Sie können unmittelbar mit der nächsten Stufe beginnen.

Materialien für diese Stufe

- Arbeitsblatt 8 »Familienregeln«
- App »ADHS-Kids«

Stufe 7: Geben Sie wirkungsvolle Aufforderungen!

Ist das bei Ihnen auch so?

Wie oft kommt es vor, dass Peters Mutter Aufforderungen gibt und sich Peter nicht daran hält. Sie ist in der Küche beschäftigt, Peter rennt in sein Zimmer und die Mutter schreit ihm hinterher: »Jetzt liegen schon wieder deine Schuhe im Flur! Ich habe dir schon tausendmal gesagt, dass die unter die Treppe gehören, hier wird doch alles dreckig!« Aber Peter kümmert sich nicht darum und spielt einfach weiter. Und die Mutter wird sauer. Manchmal räumt Peter dann auch die Schuhe weg und mault, aber auch dann ist niemand wirklich zufrieden.

Ganz häufig stellen Eltern Aufforderungen, ohne darauf zu achten, **wie** sie die Aufforderungen stellen. Meist rufen sie etwas »in den Raum hinein« oder dem Kind hinterher. Oft werden die Aufforderungen dann so lange wiederholt, bis die Eltern entnervt aufgeben oder wütend werden. In Stufe 3 (Der Teufelskreis) wurde diese »Falle« ausführlich beschrieben. Diese Stufe ist ein weiterer Schritt, um aus dem Teufelskreis auszubrechen.

Was können Sie tun?

In unserer Arbeit haben wir festgestellt, dass Kinder schon dann Aufforderungen eher beachten und Grenzen häufiger einhalten, wenn die Eltern die Art und Weise verändern, in der sie Aufforderungen stellen und Verbote aussprechen.

Das kann Ihnen helfen!

Die folgenden Verhaltensregeln können Ihnen helfen, Aufforderungen wirkungsvoller zu stellen. Bei der Umsetzung dieser Regeln kann Ihnen die **Memo-Karte 4** aus Teil V dieses Buches als Gedächtnisstütze dienen. Auf der Vorderseite dieser Memo-Karte finden Sie eine Übersicht über alle hier empfohlenen Regeln, die Rückseite ist zur Protokollierung Ihrer persönlichen Erfahrungen mit der Erprobung der Regeln vorgesehen.

Sie können diese Stufe auch in der App bearbeiten.

Filmbeispiele zu wirkungsvollen Aufforderungen finden Sie beim Online-ADHS-Elterntrainer im Kapitel »Verhaltensprobleme lösen«. Im Unterkapitel »Wirkungsvolle Aufforderungen« finden Sie auch unter »Fordern Sie eindeutig auf« Audiobeispiele mit verschieden Betonungen (gelungen, genervt, hilflos, resigniert).

(1) Stellen Sie nur dann Aufforderungen, wenn Sie bereit sind, sie auch durchzusetzen

Häufig geben Eltern ihren Kindern viel zu viele Aufforderungen und achten nicht darauf, dass sie auch eingehalten werden. Kinder machen dann die Erfahrung, dass Aufforderungen gar nicht so wichtig zu nehmen sind. Vergewissern Sie sich deshalb, dass Sie wirklich wollen, was Sie von Ihrem Kind verlangen, bevor Sie die Aufforderung stellen. Fordern Sie nie etwas, wenn Sie nicht bereit oder in der Lage sind, Ihre Forderung auch durchzusetzen. Vor allem bei Aufforderungen, die Ihr Kind häufig nicht befolgt, ist es wichtig, dass Sie schon vorher darüber nachdenken, was Sie machen werden, wenn Ihr Kind der Aufforderung nicht nachkommt. Wenn Sie in einer konkreten Situation nicht dafür sorgen können, dass Ihr Kind Ihrer Aufforderung nachkommt, dann ist es besser, diese Aufforderung erst gar nicht zu stellen. In einer solchen Situation können Sie aber auch statt einer Aufforderung eine Bitte stellen, die Ihr Kind dann freiwillig erfüllen kann oder auch nicht.

(2) Sorgen Sie dafür, dass Ihr Kind aufmerksam ist, wenn Sie die Aufforderung geben

Gehen Sie zu Ihrem Kind, gehen Sie auf seine Höhe herunter, legen Sie eventuell Ihren Arm auf seine Schultern und halten Sie Blickkontakt zu Ihrem Kind. Wenn es nötig ist, drehen Sie sein Gesicht ruhig dem Ihren zu, um sicherzugehen, dass es Ihre Aufforderungen hört und aufmerksam ist. Damit machen Sie Ihrem Kind auch deutlich, dass Ihnen die Aufforderung wirklich wichtig ist. Wenn Sie stattdessen Ihre Aufforderung von Weitem zurufen, dann können Sie sich nicht der Aufmerksamkeit Ihres Kindes sicher sein.

(3) Äußern Sie die Aufforderung eindeutig und nicht als Bitte

Ihr Kind sollte erkennen, dass es ihm nicht freisteht, ob es der Aufforderung Folge leistet oder nicht. Sprechen Sie die Aufforderung einfach und in einem neutralen Ton aus. Machen Sie Ihrem Kind durch Ihre Stimme deutlich, dass Ihnen die Aufforderung wichtig ist. Vermeiden Sie jedoch einen strafenden oder zu strengen Tonfall.

(4) Geben Sie immer nur eine Aufforderung

Die meisten Kinder sind nur in der Lage, eine oder höchstens zwei Aufforderungen auf einmal zu behalten. Wenn es sich um eine umfangreiche Aufgabe handelt, zerlegen Sie diese in kleinere Schritte, die Ihr Kind hintereinander erledigen kann. Dies ist umso wichtiger, je jünger Ihr Kind ist. Bedenken Sie, dass Sie mit einfachen Aufforderungen Ihrem Kind eine größere Chance geben, die Aufforderung auch zu erfüllen und sich damit erwünscht zu verhalten. Stellen Sie daher anfangs kleine, leichte und schnell zu erfüllende Aufforderungen. Bei jüngeren oder sehr aufmerksamkeitsschwachen Kindern kann es auch sinnvoll sein, dass Sie die Aufforderung vom Kind wiederholen lassen. Damit gehen Sie sicher, dass Ihr Kind die Aufforderung wirklich verstanden hat, und Sie betonen noch einmal deren Wichtigkeit.

(5) Überprüfen Sie, ob Ihr Kind der Aufforderung nachkommt

Bleiben Sie in unmittelbarer Nähe Ihres Kindes, um sicherzugehen, dass Ihr Kind der Aufforderung nachkommt. Ist dies nicht der Fall, wiederholen Sie die Aufforderung noch einmal eindringlicher. Versuchen Sie jedoch, dabei nicht ärgerlich zu reagieren. Diese zweite Aufforderung sollte dann von Ihrem Kind auf jeden Fall noch einmal wiederholt werden.

(6) Konzentrieren Sie sich zunächst nur auf wenige Aufforderungen
Eingeschliffene Gewohnheiten zu verändern fällt besonders schwer. Konzentrieren Sie sich deshalb auf jene Aufforderungen, die Sie am wichtigsten finden.

Wählen Sie höchstens drei Aufforderungen aus und schreiben Sie diese auf Ihre **Memo-Karte 4** , die Sie an einem gut sichtbaren Platz anbringen. Natürlich können Sie nicht erwarten, dass Ihr Kind Aufforderungen immer befolgt. Allerdings werden Sie schon nach kurzer Zeit einige Veränderungen feststellen können, wenn Sie diese Punkte beachten. Protokollieren Sie Ihre Erfahrungen auf der Rückseite der Memo-Karte 4.

Sie können Ihre Erfahrungen auch in der App protokollieren.

Durchführungsdauer für diese Stufe
Mindestens eine Woche. Wenn es Ihnen leichtfällt, die Regeln umzusetzen, dann können Sie danach mit der nächsten Stufe beginnen. Sie sollten dann die Regeln dieser Stufe aber auch noch während der Durchführung der Stufen 8 und 9 gezielt beachten. Danach sollten diese Regeln in Fleisch und Blut übergegangen sein. Wenn es Ihnen schwerfällt, die Regeln umzusetzen, dann sollten Sie sich mehrere Wochen auf diesen Schritt konzentrieren, bevor Sie zu dem nächsten übergehen.

Materialien für diese Stufe
- Memo-Karte 4
- App »ADHS-Kids«

Stufe 8: Loben Sie Ihr Kind, wenn es Aufforderungen und Regeln befolgt!

Ist das bei Ihnen auch so?

Wenn Peter endlich einmal das macht, was seine Mutter sagt, dann lässt sie sich oft ganz erschöpft in den Sessel fallen, fertig vom ewigen »Peter hier, Peter da!«. Oder sie muss sich ganz schnell um etwas Wichtiges kümmern, zu dem sie bis dahin noch nicht gekommen ist: das Abendessen vorbereiten, die Wäsche aufhängen, das Bad putzen … und sie beachtet Peter gar nicht weiter. Peter bekommt dann das Gefühl, dass es der Mutter eigentlich egal ist, ob er die Aufforderungen und Regeln einhält oder nicht.

Bei Kindern mit Verhaltensproblemen müssen Eltern sehr viel Zeit für die Erziehung aufbringen. Dann ist es nur verständlich, dass die Eltern ganz erleichtert sind und etwas anderes machen, das bislang liegen gebliebenen ist, wenn ihr Kind – vielleicht nach vielen Ermahnungen – endlich einer Aufforderung nachkommt. Manchmal sagen die Eltern in einer solchen Situation ihrem Kind fast ärgerlich: »Warum denn nicht gleich so?«, und das Kind fühlt sich eher noch bestraft als ermuntert! Das Kind macht die Erfahrung, dass es sich nicht lohnt, das zu tun, was die Eltern sagen.

Was können Sie tun?

Langfristig werden Sie dann Veränderungen im Verhalten Ihres Kindes bewirken können, wenn Sie nicht nur wirkungsvolle Aufforderungen stellen, sondern Ihrem Kind auch zeigen, dass Sie sich freuen, wenn es Ihren Aufforderungen nachkommt, und es entsprechend beachten. In dieser Stufe erfahren Sie, wie Sie Ihrem Kind für erwünschtes Verhalten lobend Ihre Anerkennung zeigen können.

Sie können diese Stufe auch in der App bearbeiten.

Filmbeispiele zu »Loben bzw. positive Konsequenzen« finden Sie eim Online-ADHS-Elterntrainer im Kapitel »Verhaltensprobleme lösen«. Das kann Ihnen helfen!

(1) Denken Sie daran, wirkungsvolle Aufforderungen zu stellen

Denken Sie daran, dass Sie Aufforderungen nur dann stellen, wenn Sie bereit sind, sie auch durchzusetzen. Stellen Sie Aufforderungen eindeutig, vergewissern Sie sich der Aufmerksamkeit Ihres Kindes und achten Sie darauf, ob Ihr Kind der Aufforderung nachkommt. Schauen Sie sich noch einmal die Stichpunkte auf der **Memo-Karte 4** zu Stufe 7 an oder was Sie sich dazu in der App notiert haben.

(2) Loben Sie Ihr Kind, sobald es eine Aufforderung befolgt!

Wenn Ihr Kind eine Aufforderung befolgt, dann ist es wichtig, dass Sie ihm **sofort** eine Rückmeldung geben. Gehen Sie also nicht einfach weg, nachdem Sie eine Aufforderung gestellt haben, sondern warten Sie und loben Sie Ihr Kind, wenn es beginnt, Ihren Anweisungen nachzukommen. Manche Eltern meinen, dass ein Lob in einer solchen Situation nicht angebracht ist, weil sie eigentlich doch nur Selbstverständliches von ihrem Kind erwarten. Wir sind jedoch der Meinung: Als Grundregel sollte gelten, dass man ein erwünschtes Verhalten immer dann loben sollte, wenn man das unerwünschte Verhalten auch tadeln würde. Durch positive Rückmeldungen vermeiden Sie auch, dass sich Ihr Verhalten Ihrem Kind gegenüber auf Ermahnungen und Bestrafungen beschränkt.

Sie können Ihr Lob mit Worten oder / und durch Ihr Verhalten ausdrücken. Einige **Beispiele** hierfür sind:

- Sie klopfen Ihrem Kind auf die Schultern.
- Sie streichen Ihrem Kind über die Haare.
- Sie lächeln Ihr Kind an.
- Sie zeigen Ihrem Kind den »Daumen«.
- Sie sagen einfach »Danke«.
- Sie sagen: »Es ist schön, wenn du tust, was ich dir sage.«
- »Mich freut, dass das so gut klappt!«
- »Klasse, das klappt ja prima!«
- »Klasse gemacht, ich bin stolz auf dich!«

Überlegen Sie, welche Art und Weise der Anerkennung Ihr Kind mag, und geben Sie Ihrem Kind diese Anerkennung. Nehmen Sie noch einmal das **Arbeitsblatt 8** »Familienregeln« zur Hand und tragen Sie für jede einzelne Regel in die Spalte »Positive Konsequenz« ein, auf welche Weise Sie Ihrem Kind zeigen können, dass Sie sich freuen, wenn es die jeweilige Regel / Aufforderung einhält.

Sie können sich diese Notizen auch in der App machen.

(3) Besprechen Sie abends zusammen mit Ihrem Kind noch einmal, welche Aufforderungen und Regeln es tagsüber befolgt hat

Wenn Sie abends zusammen mit Ihrem Kind besprechen, welche Regeln und Aufforderungen es tagsüber gut befolgen konnte, dann können Sie ihm noch einmal zeigen, wie wichtig es Ihnen ist und wie sehr Sie es schätzen, wenn es sich an Aufforderungen und Regeln halten kann. Sie können das beispielsweise beim Abendessen machen oder wenn Sie Ihr Kind ins Bett bringen. Dabei ist es günstig, wenn auch der Vater in das Gespräch einbezogen werden kann. Die Anwesenheit von Geschwistern ist dagegen oft weniger sinnvoll. Sie sollten sich hauptsächlich auf das konzentrieren, was gelungen ist. Kommen Aufforderungen und Regeln zur Sprache, die Ihr Kind nicht befolgt hat, dann sollten Sie es ermuntern, beim nächsten Mal auch darauf zu achten.

(4) Loben Sie Ihr Kind ganz besonders, wenn es eine Aufgabe erfüllt hat, ohne dass Sie es darum direkt gebeten haben

Sollten Sie feststellen, dass Ihr Kind eine Aufgabe ohne Aufforderung aus freien Stücken ausgeführt hat, so hat es sich hier natürlich ein **Extra-Lob** verdient. Dies kann dazu beitragen, dass Ihr Kind auch einmal eine Aufgabe zu Hause übernimmt, ohne dazu ausdrücklich aufgefordert worden zu sein. Wenn Sie bei Ihrem Kind den Eindruck haben, dass es nahezu immer mit Nein reagiert, dann ist dieser Punkt besonders wichtig.

(5) Konzentrieren Sie sich zunächst nur auf wenige Aufforderungen
Wählen Sie aus dem **Arbeitsblatt 8** »Familienregeln« zunächst zwei oder drei Aufforderungen aus, die Ihr Kind häufig nicht beachtet. Konzentrieren Sie sich für die nächste Zeit auf diese Aufforderungen und versuchen Sie, die hier genannten Punkte umzusetzen.

Tragen Sie diese ausgewählten Aufforderungen in die **Memo-Karte 5** ein. Sie können natürlich auch Aufforderungen auf die Memo-Karte schreiben, die nicht in der Liste der Familienregeln aufgeführt sind. Erwarten Sie nicht, dass Ihr Kind sofort alle Aufforderungen befolgt. Sie können aber meist schon nach kurzer Zeit einige Veränderungen bei Ihrem Kind feststellen. Protokollieren Sie Ihre Erfahrungen auf der Rückseite der Memo-Karte oder in der App.

Durchführungsdauer für diese Stufe
Mindestens zwei Wochen. Wenn es Ihnen leichtfällt, die Regeln umzusetzen, dann können Sie danach mit der nächsten Stufe beginnen. Sie sollten dann die Regeln dieser Stufe aber auch noch während der Durchführung der Stufe 9 gezielt beachten. Danach sollten diese Regeln in Fleisch und Blut übergegangen sein. Wenn es Ihnen schwerfällt, die Regeln umzusetzen, dann sollten Sie sich mehrere Wochen auf diesen Schritt konzentrieren, bevor Sie zu dem nächsten übergehen.

Materialien für diese Stufe
- Memo-Karte 5 mit Protokoll
- Arbeitsblatt 8 »Familienregeln«
- App »ADHS-Kids«

Stufe 9: Setzen Sie natürliche Konsequenzen, wenn Ihr Kind Aufforderungen und Regeln nicht befolgt!

Ist das bei Ihnen auch so?

Peter weiß oft gar nicht, wo er bei seiner Mutter dran ist. An manchen Tagen passiert überhaupt nichts, wenn er sein Saftglas beim Mittagessen umfallen lässt. Seine Mutter steht nur wortlos auf und wischt den Saft weg. Dann wiederum, nur einen Tag später, kann sie bei der gleichen Situation richtig sauer werden, schreit und brüllt und schickt ihn für den Rest des Nachmittages auf sein Zimmer. Meist darf er aber dann doch schon wieder nach einer halben Stunde aus dem Zimmer kommen.

Viele Eltern von Kindern mit Verhaltensproblemen finden es schwer, auf die häufigen Regelverstöße ihrer Kinder regelmäßig und angemessen zu reagieren. Die Reaktion der Eltern auf den Regelverstoß hängt meist davon ab, wie sehr sie sich darüber geärgert haben. So kommt es vor, dass Eltern manchmal keine Konsequenz auf das Verhaltensproblem folgen lassen und zu einem anderen Zeitpunkt auf dasselbe Problem sehr streng reagieren. Häufig drohen Eltern auch Konsequenzen an, die sie dann gar nicht oder nur teilweise umsetzen.

Was können Sie tun?

Die folgenden Punkte sollen Ihnen dabei helfen, auf die Verhaltensprobleme Ihres Kindes mit sogenannten »natürlichen« Konsequenzen zu reagieren und diese regelmäßig durchzuführen. Hier soll Ihnen eine Idee davon vermittelt werden, wie solche natürlichen Konsequenzen aussehen können.

Sie können diese Stufe auch in der App bearbeiten.

Filmbeispiele zu natürlichen Konsequenzen finden Sie beim Online-ADHS-Elterntrainer im Kapitel »Verhaltensprobleme lösen«. Das kann Ihnen helfen!

(1) Loben Sie Ihr Kind, wenn es Aufforderungen und Regeln einhält
Vergessen Sie nicht, Ihr Kind für das Einhalten von Regeln und Aufforderungen zu loben (vgl. Stufe 8). Wenn Sie auf unangemessenes Verhalten mit negativen Konsequenzen reagieren, dürfen Sie nicht vergessen, positives Verhalten auch entsprechend anzuerkennen. Nur dadurch kann sich das gewünschte Verhalten wirklich festigen.

(2) Achten Sie bei der Auswahl negativer Konsequenzen darauf
Negative Konsequenzen müssen folgende Eigenschaften haben:

- **Negative Konsequenzen müssen durchführbar sein!** Sie sollten immer nur solche negativen Konsequenzen aussprechen, die Sie auch durchführen können. Überlegen Sie sich, welche negativen Konsequenzen von Ihnen wirklich umgesetzt werden können.
- **Negative Konsequenzen müssen sofort erfolgen!** Negative Konsequenzen sind umso wirksamer, je näher sie zeitlich mit dem Problemverhalten in Verbindung stehen. Falls einmal eine unmittelbare Konsequenz nicht sofort erfolgen kann (zum Beispiel, weil Sie selbst das Haus verlassen müssen), so sollten Sie jedoch unmittelbar Ihrem Kind die negative Konsequenz ankündigen und zum nächstmöglichen Zeitpunkt auch durchführen.

- **Negative Konsequenzen müssen regelmäßig erfolgen!** Nicht die Härte, sondern die Regelmäßigkeit der Konsequenz ist die entscheidende Voraussetzung dafür, dass sich Ihr Kind angemessen verhält. Nur durch regelmäßige und konstante negative Konsequenzen lernt Ihr Kind, dass sein unangemessenes Verhalten nicht geduldet wird.

(3) Beachten Sie verschiedene Formen von natürlichen negativen Konsequenzen

Übersicht

Es lassen sich folgende Formen natürlicher negativer Konsequenzen unterscheiden:

- **Wiedergutmachung**: Der Schaden, der durch das Problemverhalten entstanden ist, muss wiedergutgemacht werden:
  - Das Kind baut den zerstörten Turm seines Bruders wieder auf.
  - Das Kind putzt den verschütteten Tee auf.
  - Das Kind hebt das heruntergeworfene Spiel auf.
  - Das Kind hat beim Aufräumen seines Zimmers so viel Theater gemacht, dass es als Wiedergutmachung der Mama beim Tisch decken hilft.
  - Das Kind malt der Mama ein Bild, die es im Streit angeschrien und beschimpft hat.
- **Ausschluss aus der Situation**: Das Kind wird kurzzeitig aus der Situation ausgeschlossen, in der sich das Problemverhalten entwickelt hat:
  - Das Kind verlässt das Zimmer, in dem es den Bruder ärgert.
  - Das Kind wird aus dem gemeinsamen Spiel ausgeschlossen, weil es sich nicht an die Spielregeln hält.
  - Das Kind setzt eine Runde im Spiel aus, weil es eine seine Schwester beschimpft hat.
  - Das Kind wird vom gemeinsamen Essen ausgeschlossen, weil es absichtlich laut rülpst.

Durch den Ausschluss kann das Problemverhalten zunächst unterbrochen werden. Wirksam ist dies als negative Konsequenz jedoch nur dann, wenn der Ausschluss von Ihrem Kind auch als unangenehm erlebt wird. Der Ausschluss muss nicht lange andauern, die Zeitspanne sollte jedoch vorher von Ihnen festgelegt werden. Zudem sollte das Kind die Möglichkeit haben, von sich aus den Ausschluss zu beenden, wenn es der Meinung ist, dass es die Regel / Aufforderung jetzt einhalten kann.

- **Entzug von Privilegien**: Sie können Ihrem Kind Dinge entziehen, die es besonders gern mag oder besonders gern hat. Der Entzug solcher Privilegien sollte im günstigsten Falle mit dem Problemverhalten in Verbindung stehen:
  - Das Kind bekommt nur Nachtisch, wenn es den Teller leer gegessen hat, den es sich selbst geschöpft hat.
  - Das Kind kann seinen Freund nicht besuchen, bevor die Hausaufgaben fertig sind.
  - Die Spielmaterialien, die trotz Aufforderung zum Aufräumen noch auf dem Fußboden liegen (sodass nicht gesaugt werden kann), werden in einen Sack gesteckt und für eine Zeit lang im Keller verwahrt.
  - Wer bis 18.30 Uhr mit dem Bettfertig-Machen nicht fertig ist, kann nicht die halbe Stunde abends fernsehen.
  - Das Kind darf nur Computer spielen, wenn die Hausaufgaben fertig sind.

  Am häufigsten werden Fernsehen und Computer-Spiele als Privilegien entzogen. Entziehen Sie Ihrem Kind bei problematischem Verhalten lieber »alltägliche« Privilegien, die in nicht zu großem zeitlichen Abstand zum Problemverhalten stehen (nicht den Kinobesuch im nächsten Monat streichen). Computer und Fernseh-Entzug bieten sich nur dann gut an, wenn sie zeitlich in engem Zusammenhang zum Problemverhalten stehen und sich daher als natürliche Konsequenz ergeben (siehe Beispiele oben).

- **Einengung des Handlungsspielraums**: Setzen Sie die negative Konsequenz nicht durch Worte, sondern durch eigene Handlungen. Dies ist vor allem bei jüngeren Kindern sinnvoll:
  - Sie führen die Hand Ihres Kindes zu den Schuhen, die es aufräumen soll.
  - Sie führen Ihrem Kind die Hand beim Aufräumen.
  - Sie nehmen Ihrem Kind das Spielzeug aus der Hand, das es dem Bruder weggenommen hat.
  - Sie führen das Kind in das Badezimmer, wo es sich bettfertig machen soll.

Wichtig ist, dass diese Handlungen nicht zu körperlichen Auseinandersetzungen zwischen Ihnen und Ihrem Kind führen. Wenn Sie Sorge haben, dass dies passiert, nutzen Sie lieber eine der anderen Konsequenzen.

(4) Erarbeiten Sie für jede einzelne Regel und Aufforderung die natürliche negative Konsequenz

Nehmen Sie das **Arbeitsblatt 8** »Familienregeln« zur Hand und tragen Sie in die entsprechende Spalte für jede einzelne Regel die natürliche negative Konsequenz ein. Denken Sie daran, dass natürliche Konsequenzen

- sich möglichst direkt aus dem Problemverhalten ergeben;
- durchführbar sein müssen;
- sofort erfolgen sollen;
- regelmäßig erfolgen sollen.

(5) Durchführung der negativen Konsequenz

Wenn Ihr Kind sich an eine Regel oder Aufforderung nicht hält, dann gehen Sie folgendermaßen vor:

Übersicht

(1) Benennen Sie zunächst die Regelverletzung und kündigen Sie die negative Konsequenz an (z. B. »Du darfst deinen Bruder nicht schlagen, du musst jetzt in dein Zimmer!«).
(2) Geben Sie Ihrem Kind eine Chance, falls das Problemverhalten noch andauert (z. B. Ihr Kind räumt sein Zimmer nicht auf). Kommt Ihr Kind jetzt der Aufforderung nach, so loben Sie es dafür.
(3) Geben Sie Ihrem Kind die Möglichkeit, sich zu der Regelverletzung zu äußern (»Ich habe meinen Bruder gehauen, weil er mir mein Spielzeug weggenommen hat.«).
(4) Begründen Sie, wenn nötig, noch einmal kurz die Regel (»Das ist trotzdem kein Grund zu schlagen!«).
(5) Führen Sie die negative Konsequenz durch (»Du entschuldigst dich bei ihm, er gibt dir dein Spielzeug wieder und ihr bleibt beide für zehn Minuten in euren Zimmern!«).

(6) Führen Sie keine langen Diskussionen mit Ihrem Kind

Ihr Kind sollte zwar die Möglichkeit haben, sich zu der Situation zu äußern, um Missverständnisse und Ungerechtigkeiten zu vermeiden, lassen Sie sich jedoch nicht auf Grundsatzdiskussionen um die Regel selbst ein! Sollte es einmal nötig sein, dann führen Sie solche grundsätzlichen Gespräche in einer ruhigen Atmosphäre (z. B. in einem Familienrat, vgl. Stufe 6) und nicht unmittelbar nach dem Problemverhalten.

(7) Führen Sie die negative Konsequenz möglichst ruhig durch

Es ist sicher nicht immer leicht, negative Konsequenzen ruhig durchzusetzen. Bedenken Sie aber, dass lautes Schreien in der Regel keine hilfreiche Erziehungsmaßnahme darstellt, sondern nur der eigenen Ärgerabfuhr dient. Wenn Sie die negative Konsequenz mit Ruhe ausführen, wird sie meist wirksamer sein. Falls Sie sehr ärgerlich sind oder zu impulsiven Handlungen neigen, versuchen Sie zunächst, Ihren Ärger zumindest ein wenig zu vermindern.

Dabei kann es hilfreich sein, einfach etwas Zeit verstreichen zu lassen, einige Male tief durchzuatmen oder kurz aus dem Raum zu gehen.

(8) Wählen Sie zwei Aufforderungen oder Familienregeln aus

Konzentrieren Sie sich zunächst nur auf ein oder zwei Aufforderungen, bei denen Sie die Regeln für die natürlichen negativen Konsequenzen anwenden.

Tragen Sie diese ausgewählten Aufforderungen und die entsprechenden natürlichen Konsequenzen in die **Memo-Karte 6** ein. Protokollieren Sie Ihre Erfahrungen auf der Rückseite der Memo-Karte. Sie können das auch in der App machen.

Durchführungsdauer für diese Stufe

Mindestens drei Wochen. Wenn es Ihnen leichtfällt, die Regeln umzusetzen, dann können Sie danach mit der nächsten Stufe beginnen. Dann sollten diese Regeln in Fleisch und Blut übergegangen sein. Wenn es Ihnen schwerfällt, die Regeln umzusetzen, dann sollten Sie sich mehrere Wochen auf diesen Schritt konzentrieren, bevor Sie zu dem nächsten übergehen.

Materialien für diese Stufe

- Memo-Karte 6 mit Protokoll
- Arbeitsblatt 8 »Familienregeln«
- App »ADHS-Kids«

Spielerisch, aber konsequent! – Möglichkeiten der Verhaltensänderung (Stufe 10 bis 12)

Stufe 10: Wenn Lob allein nicht ausreicht: Der *Punkte-Plan*

Ist das bei Ihnen auch so?

Obwohl Peters Mutter sehr darauf achtet, Peter zu loben, wenn er das getan hat, was sie gesagt hat, bleiben manche Situationen einfach schwierig. Viele von den Problemen gibt es jetzt schon so lange und sie sind so festgefahren, dass weder Peter noch seine Mutter es schaffen, aus diesem Teufelskreis herauszukommen. Immer wieder geraten sie in solchen Situationen aneinander und die Schwierigkeiten dauern an.

Viele Eltern loben ihr Kind, wenn es etwas gut gemacht hat. Doch trotzdem kommt es noch häufig vor, dass das Kind den Aufforderungen und seinen Aufgaben nicht nachkommt. Manchmal genügt es nicht, das Kind durch Lob zu motivieren, damit es seine Aufgaben erfüllt und Regeln oder Aufforderungen befolgt. Vor allem dann nicht, wenn sich das problematische Verhalten schon sehr lange entwickelt hat und daher sehr stabil ist. Anderen Eltern fällt es schwer, ihr Kind regelmäßig zu loben, obwohl sie es sich fest vorgenommen haben. In diesen Fällen ist es schwierig, das Problemverhalten zu verändern.

Was können Sie tun?

Wir möchten Ihnen eine besondere Hilfe vorschlagen, um das Verhalten Ihres Kindes zu verändern. Eine solche Hilfe, die sich nach unserer Erfahrung häufig als sehr erfolgreich erwiesen hat, ist der *Punkte-Plan*. Dabei bekommt Ihr Kind regelmäßig Punkte, wenn es ein bestimmtes erwünschtes Verhalten zeigt. Diese Punkte kann es später in Belohnungen eintauschen. Wir werden Ihnen zunächst helfen, einen solchen Punkte-Plan mit Ihrem Kind zu entwickeln, und anschließend erklären, wie Sie diesen Plan durchführen können.

Filmbeispiele zu Punkte-Plänen finden Sie beim Online-ADHS-Elterntrainer im Kapitel »Verhaltensprobleme lösen«. Das kann Ihnen helfen!

Die Entwicklung des *Punkte-Plans*:

(1) Beschreiben Sie das Problemverhalten möglichst genau

Wählen Sie zunächst das Problemverhalten aus, das Sie verändern wollen. Wenn Sie zum ersten Mal einen *Punkte-Plan* entwickeln, sollten Sie nicht direkt das schwierigste Problemverhalten auswählen, aber dennoch eines, das Ihnen wichtig ist. Beschreiben Sie dann das Problemverhalten und die Situation, in der das Verhalten auftritt, möglichst genau. Schreiben Sie also nicht einfach auf: »ist unfolgsam« oder »ist ein Störenfried«, sondern beispielsweise »stört seine Schwester bei den Hausaufgaben, indem er in ihr Zimmer geht oder in dieser Zeit zu viel Krach macht«. Weniger konkrete Probleme lassen sich häufig in mehrere Probleme und verschiedene Problemsituationen aufteilen.

Beschreiben Sie das Problemverhalten und die Situation, in der das Verhalten auftritt, möglichst genau:

(2) Beschreiben Sie, wie das unproblematische Verhalten in dieser Situation aussehen müsste

Beschreiben Sie, wie sich Ihr Kind in der Situation verhalten müsste, damit Sie das Verhalten als unproblematisch einschätzen. Versuchen Sie dabei wieder, möglichst genau zu beschreiben, wie das gewünschte Verhalten aussehen sollte. Bei dem oben genannten Beispiel könnte das erwünschte Verhalten so lauten: »Mein Kind bleibt während der Hausaufgabenzeit außerhalb des Zimmers seiner Schwester und verhält sich entsprechend leise, damit die Schwester nicht gestört wird.« Die genaue Definition des erwünschten Verhaltens ist für die spätere Punkte-Vergabe wichtig.

Beschreiben Sie, wie das unproblematische Verhalten in dieser Situation aussehen müsste:

(3) Wählen Sie die Art der Punkte aus, die Ihr Kind bekommt, wenn es sich angemessen verhält

Überlegen Sie gemeinsam mit Ihrem Kind, was es als unmittelbare Belohnung bekommt, wenn es sich in der Situation unproblematisch verhält. Dabei haben sich einfache Klebepunkte oder auch Klebebildchen bewährt, die Ihr Kind auf sein »Punkte-Konto« (**Arbeitsblatt 10**) kleben kann . Sie können die Punkte aber auch einfach aufmalen, als Sterne, Blumen oder was Ihrem Kind gefällt!

(4) Bestimmen Sie die Verhaltensweisen, für die es einen Punkt gibt

Legen Sie gemeinsam mit Ihrem Kind fest, für welche Verhaltensweisen es einen Punkt bekommen kann. In dem genannten Beispiel könnte das Kind einen Punkt bekommen, wenn es sich in der Hausaufgabenzeit der Schwester ruhig verhält und nicht in ihr Zimmer geht. Es hat sich jedoch als wirkungsvoller herausgestellt, das Kind zunächst schon dann zu belohnen, wenn *Teile* seines Verhaltens unproblematisch sind. Sie könnten also mit Ihrem Kind vereinbaren, dass es jeweils einen Punkt bekommt, wenn es erstens während der Hausaufgabenzeit nicht in das Zimmer der Schwester geht und wenn es zweitens keinen Lärm macht. Möglicherweise müssen Sie noch genau festlegen, was unter »Lärm« zu verstehen ist. Dann könnte das Kind jeden Tag bis zu zwei Punkte bekommen. Diese Aufteilung von umfangreichen Situationen in mehrere kleine Schritte ist wichtig, damit das Kind für jedes angemessene Verhalten einzeln belohnt werden kann. Tragen Sie das erwünschte Verhalten und die Anzahl der Punkte, die sich Ihr Kind verdienen kann, in die »Spielregeln für den Punkte-Plan« (**Arbeitsblatt 9**) ein.

(5) Legen Sie gemeinsam mit Ihrem Kind eine Wunschliste für Sonderbelohnungen an

In der Regel reicht es nicht aus, wenn Sie Ihrem Kind als Belohnung Punkte geben, um sehr eingefahrenes Problemverhalten zu verändern. Deshalb ist es sinnvoll, mit Ihrem Kind für eine bestimmte Anzahl von Punkten eine Sonderbelohnung zu vereinbaren. Machen Sie zunächst gemeinsam mit Ihrem Kind eine Wunschliste, in die Sie möglichst viele Dinge eintragen, über die sich Ihr Kind freuen würde. Schreiben Sie zunächst alle möglichen Vorschläge für Sonderbelohnungen auf, auch jene, mit denen Sie nicht ganz einverstanden sind. Die ganz großen Wünsche, wie ein neues Fahrrad oder ein Computer, sollten dabei allerdings nicht auftauchen. Wichtig sind kleinere Belohnungen, die häufiger gegeben werden können. Denken Sie dabei nicht nur an materielle Dinge, sondern vor allem an Vergünstigungen und gemeinsame Aktivitäten.

Hier einige Beispiele:

- mit den Eltern ein Tischspiel spielen
- etwas vorgelesen bekommen
- mit dem Vater Fußball spielen oder zu einem Fußballspiel gehen
- Schwimmen gehen
- ins Kino gehen
- etwas länger aufbleiben dürfen
- einen bestimmten Film im Fernsehen sehen dürfen
- zum Hamburger-Essen gehen
- Übernachtungsbesuch einladen dürfen
- Eis essen gehen oder ein Eis aus der Kühltruhe zu Hause
- zusammen einen Kuchen / Plätzchen backen
- auf den Abenteuer-Spielplatz gehen
- Belohnungen, die Ihrem Kind schrittweise gegeben werden können, wie Legosteine für ein Lego-Schiff oder -Flugzeug oder Puzzle-Teile

Ihr Kind sollte möglichst viele Vorschläge machen. Achten Sie darauf, dass mindestens fünf Sonderbelohnungen aufgeschrieben werden, die alle unterschiedlichen Belohnungswert haben sollten, das heißt, die Liste sollte sowohl kleinere als auch größere Belohnungen enthalten.

Wunschliste für Sonderbelohnungen:

(1) ....

(2) ....

(3) ....

(4) ....

(5) ....

(6) ....

(7) ....

(8) ....

(9) ....

(10) ....

(6) Bestimmen Sie die Anzahl der Punkte, die für die Sonderbelohnungen notwendig sind

Wählen Sie nun die Sonderbelohnungen aus, mit denen Sie und Ihr Kind gemeinsam einverstanden sind. Achten Sie bitte darauf, sowohl kleinere als auch etwas größere Sonderbelohnungen auszuwählen. Sie sollten mindestens vier verschieden große Belohnungen auswählen. Besprechen Sie dann gemeinsam mit Ihrem Kind, wie viele Punkte es für die einzelnen Belohnungen eintauschen muss. Die Anzahl der Punkte, die eingetauscht werden müssen, hängt von der Zahl der Punkte ab, die Ihr Kind an einem Tag erhalten kann. Die kleinste Belohnung sollte Ihr Kind bekommen können, wenn es an einem Tag etwas mehr als die Hälfte der möglichen Punkte erreicht hat. Je höher der Wert der Sonderbelohnungen ist, desto höher sollte natürlich auch die notwendige Punktezahl dafür sein. Notieren Sie die für jede Belohnung notwendige Punktzahl auf dem **Arbeitsblatt 9** »Mein Punkte-Plan: Spielregeln«.

Die Durchführung des *Punkte-Plans*:

(1) Befestigen Sie den Punkte-Plan an einer gut sichtbaren Stelle in der Wohnung

Häufig eignet sich eine Stelle im Kinderzimmer (z. B. die Tür) oder in der Küche (z. B. am Kühlschrank), um die *Spielregeln des Punkte-Plans* (**Arbeitsblatt 9**) und das *Punkte-Konto* (**Arbeitsblatt 10**) aufzuhängen. Manche Kinder wünschen allerdings nicht, dass der *Punkte-Plan* auch für Besucher sichtbar ist. Besprechen Sie deshalb mit Ihrem Kind die Stelle, an der der *Punkte-Plan* befestigt werden soll. Bei jüngeren Kindern, die noch nicht zählen können, eignet sich statt des *Punkte-Kontos* das **Arbeitsblatt 11** »Meine Punkte-Schlange«. Hier kann sich das Kind jeweils einen Punkt nach dem anderen anmalen, wenn es sich entsprechend verhalten hat. Sie können an der Punkte-Schlange die Stelle markieren, an der es die Sonderbelohnungen bekommen kann (z. B. ein Zeichen für ein Buch nach dem dritten Punkt, als Hinweis, dass es an dieser Stelle eine besonders lange Geschichte vorgelesen bekommt).

(2) Erinnern Sie Ihr Kind an den Punkte-Plan

Erinnern Sie Ihr Kind zu Beginn der üblicherweise problematischen Situation an den *Punkte-Plan* und machen Sie ihm Mut. Sagen Sie Ihrem Kind noch einmal kurz, bei welchem Verhalten es einen Punkt bekommen kann.

(3) Geben Sie die Punkte sofort, nachdem sich Ihr Kind unproblematisch verhalten hat

Wenn Ihr Kind sich in der Situation unproblematisch verhalten hat, dann geben Sie ihm sofort einen Punkt, damit es den Punkt an der entsprechenden Stelle einkleben oder aufmalen kann. Loben Sie Ihr Kind dafür, dass es sich so angestrengt hat, und zeigen Sie ihm, dass Sie sich mit ihm freuen. Wenn Ihr Kind keinen Punkt erhalten konnte, dann erklären Sie ihm in neutralem Ton kurz, warum es nun keinen Punkt bekommen kann. Ermutigen Sie es aber trotzdem, sich beim nächsten Mal noch mehr anzustrengen, und machen Sie an der entsprechenden Stelle im *Punkte-Plan* einen Strich, statt einen Punkt einzukleben oder aufzumalen.

(4) Besprechen Sie abends mit Ihrem Kind, wie gut es den Punkte-Plan erfüllen konnte

Besprechen Sie zusammen mit Ihrem Kind abends, zum Beispiel beim Zubettgehen, wie gut der *Punkte-Plan* an diesem Tag geklappt hat. Loben Sie Ihr Kind noch einmal für seine Erfolge und machen Sie ihm Mut für den nächsten Tag, wenn es nicht so gut gelaufen ist. Häufig ist es günstig, den Vater in die Besprechung mit einzubeziehen. Ihr Kind hat dann die Möglichkeit, ihm anhand des *Punkte-Plans* zu zeigen, was alles gut gegangen ist.

(5) Keine Punkte entziehen

Wenn sich Ihr Kind im Verlaufe des Tages in anderen Situationen problematisch verhält, dann dürfen Sie ihm dafür keine Punkte entziehen. Einmal »verdiente« Punkte dürfen auf keinen Fall wieder weggenommen werden. Sonst kann der *Punkte-Plan* nicht erfolgreich werden. Sie dürfen nicht erwarten, dass sich mit dem *Punkte-Plan*, der auf ganz bestimmte Verhaltensänderungen abzielt, gleich auch alle anderen Probleme erledigen.

(6) Keine zu hohen Erwartungen!

Sie dürfen nicht erwarten, dass Ihr Kind von Anfang an alle Punkte bekommen wird. Erfahrungsgemäß erreichen die meisten Kinder in der ersten Woche etwa die Hälfte aller möglichen Punkte. Das ist schon ein großer Fortschritt! Wenn Ihr Kind innerhalb der ersten drei Tage keinen einzigen Punkt erreicht, dann wurde ein Fehler bei der Entwicklung des *Punkte-Plans* gemacht und der *Punkte-Plan* muss verändert werden. Häufig liegt der Fehler darin, dass die Sonderbelohnungen nicht wirklich attraktiv sind oder dass die für einen Punkt nötige Verhaltensänderung zu schwer ist. Wenn der Plan nicht in den ersten Tagen schon Erfolge zeigt, wird er in aller Regel auch in den nächsten Tagen nicht mehr erfolgreich werden. Die Erfahrung zeigt, dass sichtbare Verhaltensänderungen sehr schnell oder gar nicht eintreten.

(7) Tauschen Sie die Punkte in Sonderbelohnungen ein

Ihr Kind darf entscheiden, welche Sonderbelohnungen es für seine erreichten Punkte eintauschen will. Es darf entweder eine geringere

Punktzahl in eine kleine Belohnung umtauschen oder auf eine größere »sparen«. Hat Ihr Kind die Sonderbelohnung erhalten, werden die dafür eingetauschten Punkte auf dem *Punkte-Plan* abgehakt. Denken Sie daran, dass Sie Ihrem Kind die Sonderbelohnung auf jeden Fall geben müssen, wenn es die Punkte dafür zusammen hat. Auch dies ist eine wichtige Abmachung in diesem Plan!

(8) Aller Anfang ist schwer!

Der *Punkte-Plan* sieht zwar wie eine recht einfache Maßnahme aus, er verlangt aber meist eine Umstellung fester Gewohnheiten nicht nur bei Ihrem Kind, sondern auch bei Ihnen selbst und ist deshalb oft anstrengender als zunächst vermutet. Vor allem ist es wichtig, dass Sie den *Punkte-Plan* möglichst genau führen und dass Sie Ihrem Kind den Punkt sofort geben, wenn es ihn verdient hat.

Beispiel

Peters Mutter hat das ständige Zuspätkommen von Peter einfach satt. Sie kann sich nicht auf ihn verlassen. Nach der Schule trödelt er herum oder geht mit zu einem Freund, ohne Bescheid zu sagen. Und auch abends kommt er eigentlich nie zur verabredeten Zeit nach Hause. Jetzt hat sich Peters Mutter überlegt, einen *Punkte-Plan* mit Peter zu machen.

Also setzt sich Peters Mutter am Abend mit Peter zusammen und bespricht mit ihm, wie sie einen *Punkte-Plan* für pünktliches Kommen machen wollen:

(1) Das Problemverhalten soll möglichst genau beschrieben werden: Das ist einfach! Peter kommt nicht pünktlich nach Hause. Mal ist er 10 Minuten zu spät, mal aber auch eine Stunde.

(2) Wie soll denn das erwünschte Verhalten aussehen? Auch das ist einfach! Peter muss zur verabredeten Zeit zu Hause sein. Fünf Minuten Verspätung ist für Mama noch drin. »Aber auch keine Sekunde mehr!«, sagt sie. Es gilt die Zeit auf der Küchenuhr! Und bevor Peter das Haus verlässt, wird seine Uhr noch mal mit der Küchenuhr verglichen.

(3) Mama setzt sich mit dem *Punkte-Plan* zu Peter und fragt: »Was sollen wir denn für Punkte nehmen? Sollen wir welche malen oder welche aufkleben?« Peter will sie lieber selber malen. So wird der Plan bunter und lustiger.

(4) Peter und seine Mama schreiben die »Spielregeln« auf den *Punkte-Plan*: Wenn Peter nach der Schule pünktlich zu Hause ist (20 Minuten nach Schulende), bekommt er einen Punkt. Wenn Peter abends zur verabredeten Zeit zu Hause ist (höchstens 5 Minuten zu spät), bekommt er ebenfalls einen Punkt.

(5) Für die Wunschliste für Sonderbelohnungen nehmen sich die beiden besonders lange Zeit, weil Peter immer so viele Wünsche hat. Und Mama muss auch darauf achten, dass Peter keine teuren Wünsche wie ein neues Skateboard auf die Liste schreibt. Schließlich steht das auf der Liste:

- einmal Tischtennis mit Papa spielen
- ins Kino gehen
- bei einem Freund übernachten
- einen Freund zum Eis essen einladen
- die Feuerwehrstation von Lego
- sich aussuchen dürfen, was es zum Mittagessen gibt
- 10 Minuten länger abends raus dürfen

(6) Die Liste war ja noch recht einfach. Was jetzt kommt, ist viel schwieriger – für welchen Wunsch braucht man wie viele Punkte? Das ist jetzt die Frage. Peters Mama findet das gar nicht einfach zu entscheiden, aber Peter macht auch gute Vorschläge und ist wirklich fair, findet die Mama. An einem Tag kann Peter meist zwei Punkte »verdienen«, manchmal aber auch nur einen, also etwa zwölf Punkte pro Woche, wenn alles perfekt läuft! Mama und Peter schreiben am Ende diese Punkte auf:

- Tischtennis mit Papa spielen = 3 Punkte
- ins Kino gehen = 15 Punkte
- bei einem Freund übernachten = 5 Punkte
- einen Freund zum Eis essen einladen = 6 Punkte

- die Feuerwehrstation von Lego: pro Punkt gibt es 5 Legosteine, und Peter kann die Station dann Schritt für Schritt zusammenbauen
- sich aussuchen dürfen, was es zum Mittagessen gibt = 3 Punkte
- 10 Minuten länger abends raus dürfen = 3 Punkte

Schon am nächsten Tag wird der *Punkte-Plan* gestartet:

(1) Der *Punkte-Plan* hängt an der Flurtür, damit Peter sich sofort einen Punkt aufmalen kann, wenn er pünktlich nach Hause kommt. Peter hat ihn schon ein bisschen bunt gemalt.

(2) Die Mutter erinnert Peter jedes Mal, wenn er aus der Haustür rausgeht, daran, wann er wieder da sein soll, sie zeigt auf den tollen *Punkte-Plan* und sagt, wie sehr sie sich freut, wenn er bald ganz voll ist.

(3) Sobald Peter dann wieder zur Haustür hereinkommt, schauen sie gemeinsam auf die Uhr. Aber Peter schreit schon meist von weitem: »Her mit dem Stift! Ein Punkt ist fällig!« Einmal gab es auch Streit, weil Peter sieben Minuten zu spät war, aber unbedingt einen Punkt wollte. Aber da blieb Mama hart: »Schau auf die Küchenuhr! Du kannst mir viel erzählen, was deine Uhr anzeigt, wir hatten beide abgemacht, dass die Küchenuhr gilt.« Aber nach dem einen Mal war das auch keine Diskussion mehr.

(4) Abends schaut Peter dann mit seiner Mutter auf den *Punkte-Plan* und überlegt, wie viele Punkte er wofür eintauschen will. Und wenn Papa nach Hause kommt, muss er sofort auf den *Punkte-Plan* schauen und Peter bewundern. Peter hat angefangen, seine Feuerwehrstation zu bauen. Und einmal hat er auch schon seinen Freund zum Eisessen eingeladen.

Durchführungsdauer für diese Stufe

Durch *Punkte-Pläne* lassen sich meist bereits in der ersten Woche Veränderungen erzielen. Falls Ihr Kind innerhalb einer Woche keine Punkte bekommt, sind die Verhaltensweisen, für die Ihr Kind einen Punkt bekommen soll, möglicherweise zu schwer zu erreichen oder die Sonderbelohnungen sind nicht interessant genug. Versuchen Sie in einem solchen Fall, den *Punkte-Plan* entsprechend zu korrigieren. Auch wenn der *Punkte-Plan* sehr erfolgreich verläuft, müssen Sie ihn mehrere Wochen durchführen. Bearbeiten Sie die Stufe 11, die Ihnen Hinweise gibt, wie man *Punkte-Pläne* verändert und beendet. Falls ein Punkte-Plan nicht erfolgreich ist, kann ein Wettkampf um lachende Gesichter möglicherweise wirkungsvoller sein.

Materialien für diese Stufe

- Arbeitsblatt 9 »Mein Punkte-Plan: Spielregeln«
- Arbeitsblatt 10 »Mein Punkte-Konto«
- Arbeitsblatt 11 »Meine Punkte-Schlange«

Stufe 11: Wie man einen *Punkte-Plan* verändert und beendet

Ist das bei Ihnen auch so?

Peters Mutter führt schon seit vielen Wochen einen *Punkte-Plan* durch. Peter steht jetzt morgens besser auf, aber das Anziehen und Waschen ist immer noch ein Problem, obwohl Peter auch dafür Punkte bekommen kann. Zu Beginn des *Punkte-Planes* klappte das allerdings auch besser. Doch jetzt ist irgendwie die Luft raus.

Was können Sie tun?

Wenn ein *Punkte-Plan* über Wochen und Monate durchgeführt wird, verliert er gelegentlich an Attraktivität. Manchmal kann es auch schwierig sein, einen *Punkte-Plan* zu beenden. Die folgenden Regeln zeigen Ihnen, wie Sie einen *Punkte-Plan* verändern und schrittweise beenden können. Denn schließlich wollen Sie mit Ihrem Kind nicht bis ans Lebensende Punkte zählen!

Das kann Ihnen helfen!

(1) Ergänzen Sie von Zeit zu Zeit die Sonderbelohnungen

Gelegentlich kann es vorkommen, dass der *Punkte-Plan* im Laufe der Zeit unattraktiv wird. Dies liegt häufig daran, dass die Sonderbelohnungen für das Kind nicht mehr interessant sind. Ergänzen Sie deshalb von Zeit zu Zeit den Belohnungsplan. Meist ist es sinnvoll, mit der Zeit größere Sonderbelohnungen aufzunehmen, für die auch eine größere Anzahl an Punkten eingetauscht werden muss. Das ist außerdem ein guter Einstieg in die Beendigung des Plans, weil Ihr Kind dann länger auf Belohnungen sparen muss und nicht mehr täglich seine Punkte eintauschen kann. Sie sollten aber dennoch nicht vergessen, Ihr Kind dafür zu loben und Ihre Freude zu zeigen, wenn es sich erwünscht verhält. Denken Sie bei den größeren Sonderbelohnungen vor allem auch an besondere gemeinsame Aktivitäten (z. B. in einen Freizeitpark gehen).

(2) Erweitern Sie den Plan auf andere problematische Verhaltensweisen

Sie können den Plan auf andere problematische Verhaltensweisen erweitern, wenn das problematische Verhalten, für das Sie ursprünglich den *Punkte-Plan* eingesetzt haben, nur noch selten auftritt.

(3) Beenden Sie die Punkte-Pläne nicht zu schnell!

Manchmal lassen sich durch die *Punkte-Pläne* relativ rasch Veränderungen erreichen. Sie dürfen dann aber nicht zu schnell mit dem *Punkte-Plan* aufhören. Bedenken Sie, dass das problematische Verhalten, das Sie durch den *Punkte-Plan* verringert haben, oft seit vielen Jahren bestand. Das unproblematische Verhalten sollte mehrere Wochen andauern (mindestens zwei Monate), bevor Sie an eine Beendigung des *Punkte-Planes* denken können.

(4) Vermindern Sie die Punktzahl für unproblematisches Verhalten

Ein weiterer Weg zur Beendigung des *Punkte-Planes* ist die Verminderung der Punktzahl für das unproblematische Verhalten. In unserem Beispiel eines *Punkte-Planes* zur Verminderung des Störens während der Hausaufgabenzeit der Schwester konnte der Junge insgesamt zwei Punkte täglich verdienen. Wenn er über einige Wochen hinweg alle oder fast alle Punkte erreicht hat, dann kann der *Punkte-Plan* so verändert werden, dass er nur noch **einen** Punkt oder **ein** Klebebild bekommt, wenn er die Schwester während der Hausaufgabenzeit nicht stört. Dann sollten jedoch auch die Punktzahlen für die Sonderbelohnungen neu überdacht werden.

(5) Beendigung des Punkte-Planes durch »natürliches Vergessen«

Die meisten *Punkte-Pläne* verlieren mit der Zeit an Attraktivität. Die Kinder vergessen, ihre Punkte einzutauschen, die Eltern vergessen, die Punkte zu vergeben; der *Punkte-Plan* »schläft« sozusagen von selbst ein. Diese Entwicklung ist erwünscht, wenn das problematische Verhalten nur noch selten oder überhaupt nicht mehr auftritt. Der *Punkte-Plan* hat dann seinen Zweck erfüllt und kann beendet werden. Wichtig ist aber, dass Sie weiterhin Ihr Kind dafür loben, dass es sich in der Situation unproblematisch verhält, und Sie ihm Ihre Freude darüber zeigen. Ansonsten schleichen sich die »alten« Verhaltensmuster langsam wieder ein.

(6) Verzichten Sie einmal probeweise auf den Punkte-Plan

Wenn der *Punkte-Plan* auf die oben beschriebene Weise mit der Zeit nicht einfach »einschläft«, dann müssen gezielte Maßnahmen unternommen werden, um das System langsam zu beenden. Eine Möglichkeit ist es, auf den Plan einmal probeweise zu verzichten. Besprechen Sie mit Ihrem Kind, dass der *Punkte-Plan* aufgrund seiner Bemühungen nun nicht mehr notwendig ist und eine Belohnung in ein paar Wochen erfolgt, wenn es weiterhin so gut geht. Sie können dann gemeinsam mit Ihrem Kind überlegen, ob die Vergabe der Punkte oder Bilder weiterhin notwendig ist. Nach unserer Erfahrung ist es meist sinnvoll, die Punktevergabe noch eine Zeit lang weiterzuführen, auch wenn sie nicht mehr in Sonderbelohnungen umgetauscht werden. Vergessen Sie nicht, Ihr Kind weiterhin zumindest gelegentlich für das erwünschte Verhalten zu loben!

Durchführungsdauer für diese Stufe
Siehe Hinweis in Stufe 10.

Materialien für diese Stufe
keine

Stufe 12: *Der Wettkampf um lachende Gesichter*

Ist das bei Ihnen auch so?

Beim Mittagessen kann Peter einfach nicht sitzen bleiben. Ständig steht er auf – mal fehlt ein Löffel, dann muss er auf die Toilette, dann fällt ihm ein, dass sein Gameboy noch läuft, und dann muss er unbedingt sofort seinen Freund anrufen. Die Mutter könnte an die Decke gehen, wenn er andauernd vom Stuhl aufspringt. Sie ist ganz ratlos und weiß nicht, was sie machen soll. Sie hat schon alles probiert: Schimpfen, loben, nichtbeachten – nichts hat geholfen. Ab und zu aufstehen findet sie okay und deshalb will sie auch nicht jedes Mal schimpfen, aber so lernt es Peter nie, einmal eine längere Zeit sitzen zu bleiben.

Der *Punkte-Plan* stellt eine Möglichkeit dar, das Verhalten eines Kindes zu verändern, indem das Kind belohnt wird, wenn es ein problematisches Verhalten nicht zeigt. Durch diese Methoden lassen sich viele Probleme vermindern. Manchmal ist es jedoch notwendig, dass auf häufige »kleine« problematische Verhaltensweisen auch »kleine« negative Konsequenzen erfolgen. Dies ist vor allem dann notwendig, wenn das Verhalten sehr häufig auftritt.

Was können Sie tun?

Sicher haben Sie schon häufig versucht, problematische Verhaltensweisen Ihres Kindes durch verschiedene Formen der Bestrafung zu verändern. Wahrscheinlich haben Sie, wie die meisten

Eltern, die Erfahrung gemacht, dass Bestrafungen oft nur kurzfristig helfen. Dies ist meist dann der Fall, wenn Kinder für problematisches Verhalten zwar bestraft, aber für unproblematisches und angemessenes Verhalten nicht belohnt werden oder wenn Bestrafungen und Belohnungen nicht konstant und regelmäßig erfolgen.

Eine Methode, die negative Konsequenzen bei problematischem Verhalten mit Belohnungen für unproblematisches Verhalten in spielerischer Weise verbindet, stellt der *Wettkampf um lachende Gesichter* dar. Er ist ganz ähnlich aufgebaut wie der *Punkte-Plan* (vgl. Stufe 10). Beim *Punkte-Plan* erhält das Kind einen Punkt, wenn es sich in einer sonst schwierigen Situation angemessen verhält. Beim *Wettkampf um lachende Gesichter* wird dem Kind ein Punkt entzogen, wenn es ein bestimmtes problematisches Verhalten zeigt. Er ist besonders geeignet, um sehr häufig auftretende Verhaltensprobleme zu beeinflussen. Die einzelnen Regeln, die beim Aufbau und bei der Durchführung des *Wettkampfes um lachende Gesichter* zu beachten sind, ähneln den Regeln für den *Punkte-Plan*.

Wir werden Ihnen zunächst helfen, die Grundlagen für einen *Wettkampf um lachende Gesichter* mit Ihrem Kind zu entwickeln, und anschließend erklären, wie Sie diesen *Wettkampf um lachende Gesichter* durchführen können.

Filmbeispiele zum *Wettkampf um lachende Gesichter* finden Sie beim Online-ADHS-Elterntrainer im Kapitel »Verhaltensprobleme lösen«. Das kann Ihnen helfen!

Die Vorbereitung des *Wettkampfes um lachende Gesichter*

(1) Beschreiben Sie das Problemverhalten möglichst genau

Wählen Sie zunächst das Problemverhalten aus, das Sie verändern wollen. Beschreiben Sie das Problemverhalten und die Situation, in der das Verhalten auftritt, möglichst genau. Denken Sie daran, dass sich Verhaltensprobleme umso leichter verändern lassen, je genauer sie beschrieben werden können und je deutlicher sie mit einer ganz bestimmten Situation in Zusammenhang stehen. Für den *Wettkampf um lachende Gesichter* eignen sich vor allem problematische Verhaltensweisen von kurzer Dauer, die im Einzelfall möglicherweise wenig belastend sind, aber dafür sehr häufig auftreten, beispielsweise häufiges Fluchen oder Herumschreien.

Beschreiben Sie also genau das problematische Verhalten, das zu einem Punkte-Entzug führt. Bei dem Problem »stört seine Schwester bei den Hausaufgaben« könnten Sie beispielsweise schreiben: »(1) betritt das Zimmer seiner Schwester, während sie Hausaufgaben macht; (2) macht während der Hausaufgabenzeit der Schwester stark störende Geräusche«. Es hat sich als günstig herausgestellt, zu Beginn nicht mehr als zwei verschiedene Verhaltensprobleme (z. B. Fluchen und lautes Schreien) für den *Wettkampf um lachende Gesichter* herauszugreifen.

Beschreiben Sie das Problemverhalten und die Situation, in der das Verhalten auftritt, möglichst genau:

Tragen Sie das Verhalten in das Blatt mit den Spielregeln zum *Wettkampf um lachende Gesichter* ein (**Arbeitsblatt 12**).

(2) Wählen Sie den Beginn und das Ende der »Spielzeit«

Überlegen Sie, wie häufig in etwa das problematische Verhalten in der Situation auftritt. Für jede »Spielzeit« stehen bei dem *Wettkampf um lachende Gesichter* zehn Gesichter zur Verfügung. Der Beginn und das Ende der »Spielzeit« sollte daher von Ihnen so gewählt werden, dass Ihr Kind auch eine wirkliche Chance hat, lachende Gesichter für sich zu gewinnen. Das problematische Verhalten sollte deshalb innerhalb der als »Spielzeit« vorgesehenen Zeit normalerweise nicht mehr als zehnmal auftreten. Tritt das Problemverhalten deutlich weniger auf, können Sie auch von vornherein um weniger als zehn Gesichter spielen. Tragen Sie den

Beginn und das Ende der »Spielzeit« auf das Blatt mit den Spielregeln zum *Wettkampf um lachende Gesichter* ein (**Arbeitsblatt 12**).

(3) Erklären Sie Ihrem Kind die Spielregeln des *Wettkampfes um lachende Gesichter*

Erklären Sie Ihrem Kind, dass Sie nun versuchen wollen, einige Probleme zu lösen, die immer wieder zu Auseinandersetzungen führen. Dazu veranstalten Sie einen *Wettkampf um lachende Gesichter*, der zwischen Ihnen und Ihrem Kind ausgetragen wird. Besprechen Sie dann die Spielregeln zum *Wettkampf um lachende Gesichter* mit Ihrem Kind. Betonen Sie, dass die Gesichter zunächst niemandem gehören. Sie dürfen sich immer dann ein Gesicht mit einem Stift markieren, wenn Ihr Kind das vorher beschriebene Problemverhalten zeigt. Alle Gesichter, die am Ende der Spielzeit übrig bleiben, darf Ihr Kind als lachende Gesichter in seiner Farbe anmalen.

(4) Legen Sie gemeinsam mit Ihrem Kind eine Wunschliste für Sonderbelohnungen an

Tragen Sie auf ein Blatt gemeinsam mit Ihrem Kind zunächst einmal möglichst viele Dinge ein, über die Ihr Kind sich freuen würde. Schreiben Sie zunächst alle möglichen Vorschläge für Sonderbelohnungen auf, auch die, mit denen Sie eigentlich nicht einverstanden sind. Wie beim *Punkte-Plan* (Stufe 10) gehören die ganz großen Wünsche, z. B. ein neues Fahrrad oder ein Computer, nicht auf die Liste. Wichtig sind kleinere Belohnungen, die häufiger gegeben werden können. Denken Sie dabei nicht nur an materielle Dinge, sondern vor allem an Vergünstigungen und Aktivitäten. In Stufe 10 bei der Erklärung des *Punkte-Planes* wurden mehrere Beispiele für solche Sonderbelohnungen gegeben. Ihr Kind sollte möglichst viele Vorschläge machen und Sie sollten gemeinsam mindestens fünf bis zehn Sonderbelohnungen mit unterschiedlichem Belohnungswert finden.

Wunschliste für Sonderbelohnungen:

(1) ....

(2) ....

(3) ....

(4) ....

(5) ....

(6) ....

(7) ....

(8) ....

(9) ....

(10) ....

(5) Bestimmen Sie die Anzahl der lachenden Gesichter, die für die Sonderbelohnungen notwendig sind

Wählen Sie nun zusammen mit Ihrem Kind die Sonderbelohnungen aus, die es später eintauschen darf. Sie sollten mindestens vier verschieden große Belohnungen auswählen. Besprechen Sie gemeinsam mit Ihrem Kind, wie viele Punkte es für die einzelnen Belohnungen eintauschen muss. Tragen Sie die Sonderbelohnungen und die dafür notwendige Punktzahl auf das Blatt mit den Spielregeln zum *Wettkampf um lachende Gesichter* ein (**Arbeitsblatt 12**).

Die Durchführung des *Wettkampfes um lachende Gesichter*

(1) Befestigen Sie den Spielplan mit den lachenden Gesichtern an einer gut sichtbaren Stelle in der Wohnung

Gut eignet sich die Kinderzimmer-, Badezimmer- oder Küchentür. Manche Kinder wünschen allerdings nicht, dass der Spielplan auch für Besucher sichtbar ist. Besprechen Sie deshalb mit Ihrem Kind die Stelle, an welcher der Spielplan (**Arbeitsblatt 13** »Wettkampf um lachende Gesichter: Spielplan«) festgemacht werden soll.

(2) Erinnern Sie Ihr Kind an den Wettkampf

Erinnern Sie Ihr Kind vor der entsprechenden Situation an das Spiel und machen Sie ihm Mut.

(3) Markieren Sie sofort ein Gesicht, wenn Ihr Kind eines der in den Spielregeln beschriebenen Verhaltensprobleme zeigt

Wenn Ihr Kind eines der in den Spielregeln beschriebenen Verhaltensprobleme während der Spielzeit zeigt, dann sagen Sie Ihrem Kind, dass jetzt ein Gesicht Ihnen gehört, und kennzeichnen Sie es sofort mit einem »traurigen« Gesicht (mit Mundwinkeln nach unten) auf dem *Spielplan* (**Arbeitsblatt 13**). Manchmal kann es auch sinnvoll sein, nicht ein trauriges, sondern ein neutrales Gesicht zu malen (Mund als Strich). Machen Sie das nicht in einer strafenden oder tadelnden Weise, sondern in einem möglichst neutralen Ton! Ermuntern Sie Ihr Kind, sich jetzt wieder anzustrengen, indem Sie auf die noch nicht verteilten Gesichter verweisen.

(4) Besprechen Sie am Ende der Spielzeit mit Ihrem Kind das Ergebnis des Wettkampfes um lachende Gesichter

Ihr Kind darf zunächst alle Gesichter, die noch übrig sind, mit einem lachenden Mund in seiner Farbe versehen. Dann zählen Sie gemeinsam, wie viele Gesichter Sie und wie viele Ihr Kind gewonnen hat. Sie können anschließend den »Sieger« ermitteln. Wenn es Ihrem Kind besonders schwerfällt zu verlieren, dann können Sie auch darauf verzichten, den Gewinner zu ermitteln. Stattdessen besprechen Sie mit Ihrem Kind, welche Belohnung es für seine Gesichter eintauschen möchte. Natürlich kann Ihr Kind seine Gesichter auch sammeln und später in eine größere Belohnung eintauschen. Loben Sie Ihr Kind noch einmal für seine Erfolge und machen Sie ihm Mut für den nächsten Wettkampf, wenn es nicht so gut gelaufen ist. Häufig ist es günstig, den Vater in die Besprechung einzubeziehen, wenn nicht anders möglich, auch zu einem späteren Zeitpunkt. Ihr Kind hat dann die Möglichkeit, ihm anhand des *Spielplanes* zu zeigen, was alles gut gegangen ist.

(5) Halten Sie sich streng an die Spielregeln!

Sie dürfen nur dann ein Gesicht markieren, wenn innerhalb der vereinbarten Spielzeit das Problemverhalten auftritt, das im *Spielplan* festgelegt wurde. Wenn Ihr Kind außerhalb der Spielzeit diese problematischen Verhaltensweisen zeigt, dann dürfen Sie keine Spielmarke für sich kennzeichnen. Auch wenn während der Spielzeit neue Verhaltensprobleme auftreten, die nicht im *Spielplan* erfasst sind, dürfen Sie keine Spielmarke markieren. Ihr Kind muss sich darauf verlassen können, dass Sie sich an die vorher festgelegten Spielregeln halten, sonst kann der Plan nicht erfolgreich sein. Es ist zwar möglich, den Spielplan zu ändern und neue Spielregeln einzuführen, wenn dies nach einigen Tagen oder Wochen sinnvoll erscheint. Das sollten Sie aber dann mit Ihrem Kind in Ruhe vorher besprechen und begründen.

(6) Tauschen Sie die lachenden Gesichter in Sonderbelohnungen ein

Ihr Kind darf entscheiden, welche Sonderbelohnungen es für seine gewonnenen lachenden Gesichter eintauschen will. Hat Ihr Kind die Sonderbelohnung erhalten, werden die dafür eingetauschten lachenden Gesichter auf dem Spielplan abgehakt. Denken Sie daran, dass Sie Ihrem Kind die Sonderbelohnung auf jeden Fall geben müssen, wenn es die lachenden Gesichter dafür zusammen hat.

(7) Keine zu hohen Erwartungen!

Sie dürfen nicht erwarten, dass Ihr Kind von Anfang an alle Gesichter bekommen wird. Erfahrungsgemäß erreichen die meisten Kinder jedoch in den ersten Wochen fast die Hälfte aller möglichen Spielmarken. Das ist schon ein großer Fortschritt! Wenn Ihr Kind innerhalb der ersten drei Tage kein einziges Gesicht für sich kennzeichnen darf, dann wurde ein Fehler bei der Entwicklung des Spielplanes gemacht und die Spielregeln müssen möglichst schnell verändert werden. Überlegen Sie gemeinsam mit Ihrem

Kind, warum es keine Spielpunkte bekommt! Ist es zu schwer, Punkte zu »gewinnen«? Sind die Belohnungen nicht attraktiv genug? Hat das Kind das Gefühl, dieses »Spiel« ist ein reines Bestrafungsinstrument?

(8) Aller Anfang ist schwer!

Der *Wettkampf um lachende Gesichter* sieht zwar wie eine recht einfache Maßnahme aus. Aber er verlangt nicht nur von Ihrem Kind, sondern vor allem von Ihnen selbst eine deutliche Veränderung des bisherigen gewohnten Verhaltens. Daher ist dieser Wettkampf oft anstrengender, als man zunächst vermutet. Vor allem ist es wichtig, dass Sie den *Spielplan* möglichst genau führen und dass Sie sich sofort ein Gesicht markieren, wenn das entsprechende Problemverhalten auftritt.

(9) Beenden Sie den *Wettkampf um lachende Gesichter* nach einiger Zeit

Wenn der *Wettkampf um lachende Gesichter* guten Erfolg hat und Ihr Kind kaum noch einen Punkt »verliert«, dann können Sie auch zu einem *Punkte-Plan* übergehen. Dann erhält Ihr Kind für die gesamte Spielzeit einen Punkt, wenn es gut geklappt hat, und eventuell zwei Punkte, wenn es »super« geklappt hat. Dann sollten Sie jedoch auch die Punktzahlen für die Sonderbelohnungen neu überdenken, da Ihr Kind jetzt wesentlich weniger Punkte »verdienen« kann. Beachten sie außerdem die Hinweise, die wir in Stufe 11 zur Veränderung und Beendigung von *Punkte-Plänen* gegeben haben.

Beispiel • Demonstration eines Wettkampfes um lachende Gesichter

Peters Mutter hat sich entschlossen, mit Peter einen *Wettkampf um lachende Gesichter* durchzuführen, denn Peters ständiges Aufstehen beim Essen ist für alle sehr störend, weil dabei auch öfter mal etwas umfällt. Wenn er einmal aufstehen würde oder auch zweimal, wäre es sicher kein Problem, aber

Peter ist ein richtiges »Steh-auf-Männchen« – kaum sitzt er, dann steht er schon wieder. Deswegen überlegt sich Peters Mutter zusammen mit Peter, wie sie den *Wettkampf um lachende Gesichter* führen wollen:

(1) Das Verhalten soll möglichst genau beschrieben werden: Kein Problem! Aufstehen vom Tisch! Das heißt, wenn Peter nicht mehr auf seinem Stuhl sitzt. Rumrutschen auf dem Stuhl ist nicht damit gemeint.

(2) Beginn und Ende der Spielzeit festlegen: Auch das ist einfach! Es geht los, sobald alle am Tisch sitzen, und hört auf, wenn alle mit dem Essen fertig sind oder wenn Mama oder Papa sagen, dass die Kinder aufstehen dürfen.

(3) Die Regeln genau erklären: Es wird pro Mahlzeit um zehn Gesichter »gekämpft«. Jedes Mal, wenn Peter vom Tisch aufsteht, malt sich Mama ein Gesicht in ihrer Farbe an (grün). Wenn das Essen vorbei ist, darf Peter sich alle Gesichter, die nicht Mama bekommen hat, in seiner Farbe anmalen (schwarz). Sie gehören ihm.

(4) Die Wunschliste für Sonderbelohnungen: Dafür nehmen sich Peter und seine Mama in Ruhe Zeit und Peter überlegt lange! Dann steht sie fest:
   - ein Nintendo-Spiel gemeinsam mit Papa spielen
   - neue Rollen für die Inliner
   - mit Papa zu einem Fußballspiel fahren dürfen
   - Eis essen
   - Tiramisu als Nachtisch
   - Pfannkuchen mit Mama kochen
   - Fußballsammelbilder

(5) Jetzt wird es schwieriger. Jetzt müssen die Anzahl der lachenden Gesichter festgelegt werden, die für die einzelnen Wünsche eingetauscht werden müssen. Der *Wettkampf um lachende Gesichter* findet einmal am Tag statt, wenn alle abends zusammen essen, oder am Wochenende mittags. Daher kann Peter am Tag maximal zehn Punkte bekommen und in der Woche 70 Punkte! Da muss Mama

gut überlegen. Sie fangen mit den kleineren Belohnungen an. Irgendwie wird es nie ganz gerecht mit den Punkten, aber Peter ist das egal, Hauptsache er kann sich etwas »verdienen«. Peter und seine Mutter einigen sich dann darauf:

- ein Nintendo-Spiel gemeinsam mit Papa spielen = 7 Punkte
- Eis essen (Eis am Stiel) = 7 Punkte
- Fußballsammelbilder (1 Päckchen) = 10 Punkte
- Tiramisu als Nachtisch = 10 Punkte
- Pfannkuchen mit Mama backen = 15 Punkte
- mit Papa zu einem Fußballspiel fahren dürfen (ca. 15,– Euro) = 90 Punkte
- neue Rollen für die Inliner (ca. 30,– Euro) = 190 Punkte

Am nächsten Tag geht der *Wettkampf um die lachenden Gesichter* in die »erste Runde«:

(1) Den Spielplan hängen Peter und seine Mama an der Küchentür auf. Da ist er gut vom Tisch aus zu sehen. Während der Spielzeit liegt der Plan allerdings neben Mama auf dem Tisch, damit sie direkt die Gesichter anmalen kann, wenn Peter aufsteht, und nicht selbst aufstehen muss.

(2) Jedes Mal, wenn sich alle an den Tisch setzen, holt Mama den Spielplan von der Tür und legt ihn neben sich. »Peter, hier ist unser Spielplan! Denk daran, die Gesichter haben mir verraten, dass sie viel lieber schwarz als grün werden wollen – schwarz ist ja auch viel cooler! Also, schön sitzen bleiben.«

(3) Peter will auch wirklich sitzen bleiben und er konzentriert sich wahnsinnig. Aber dann sind seine Beine mal wieder schneller als sein Kopf und er steht schon mitten in der Küche, als die Mama sagt: »Peter, du sollst doch sitzen bleiben, jetzt ist ein Gesicht grün! Aber pass auf, noch neun können schwarz werden.«

(4) Nach dem Essen geht Peter zu Mama und sie gucken sich den Spielplan an: Nur zweimal aufgestanden! Klasse!! Peter muss richtig lachen: »Schau mal, Mama, die beiden grünen Gesichter sehen ja aus, als wäre ihnen ganz übel und als müssten sie gleich kotzen!« Da müssen auch Mama und Papa lachen. Peter hat also acht Punkte gesammelt.

Er überlegt sich, direkt mit Papa Nintendo zu spielen! Dann bleibt noch ein Punkt übrig.

Durchführungsdauer für diese Stufe

Durch einen *Wettkampf um lachende Gesichter* lassen sich meist bereits in der ersten Woche Veränderungen erzielen. Falls Ihr Kind innerhalb einer Woche keine lachenden Gesichter bekommt, ist entweder die Anzahl der vorgegebenen Gesichter zu gering oder die Sonderbelohnungen sind nicht interessant genug. Versuchen Sie in einem solchen Fall, den *Wettkampf um lachende Gesichter* entsprechend zu korrigieren.

Auch wenn der *Wettkampf um lachende Gesichter* sehr erfolgreich verläuft, müssen Sie ihn einige Wochen durchführen. Beachten Sie die Hinweise von Stufe 11, wenn Sie einen *Wettkampf um lachende Gesichter* verändern oder beenden wollen.

Materialien für diese Stufe

- Arbeitsblatt 12 »Wettkampf um lachende Gesichter: Spielregeln«
- Arbeitsblatt 13 »Wettkampf um lachende Gesichter: Spielplan«

Stärken Sie sich und Ihr Kind! (Stufe 13 und 14)

Stufe 13: Auftanken und für sich selbst etwas tun

Ist das bei Ihnen auch so?

Peters Mutter hat oft Momente, in denen sie nicht mehr weiter weiß oder sich völlig überfordert fühlt. So anstrengend hatte sie sich ihr Leben mit einem Kind und ihr Familienleben wirklich nicht vorgestellt. Sie fühlt sich wie in ständiger »Habachtstellung«: Sie hat den Eindruck, entweder Peter ermahnen zu müssen, auf die Einhaltung der Regeln zu achten, Konsequenzen durchzuziehen oder ihn auch mal gegenüber anderen verteidigen zu müssen. Oftmals hat sie das Gefühl, dass sich ihr ganzes Leben nur noch um Peter dreht. Für sich selbst, ihre Arbeit und ihre Hobbys bleibt ihr gar keine Zeit mehr. Häufig scheint sie allem hinterherzulaufen und doch nichts richtig zu schaffen. Mit ihren alten Freundinnen hat sie sich schon sehr lange nicht mehr getroffen und auch die Telefonate sind oft nur kurz und werden dann meistens durch Peter unterbrochen. Sie wird auch fast gar nicht mehr von jemandem eingeladen. Kein Wunder: Bei ihrem letzten Besuch bei einer Freundin hat Peter dort ein ganzes Regal abgeräumt. Oft fühlt sie sich sehr allein, wie eine Einzelkämpferin in ihrem anstrengenden Alltag mit Peter, und hat das Gefühl, selbst völlig zu kurz zu kommen.

In den letzten Kapiteln haben wir mit Ihnen besprochen, wie Sie für mehr Struktur in Ihrem Alltag sorgen und schwierige Situationen mit Ihrem Kind besser bewältigen können. Klare Regeln, wirkungsvolle Aufforderungen und natürliche positive wie negative Konsequenzen sollen Ihnen dabei helfen, Konfliktsituationen zu reduzieren und die gemeinsame Zeit wieder mehr zu genießen. Wir sind uns darüber im Klaren, dass dies viel Energie und Durchhaltevermögen von Ihnen verlangt und die Umsetzung der Ratschläge zunächst sehr anstrengend ist, bevor sich positive Veränderungen einstellen.

Was können Sie tun?

In diesem Kapitel möchten wir nun mit Ihnen überlegen, wie Sie es schaffen können, in Ihrem Leben mit Ihrem Kind sich selbst und Ihre eigenen Bedürfnisse nicht zu vergessen, Stress möglichst gut zu verringern und Ihre eigenen sozialen Kontakte zu pflegen.

Das Leben mit Ihrem Kind erfordert viel Energie und Kraft und es ist zum Ausgleich wichtig, dass Sie Ihre Energiereserven zwischendurch immer wieder aufladen. Nur so können Sie in stressreichen Situationen möglichst ruhig auf Ihr Kind eingehen und geraten nicht so häufig in den Teufelskreis. Im Trubel des Alltags vergessen dies viele Eltern. Alles dreht sich nur noch um das Kind und die eigenen Bedürfnisse werden hinten angestellt. Dies geschieht fast automatisch im Leben mit einem Kind mit ADHS oder Verhaltensproblemen, da es ständig einen Großteil der Aufmerksamkeit einfordert. Zeiten, um Kraft zu schöpfen und aufzutanken, muss man also sehr aktiv planen und in den Alltag fest einbauen, damit diese dann nicht wieder völlig unter den Tisch fallen. Es ist sehr wichtig, dass Sie solche Zeiten für sich fest einplanen und auch umsetzen, da sonst die ganze Energie und Kraft irgendwann aufgebraucht ist und Sie sich nur noch erschöpft und müde fühlen.

Wir möchten mit Ihnen besprechen, wie Sie es schaffen können, Belastungsfaktoren in Ihrem Alltag zu reduzieren und gezielt

Zeit für sich selbst einzubauen. Außerdem werden wir Ihnen Möglichkeiten aufzeigen, wie sich Belastungen, die Sie nicht beseitigen können, zum Teil besser bewältigen lassen.

Weiterhin werden wir Ihnen zeigen, wie Sie Ihre Umgebung wieder mehr in Ihren Alltag integrieren können. Beziehungen zu Menschen (auch außerhalb der Familie) sind für unser Wohlbefinden von zentraler Bedeutung.

Das kann Ihnen helfen!

(1) Erstellen Sie Ihre typische Tages- und Wochenstruktur

Nehmen Sie sich das **Arbeitsblatt 17** »Mein Wochenplan – aktuell« und erstellen Sie einen typischen Wochenablauf. Markieren Sie die Phasen in der Woche, in denen Engpässe entstehen und die Sie als besonders belastend erleben, mit roter Farbe. Markieren Sie danach die Phasen, in denen Sie sich besonders wohl und entspannt fühlen, mit Grün. Überprüfen Sie, wann welche Farben überwiegen.

(2) Bauen Sie klare Tages- und Wochenstrukturen auf

Vielen Eltern von Kindern mit Verhaltensschwierigkeiten fällt es schwer, feste Strukturen zu entwickeln. Das liegt in der Natur der Sache: Die Kinder machen es einem da nicht leicht. Zudem haben manche Eltern auch selbst mit ähnlichen Problemen wie ihre Kinder zu kämpfen. Es fällt ihnen auch für sich selbst nicht leicht, klare Tagesabläufe aufzubauen. Kinder mit ADHS und Verhaltensproblemen benötigen aber mehr Struktur in ihrem Tagesablauf als andere Kinder. Durch feste Rituale und eine gute Zeitplanung können manche Konfliktsituationen abgemildert oder sogar vermieden werden. Mehr Orientierung können Sie Ihrem Kind beispielsweise durch feste Essenszeiten, Zubettgeh-Rituale oder *Spaß- & Spiel-Zeiten* geben. Nehmen Sie das **Arbeitsblatt 18** »Mein Wochenplan – wie er sein soll« zur Hand und tragen Sie ein, was wann idealerweise stattfinden soll. Fangen Sie damit an, wann welche Mahlzeit eingenommen wird, wann Ihr Kind aus der Schule kommt, wann Ihr Kind ins Bett geht und so weiter. Vielleicht können Sie auch die *Spaß- & Spiel-Zeiten* eintragen, die Sie mit Ihrem Kind vereinbart haben. Tragen Sie auch Ihre regelmäßigen Termine, wie z. B. Fußballtraining oder Ähnliches, ein.

(3) Entzerren Sie die Phasen, in denen es eng wird, und bereiten Sie sich auf belastende Phasen vor

Manchmal sind bestimmte Tagesphasen auch deshalb so stressig, weil vieles auf einmal passiert. Überlegen Sie, inwieweit Sie solche Phasen entspannen können, indem Sie Aufgaben entzerren oder etwas wegstreichen. Vielleicht haben Sie zum Beispiel an jedem Nachmittag Termine mit Ihrem Kind oder auch einem Ihrer anderen Kinder. Möglicherweise kann ein Termin entfallen oder zumindest verschoben werden.

(4) Können Sie Aufgaben an andere Personen abgeben?

Manche Mütter haben das Gefühl, sie müssten alles allein schultern. Oft können jedoch auch Aufgaben an andere abgegeben werden. Gibt es Personen oder Einrichtungen, die Ihr Kind zu manchen Zeiten beaufsichtigen könnten? Gibt es Personen, die eins Ihrer Kinder zu einem Termin mitnehmen oder abholen können?

Überlegen Sie, ob Ihr Kind oder auch ein Geschwisterkind vielleicht einmal in der Woche in eine Spielgruppe oder einen Verein gehen könnte. Vielleicht können Sie jemanden ansprechen (Freunde oder Familienmitglieder), der Ihnen bei der Kinderbetreuung oder im Haushalt helfen könnte? Vielleicht gibt es jemanden, der an ein oder zwei Nachmittagen in der Woche mit Ihrem Kind für zwei Stunden nach draußen zum Fußball-, Basketball- oder Tischtennisspielen gehen kann; vielleicht könnte jemand an einem Wochentag die Betreuung der Hausaufgaben oder das Üben in einem bestimmten Fach übernehmen; vielleicht können die Geschwisterkinder einmal in der Woche alle am Nachmittag einen Freund besuchen und es entsteht Zeit für eine *Spaß- & Spiel-Zeit* mit Ihrem verhaltensschwierigen Kind.

Manche Eltern von Kindern mit ADHS haben die Erfahrung gemacht, dass es problematisch ist, ihre Kinder von anderen Personen betreuen zu lassen. Sie denken zunehmend, dass man die Verhaltensprobleme ihres Kindes niemandem zumuten kann und es allen nur zur Last fallen würde. Dadurch gönnen sich die Eltern selten eine Auszeit und betreuen ihr Kind lieber selbst. Dies ist ein Grund dafür, dass Eltern von Kindern mit ADHS und Verhaltensschwierigkeiten eher wenige Freiräume für sich haben. Diese Freiräume können natürlich nur dann genossen werden, wenn man das Kind auch in guten Händen weiß. Heutzutage gehen viele Schulkinder nach der Schule in eine offene Ganztagsbetreuung. Aber auch Kindergartenkinder oder Kinder, die direkt nach der Schule nach Hause kommen, können durch andere betreut werden. Feste Betreuungsplätze sind leider oft schwer zu bekommen. Dennoch ist es immer einen Versuch wert, danach Ausschau zu halten. Vielleicht können Sie auch mit einer anderen Mutter vereinbaren, dass Sie jeweils einen Tag wechselweise auf Ihre Kinder aufpassen. So können Sie beispielsweise die Betreuung beider Kinder an einem Nachmittag übernehmen und haben dafür einen anderen Nachmittag für sich.

(5) Bereiten Sie sich auf schwierige Phasen vor

Manche Situationen bleiben jedoch schwierig, auch wenn Sie versucht haben, alles zur Entlastung und Entzerrung zu unternehmen. In solchen Fällen ist es wichtig, sich auf diese Phasen gut vorzubereiten. Versuchen Sie, die schwierigen Phasen möglichst gut vorzuplanen, z. B. für morgens: Packen Sie schon abends mit dem Kind zusammen die Schultasche, legen Sie schon abends die Anziehsachen heraus, decken Sie schon den Tisch für morgens und bereiten Sie alles so gut es geht vor, dann haben Sie in der stressigen Zeit morgens mehr Ruhe. Hilfreich ist es, wenn Sie sich für solche schwierigen Phasen vorher eine Art Plan machen: Was muss getan werden? Was könnte ich vorher dafür schon vorbereiten? Versuchen Sie, sich vor der jeweiligen Situation noch einmal kurz zu sammeln, indem Sie beispielsweise kräftig und tief mehrmals hintereinander ein- und ausatmen und dann gestärkt in die Situation gehen.

(6) Was tut Ihnen gut, wie können Sie entspannen?

Nehmen Sie die »Liste positiver Aktivitäten« (**Arbeitsblatt 19**) und gehen Sie diese durch. Markieren Sie in der ersten Spalte die Aktivitäten, die Sie schon einmal gemacht haben und die Ihnen guttun. Markieren Sie in der zweiten Spalte die Aktivitäten, die Sie gerne einmal machen würden und von denen Sie sich vorstellen können, sie in den nächsten Tagen oder Wochen auch durchzuführen. Wenn Ihnen noch andere Aktivitäten einfallen, die nicht auf der Liste stehen, schreiben Sie diese an das Ende der Liste. In der Liste sind sowohl Tätigkeiten aufgeführt, für die man längere Zeit benötigt (z. B. in Ruhe ein Bad nehmen, joggen gehen), aber auch Tätigkeiten, die nicht viel Zeit in Anspruch nehmen (z. B. eine Tasse Tee genießen, einen Zeitschriftenartikel lesen).

(7) Planen Sie positive Aktivitäten und Phasen zum Auftanken ein

Überprüfen Sie in Ihrem neuen Wochenplan, wann Sie Zeit für sich selbst und für positive Aktivitäten einplanen können. Wann ist Ihr Kind z. B. in der Schule, beim Fußballtraining, schläft oder ist bei der Oma? Schauen Sie sich das **Arbeitsblatt 19** »Liste positiver Aktivitäten« an und überlegen Sie, mit welchen positiven Aktivitäten Sie für sich beginnen wollen und wobei Sie besonders gut entspannen und auftanken können. Tragen Sie diese Aktivitäten in den Wochenplan ein! So können Sie sich auf Ihre »Oasen« im Alltag freuen und vergessen sie nicht so leicht! Auch, wenn in Ihrer »Zeit für sich selbst« eigentlich noch ein Haufen Wäsche zu bügeln ist, fragen Sie sich, ob dies wirklich JETZT sein muss. Manchmal ist es wichtiger, etwas liegen lassen zu können und die eigenen Reserven wieder aufzutanken, als noch schnell eine Pflicht abzuarbeiten. Nehmen Sie sich »Ihre Zeit«! Das ist wichtig für Sie selbst und für Ihr Kind, damit Sie genug Energie für den oft schwierigen Alltag haben.

(8) Besprechen Sie mit Ihrem Kind und der ganzen Familie Ihren Plan

Gehen Sie zunächst den Tages- und Wochenplan mit Ihrem Partner durch. Erklären Sie anschließend Ihrem Kind / Ihren Kindern den Plan. Vielleicht fällt den Kindern auch noch etwas ein, was Sie in den Plan eintragen können. Bei Kindern ist es manchmal auch günstig, die verschiedenen Punkte nicht in den Wochenplan zu schreiben, sondern mit Bildern, sogenannten Piktogrammen, darzustellen. So können Kinder schneller die Aktivitäten erkennen. Ihr Kind kann durch den Plan lernen, selbstständiger zu werden! Es hat sich als günstig erwiesen, sich jeden Tag morgens den Plan mit dem Kind anzuschauen und zu besprechen, welche Termine heute anstehen – so kann sich Ihr Kind auf die verschiedenen Punkte schon einmal einstellen und weiß, was wann passiert. Lassen Sie Ihr Kind auch öfter allein auf dem Plan nachschauen, was als nächstes zu tun ist. So lernt es, einem Tag selbst Struktur zu geben. Je öfter Ihr Kind kleine Abläufe in einer festen Struktur wiederholt, desto deutlicher wird ihm, welche Abläufe zusammengehören und wie man sie sinnvoll ausführt.

(9) Passen Sie den Plan von Zeit zu Zeit an

Leben verändert sich ständig und damit ist es notwendig, auch den Tagesplan anzupassen. Wann immer belastende Situationen vorkommen, überlegen Sie neu, ob der geplante Tagesablauf vielleicht angepasst werden muss. Es können immer Sachen dazwischen kommen und Ideen verloren gehen. Trotzdem: Nach unseren Erfahrungen kann ein Tagesplan dabei helfen, den Tag für alle Beteiligten einfacher und klarer werden zu lassen. Wenn Sie es durch einen Tagesplan schaffen, manche Konfliktsituationen in einzelnen Tagesabschnitten zu reduzieren, ist das schon eine Menge wert. Und je besser die einzelnen Tagesabschnitte laufen, desto besser gelaunt sind sowohl Sie als auch Ihr Kind, was sich wiederum positiv auf den Rest des Tages auswirken kann. Planen Sie Ihre Pausen fest ein! Schaffen Sie sich dadurch, dass Sie freie Zeiträume erkennen, möglichen Platz für Ihre eigenen »Oasen der Ruhe«.

(10) Wie ist Ihre Zukunftsperspektive?

Das Dasein als Hauptbezugsperson eines Kindes nimmt einen großen Teil des Lebens in Anspruch. Viele Eltern haben das Gefühl, dass neben ihrem »Job« als Mama oder Papa, vor allem mit einem schwierigen Kind, keine Zeit mehr für etwas anderes bleibt. Die Aufgaben als Eltern ändern sich jedoch mit dem Größerwerden der Kinder. Wenn Kinder an der Schwelle zur Pubertät stehen, benötigen sie meist schon weniger Aufsicht und Fürsorge und die Frage stellt sich, wie Eltern ihr eigenes Leben gestalten, wenn die Erziehungsaufgaben abnehmen. Was ändert sich in der Beziehung zum Partner? Welche Rolle spielt der eigene Beruf? Gibt es mehr Raum für eigene Freizeitaktivitäten? Welche neuen Aufgaben stellen sich? Es ist gut, sich diese Fragen auch sehr früh zu stellen, da sie viel mit der eigenen Lebenszufriedenheit zu tun haben. Haben Sie darauf schon Antworten? Wir möchten Sie anregen, über Ihre Zukunftsperspektive nachzudenken. Wenn Sie aktuell mehr Zeit für Ihr Kind brauchen und daher manche Hobbys hinten anstellen müssen, können Sie sich fest vornehmen, dieses Hobby und Interessen später wieder zu pflegen.

Materialien für diese Stufe

- Arbeitsblatt 17 »Mein Wochenplan – aktuell«
- Arbeitsblatt 18 »Mein Wochenplan – wie er sein soll«
- Arbeitsblatt 19 »Liste positiver Aktivitäten«

Stufe 14: Fördern Sie die Stärken und Interessen Ihres Kindes und kanalisieren Sie seine Energie

Ist das bei Ihnen auch so?

Peters Mutter stellt manchmal traurig fest, dass sie immer über Probleme mit ihrem Sohn nachdenkt und ihn eigentlich nur noch ermahnen und mit ihm schimpfen muss. Seine Energie scheint grenzenlos zu sein, ständig ist er auf Achse, hat immer wieder neue Einfälle, fängt permanent Neues an und lässt Altes liegen. Nur wenn er richtig in Bewegung ist, fühlt er sich wohl. Wenn Peter sich mit einem seiner wenigen Freunde verabredet, machen die beiden leider oft nur Mist zusammen. Sie spielen so wild, dass ständig etwas dabei kaputtgeht. Letztendlich streiten sie sich so sehr, dass die Verabredung abgebrochen werden muss. Peters Mutter hat das Gefühl, dass sie eigentlich die ganze Zeit nur aufpassen muss. Aber auch neue Freunde zu finden, ist für Peter nicht einfach. In seiner Klasse ist er nicht gerade beliebt, weil er häufig aggressiv reagiert, wenn etwas nicht so läuft, wie er möchte. Die anderen Kinder haben dann Angst vor ihm.

Peter ist auch eine richtige Quasselstrippe, nie steht der Mund still, und die anderen leiden mitunter darunter. Andererseits hat neulich eine Freundin von Peters Mutter zu ihr gesagt: »Sei doch froh, dass er viel redet. Meinem Sohn muss ich alles aus der Nase ziehen!« In solchen Momenten denkt die Mutter von Peter, dass sie gern mit ihm nicht nur über die Probleme reden möchte und ihn nicht nur immer ermahnen will, Regeln einzuhalten. Zu gern würde sie mehr seine positiven Seiten, seine Interessen und seine Stärken fördern, doch dazu fehlen ihr häufig die Kraft und auch die Ideen, wie das gehen könnte.

Das Leben mit einem Kind, das ADHS oder oppositionelle Verhaltensauffälligkeiten hat, ist oft sehr anstrengend. Wir haben Ihnen in den vorangegangenen Kapiteln schon viele Tipps gegeben, die Ihnen helfen sollen, das problematische Verhalten Ihres Kindes zu vermindern. Es gibt jedoch auch noch einen weiteren wichtigen indirekten Weg, um Probleme zu lösen, und zwar, indem Sie auf die positiven Eigenschaften, Stärken und Interessen Ihres Kindes setzen, diese unterstützen und dabei auch seine oft unbändige Energie kanalisieren. Da Kinder mit ADHS und oppositionellen Verhaltensauffälligkeiten tagtäglich viele negative Erfahrungen und Frustrationen erleben, ist es besonders wichtig, dass sie auch die eigenen Stärken kennen lernen und sich selbst als einen wertvollen Menschen erleben. Wenn das gelingt, fällt es den Kindern auch leichter, manche Verhaltensprobleme abzulegen.

Kinder mit oppositionellen Verhaltensauffälligkeiten werden von Gleichaltrigen, aber auch von Erwachsenen (z. B. Lehrerinnen oder Erzieherinnen) häufig abgelehnt und machen so ständig negative Erfahrungen im Umgang mit anderen. Deshalb ist es gerade für diese Kinder besonders wichtig, ihre Stärken und Interessen zu nutzen, um auch mal wieder positive Beziehungen zu anderen aufbauen zu können. Beispielsweise kann ein sportliches Kind im Verein Anerkennung finden und so lernen, dass es sich »lohnt«, sich sozial angemessen zu verhalten und Regeln zu beachten.

Was können Sie tun?

Kinder mit ADHS sind oft wahre Energiebündel. Deshalb wollen wir Ihnen Vorschläge dazu machen, wie Sie die Energie Ihres Kindes zunehmend in sinnvolle Bahnen lenken können. Sowohl im

»Großen« über regelmäßige Bewegung als auch im »Kleinen« durch kleine Aktivitäten im häuslichen Alltag und vor oder bei den oft schwierigen Übergängen von einer Aktivität zur nächsten.

Die Vorstellung, ein Kind mit viel Energie müsse nur seine Energie herauslassen und sich zum Beispiel austoben können, damit es danach endlich ruhiger ist, trifft bei Kindern mit ADHS in der Regel nicht in dieser Form zu. Es ist natürlich dennoch sehr günstig, Kindern mit diesen Schwierigkeiten viel Gelegenheit zu geben, sich körperlich »auszupowern«. Dies führt bei ihnen zu etwas mehr Ausgeglichenheit, ihre körperliche Fitness verbessert sich und häufig ist die Zeit, in der sie sich sportlich betätigen, einfach eine Zeit, in der sie keinen »Unsinn« machen.

Das kann Ihnen helfen!

(1) Tragen Sie die positiven Eigenschaften, Stärken und Interessen Ihres Kindes zusammen

Tragen Sie alle positiven Eigenschaften, Stärken, Talente und Interessen Ihres Kindes, die Ihnen einfallen, zusammen und schreiben Sie diese auf. Denken Sie dabei bitte nicht nur an besonders herausragende Eigenschaften oder Talente – beispielsweise »ist der Beste in seinem Fußballverein« –, sondern auch an die ganz »normalen« schönen Eigenschaften wie »spielt gerne und gut Fußball«.

Überlegen Sie zunächst, was die positiven Eigenschaften sind. Sie können dabei vielleicht auch auf die Listen aus Stufe 4 *Was mögen Sie an Ihrem Kind?* oder das *Was ist schön-Tagebuch* (**Arbeitsblatt 6**) zurückgreifen.

Beispiele für **positive Eigenschaften**:

- ist hilfsbereit
- ist sehr offen
- hat viel Humor
- hat oft gute Laune
- ist fantasievoll, kreativ
- beschützt Schwächere

Überlegen Sie jetzt, was die Stärken Ihres Kindes sind. Schreiben Sie dabei auch Dinge auf, die Sie möglicherweise gar nicht so wertschätzen.

Beispiele für **Stärken**:

- ist bei praktischen Dingen geschickt
- redet gern
- ist sehr flink
- hat einen ausgeprägten Gerechtigkeitssinn
- kann sich durchsetzen
- hat immer eine passende Antwort
- Überlegen Sie nun, welche besonderen Interessen Ihr Kind hat, und schreiben Sie diese in die Liste. Schreiben Sie zunächst alle Interessen auf, auch wenn Sie selbst damit nicht so viel anfangen können.

Beispiele für **Interessen**:

- mag gerne Musik
- interessiert sich für Autorennen
- spielt gern Wettkampfspiele

Welche positiven Eigenschaften, Stärken und Interessen hat Ihr Kind?

(1) ....

....

(2) ....

....

(3) ....

....

(4) ....

....

(2) Überlegen Sie, was Ihr Kind sonst noch häufig und gern macht, und versuchen Sie, daraus seine Stärken und Interessen abzuleiten

Nehmen Sie **Arbeitsblatt 20** »Was mein Kind häufig macht und was daran positiv ist« zur Hand. Schreiben Sie in der ersten Spalte alles auf, was Ihr Kind sonst noch häufig und gern macht, zunächst unabhängig davon, ob Sie es selbst gut finden oder nicht. Schreiben Sie ruhig auch das auf, was Sie eigentlich ausschließlich problematisch finden. Häufig können nämlich Verhaltensweisen und Interessen nicht nur in *gut* oder *schlecht* eingeteilt werden und man kann mitunter auch in schwierigen Verhaltensweisen oder problematischen Interessen Positives finden. Überlegen Sie deshalb dann für die nächste Spalte, ob Sie in diesem Verhalten auch etwas Positives entdecken können. Was hat dieses Verhalten an sich, was auch erfreulich ist?

Hier ein paar Beispiele:

Was macht Ihr Kind häufig oder besonders gern?	**Was ist daran (auch) positiv?**
Ist ständig auf Achse und immer in Bewegung	Liebt es, sich zu bewegen, ist aktiv und sportlich und hat sehr viel Energie
Redet ständig	Unterhält sich gern, ist offen / mitteilsam
Ist sehr impulsiv, will ständig irgendetwas anderes	Ist spontan und hat sehr viele Ideen
Ärgert sich sehr schnell, fühlt sich schnell ungerecht behandelt	Hat einen ausgeprägten Gerechtigkeitssinn
Spielt ständig am Computer	Ist technisch interessiert, hat bei den Spielen eine hohe Reaktionsgeschwindigkeit und Ausdauer

(3) Fördern Sie die körperlichen Aktivitäten Ihres Kindes und kanalisieren Sie seine Energie

Kinder mit ADHS und oppositionellen Verhaltensauffälligkeiten haben oft eine schier unerschöpfliche Energie. Daher ist es besonders wichtig, diese Energie zu kanalisieren und die Stärken dabei zu fördern. Obwohl Möglichkeiten zum Austoben für alle Kinder prinzipiell gut sind, bringt zielloses Toben den Kindern mit ADHS oft nicht viel und kann, vor allem bei Kindern mit oppositionellen Verhaltensauffälligkeiten, durchaus ins Gegenteil umschlagen. Folgende Punkte haben sich als hilfreich erwiesen, die besondere Energie dieser Kinder zu kanalisieren:

- Einmal am Tag ins Freie gehen, auch wenn das Wetter einmal schlecht sein sollte. Im Anschluss an einen Aufenthalt im Freien sind die Kinder meistens auch in der Wohnung etwas ausgeglichener.
- Mit dem Kind gezielt toben, zum Beispiel bei einer Kissenschlacht. Dies sind häufig Aktivitäten, die gern auch von Vätern übernommen werden. Hierbei ist es wichtig, dass der Erwachsene das Ende der Situation gut begleitet, z. B. indem er gegen Ende durch einen Durchgang »Kissenschlacht in Zeitlupe« ein langsames »Ruhigerwerden« unterstützt.
- Generell viel draußen unternehmen, wie zum Beispiel Fahrrad fahren, Inline skaten, Fußball oder Federball spielen, Hüpfekästchen, Gummitwist, auf den nächsten Schulhof fahren und Tischtennis spielen, schwimmen gehen, in den Wald gehen und mit Ästen etwas bauen, Steine sammeln … Der Fantasie sind hier keine Grenzen gesetzt.
- Sportvereine: Überlegen Sie, welcher Sport für Ihr Kind günstig ist. Eine Mannschaftssportart wie Fußball, Handball oder Basketball oder eine Einzelsportart wie Tennis, Judo oder Taekwondo? Für welchen Sport zeigt Ihr Kind Interesse (siehe hierzu auch Punkt 7)?

(4) Bringen Sie Abwechslung in den Alltag und planen Sie schöne und interessante Aktivitäten

Im Leben mit einem Kind mit ADHS und oppositionellen Verhaltensauffälligkeiten ist es sinnvoll, den Tag nach einem regelhaften Ablauf zu gestalten. Diese festen Strukturen helfen den Kindern, sich im Tag besser zurechtzufinden und sich so auch leichter an die Regeln zu halten. Es ist daher günstig, feste Zeiten und Abläufe in den Alltag zu übernehmen, wie zum Beispiel klare Aufstehzeiten, morgens die gleichen Abläufe beim Fertigmachen, feste, gemeinsame Essenszeiten, Hausaufgabenzeiten, Abendrituale beim Zubettgehen usw. Trotzdem muss man auch die nötige Flexibilität bewahren, wenn dieser Ablauf einmal nicht eingehalten werden kann.

Zudem ist es häufig günstig, Leerlaufzeiten sinnvoll zu überbrücken. Es kann sein, dass man im Auto fährt oder kocht oder man bemerkt, dass das Kind gerade nichts zu tun hat, unruhig wird und beginnt, die Schwester zu provozieren. Dann kann es sinnvoll sein, dem Kind einfach ein kurzes Spiel vorzuschlagen. Beispiele, für die man nichts (auch nicht seine Hände) benötigt, sind:

- »Ich sehe was, was du nicht siehst«
- »Ich denke an etwas, woran du nicht denkst«
- »Ich bin eine berühmte Person / Comicfigur, die wir kennen, und du musst raten, wer« (es sind nur Fragen erlaubt, die man mit Ja oder Nein beantworten kann.)
- »Wir denken uns lustige Sätze mit den Buchstaben auf den Nummernschildern aus« – zum Beispiel: K – SW … wird zu »Kinder sind wunderbar« oder »Keiner sieht was«

Wenn Sie nur wenig Zeit, aber die Hände frei haben, können kurze Karten- oder Brettspiele, das Vorlesen eines Buchkapitels oder ein Geschicklichkeitsspiel Spaß machen und ebenfalls Energien kanalisieren.

Wenn Sie etwas mehr Zeit haben, können Sie überlegen, was Ihnen gemeinsam Spaß machen könnte. Es gibt sehr viele schöne Familienspiele. Wenn Ihr Kind Schwierigkeiten hat zu verlieren, können Sie auch in Teams spielen, damit keiner allein verliert. Es gibt auch Spiele, bei denen das Gewinnen nicht so im Vordergrund steht und bei denen nicht, wie bei *Mensch ärgere dich nicht*, gegeneinander gespielt werden muss – zum Beispiel bei *Activity*. Oder probieren Sie neue Regeln aus. Spielen Sie *Mensch ärgere dich nicht* einmal so, dass Kinder nicht herausgeworfen werden dürfen, Erwachsene hingegen schon. Davon sind in der Regel alle Kinder begeistert.

(5) Helfen Sie Ihrem Kind dabei, mit Medien sinnvoll umzugehen

In allen Familien ist der Medienkonsum immer wieder ein Thema, da es eine stetig wachsende Vielzahl an verführerischen Angeboten gibt. Zum Fernseher sind längst zahlreiche Alternativen wie Computer, Spielkonsolen, tragbare Minikonsolen und Smartphones hinzugekommen. Für Kinder mit ADHS und oppositionellen Verhaltensauffälligkeiten haben alle derartigen Angebote eine hohe Attraktivität. Leider ist jedoch oft zu beobachten, dass gerade Kinder mit ADHS eher mit noch größerer Unruhe auf ein Zuviel an Medien reagieren. Außerdem ist es besonders wichtig, auf die Inhalte der Medien zu achten.

Auf der anderen Seite können Kinder durch die neuen Medien auch viel lernen und sie erwerben Kenntnisse im Umgang damit, die sie in ihrem späteren Leben sicher gut gebrauchen können. Es geht also nicht darum, die Kinder möglichst von den Medien fernzuhalten, sondern (1) die Zeiten des Medienkonsums sinnvoll einzuschränken und (2) das Interesse des Kindes an Medien in vernünftige Bahnen zu lenken.

Zeigen Sie Ihrem Kind, wozu der Computer und das Internet sinnvoll genutzt werden können, schauen Sie gemeinsam bestimmte Themen und Interessengebiete für die Schule oder die Freizeit an. Lassen Sie sich von Ihrem Kind auch immer bei einem neuen Spiel erst einmal das Spiel erklären. So zeigen Sie Interesse und wissen, was Ihr Kind spielt! Zeigen Sie Ihrem Kind im Internet Seiten wie zum Beispiel Wikipedia als Nachschlagewerk. Auch viele Schulen arbeiten heute schon mit den Medien Computer und Internet, zum Beispiel über Mathe-Pirat (Aufgaben aus dem Bereich Mathematik) oder Antolin (Verständnisfragen zu gelesenen Büchern). Hier können Kinder ihr Wissen zeigen und Punkte sowie Urkunden für ihre Leistungen erwerben. Beide Programme laufen über die Anmeldung durch die Schulen. Nehmen Sie auch Ihre eigene Vorbildfunktion ernst und überdenken Sie Ihren eigenen Medienkonsum. Einen sinnvollen Umgang mit Medien lernen Kinder in erster Linie durch Vorleben.

Im Internet finden sich verschiedene Seiten zum Umgang mit Medien. Wir nennen Ihnen an dieser Stelle einige Beispiele: Die Seite *www.spielbar.de* ist zum Beispiel eine interaktive Plattform der Bundeszentrale für politische Bildung zum Thema Computerspiele. Damit hilft diese Seite Eltern und pädagogisch Verantwortlichen beim Einstieg in das Thema und stellt Tipps und Materialien für den Alltag und die pädagogische Praxis bereit. Die Seite *www.spieleratgeber-nrw.de* ist ein pädagogischer Ratgeber für Computer- und Konsolenspiele und ein Projekt von Computer-Projekt Köln e.V., einem Verein für Medien, Bildung und Kultur, gefördert vom Ministerium für Generationen, Familien, Frauen und Integration des Landes Nordrhein-Westfalen. Auch auf der Seite *www.bundespruefstelle.de* als Bundesprüfstelle für jugendgefährdende Medien können Sie sich weitergehend informieren. Es gehört für einen sinnvollen Umgang mit den Medien auch dazu, eine Tagesbeschränkung für die Medienzeit festzulegen. Dabei ist es wichtig, alle unterschiedlichen Medien zusammenzurechnen (zum Beispiel Fernsehen, Gameboy, Konsole und Computer). Wenn Ihr Kind Medien nutzen möchte, überlegen Sie mit ihm gemeinsam, ob es die gesamte Medienzeit für den Tag einlösen möchte oder diese lieber in mehrere Einheiten aufteilt. Erinnern Sie Ihr Kind daran, wenn später am Tag noch eine Lieblingssendung läuft oder Ihr Kind später mit einem Freund noch an der Konsole spielen will. Vereinbaren Sie dann die genaue Zeit, zu der wieder ausgeschaltet werden muss. Sie können für dieses Vorgehen auch »Spielchips« verwenden. Jeder Chip steht dann beispielsweise für 15 Minuten Medienzeit. Sie können gegebenenfalls Ihrem Kind die Chips für alle Wochentage (Montag bis Freitag) geben und Ihr Kind kann sich diese selbst einteilen. Für andere

Kinder kann es sinnvoll sein, die Chips nur für den jeweiligen Tag zu erhalten. Probieren Sie aus, was für Sie und Ihr Kind gut ist. An Wochenenden können Sie auch andere Regeln vereinbaren, zum Beispiel dass mehr Chips zur Verfügung stehen oder individuell entschieden wird, je nachdem, was am Wochenende los und für die Familie sinnvoll ist. In der Regel sind am Wochenende längere Medienzeiten als in der Woche möglich.

Wenn die Medienzeit an Computer, Spielkonsole oder Gameboy vorbei ist, kündigen Sie kurz (etwa 5 Minuten) vorher an, dass gleich ausgeschaltet werden muss. Erinnern Sie Ihr Kind daran, rechtzeitig zu speichern oder jetzt zu einem »Speicherort« zu gehen. Kündigen Sie an, dass das Gerät genau um die vereinbarte Zeit ausgemacht werden muss. Wenn die Zeit abgelaufen ist, fordern Sie Ihr Kind auf, das Gerät auszuschalten. Zählen Sie leise bis 5, fordern Sie Ihr Kind erneut auf und kündigen Sie an, sonst selbst das Gerät auszuschalten (oder gegebenenfalls den Stecker herauszuziehen). Zählen Sie wieder leise bis 5 und schalten Sie dann, wenn nötig, das Gerät ab. Vergessen Sie nicht, Ihr Kind sofort zu loben oder sich kurz bei ihm zu bedanken, wenn es das Gerät nach der ersten oder zweiten Aufforderung selbst ausgeschaltet hat.

Häufig sind sich Eltern unsicher, wie viel Medienzeit pro Tag für ihre Kinder sinnvoll ist. Natürlich kann man das nicht generell beantworten, aber als Richtwerte haben sich folgende Zeiten bewährt:

- Kinder von 3 bis 5 Jahren: ungefähr 30 Minuten pro Tag (meist Fernsehen)
- Kinder von 6 bis 9 Jahren: ungefähr 60 bis 90 Minuten pro Tag
- Kinder von 10 bis 13 Jahren: ungefähr 90 bis 120 Minuten pro Tag

(6) Leiten Sie Ihr Kind zu einer eigenen Beschäftigung an und bestärken Sie Ihr Kind, wenn es sich allein beschäftigt hat

Kindern mit ADHS und oppositionellen Verhaltensauffälligkeiten fällt es oftmals schwer, ganz allein in eine Beschäftigung hinein- oder auch zu ihr zurückzufinden, wenn sie diese einmal unterbrochen haben. Sie benötigen oft eine Idee mit aktiver Anleitung, um eine selbstständige Beschäftigung zu beginnen. Wenn Ihr Kind gerade nichts zu tun hat oder äußert: »Mir ist langweilig«, überlegen Sie kurz gemeinsam mit Ihrem Kind, was es tun könnte. Bei einem Kind mit ADHS reicht es allerdings oft nicht aus, einfach eine Idee auszusprechen, sondern es ist sinnvoll, mit dem Kind gemeinsam zum Spielmaterial (zum Beispiel zur Legokiste) zu gehen, dieses herauszuholen und sich kurz zum Kind zu setzen und gemeinsam mit einigen Steinen mit dem Bauen zu beginnen. Vielleicht hat Ihr Kind nun schon eine eigene Idee, was es bauen will, sonst können Sie ihm einen Vorschlag machen: »Bau doch einen Zoo mit Fantasietieren! Ich komme dann gleich noch einmal schauen, wie weit du schon gekommen bist.« Lassen Sie nun Ihr Kind allein weiterspielen. Es ist besonders hilfreich, wenn Sie selbst in dieser Zeit einer Beschäftigung nachgehen, die das Kind auch gut als Aktivität erkennen kann, wie zum Beispiel Wäscheaufhängen oder Bügeln. Wenn Sie dagegen Zeitung lesen, am Computer arbeiten oder telefonieren, nimmt Ihr Kind dies oft nicht als richtige Beschäftigung wahr und unterbricht Sie daher eher häufiger. Üben Sie solche eigenen Beschäftigungen zunächst nur für kurze Zeit (5 bis 10 Minuten) aus. Wenn es schon besser klappt, können Sie die Zeit langsam steigern.

(7) Fördern Sie die Integration Ihres Kindes in eine Gruppe oder einen Verein

Es ist immer sinnvoll, wenn Kinder Gruppenzugehörigkeit nicht nur in der Schule, sondern auch in der Freizeit erleben. Natürlich bieten sich hier alle Arten von Sportvereinen an, egal ob für Fußball, Handball, Basketball, Tischtennis, Tennis, Judo oder eine andere Sportart. Solche Sportvereine können Ihrem Kind helfen, seine Energien zu kanalisieren, und ihm viele Erfolgserlebnisse vermitteln. Neben den klassischen Sportvereinen können aber auch die freiwillige Feuerwehr sowie Pfadfinder und Gemeindegruppen der Jugendhilfe oder von Kirchen geeignete Alternativen sein. Diese Gruppen sind häufig noch stärker durch einen sozialen Zusammenhalt geprägt und auch für Kinder geeignet, die kein Interesse an Sport haben oder nicht besonders sportlich sind. Hier werden soziale Interaktionen besonders gefördert. Wenn irgend möglich, sollten Sie dafür sorgen, dass Ihr Kind in einem Verein aktiv ist. Zudem lernen jene Kinder, denen es schwer fällt, sich in sozialen Gruppen angemessen zu verhalten, dass es auch schön sein kann, mit anderen Kindern ohne Streit zusammen zu sein. Ihr Kind kann positive Erfahrungen im Umgang mit anderen Kindern und auch Erwachsenen machen und es lernt, dass es Spaß machen kann, sich an Regeln zu halten.

(8) Helfen Sie Ihrem Kind, Freundschaften aufzubauen und zu pflegen

Kontakte zu Gleichaltrigen stellen oft ein schwieriges Thema für Kinder mit ADHS und oppositionellen Verhaltensauffälligkeiten dar. Dabei fällt es ihnen meist weniger schwer, einen Spielkameraden kennenzulernen, als vielmehr, mit diesem auch befreundet zu bleiben. Viele Kinder mit diesen Verhaltensproblemen brauchen mehr Unterstützung als andere Kinder darin, Freundschaften zu pflegen. Wenn es Ihrem Kind nicht gelingt, selbst Verabredungen zu treffen, nutzen Sie die Gelegenheit, wenn Sie auf dem Spielplatz oder Schulhof beobachten, dass Ihr Kind mit einem anderen Kind spielt, und schlagen Sie selbst eine Verabredung vor. Am günstigsten ist oft ein Vorschlag für den gleichen Nachmittag: »Jonas, du kannst gern noch etwas mit zu uns kommen, wenn du möchtest, da könnt ihr noch weiter spielen!«, oder: »Wir wollen heute Nachmittag ins Schwimmbad fahren, hast du Lust, mit uns zu kommen? Wir können ja mal deine Mama fragen.« Beim gemeinsamen Spiel mit einem Freund bei Ihnen zu Hause oder in Ihrer Anwesenheit können Sie auch sehr gut am Rande beobachten, ob es gegebenenfalls zu Konflikten kommt, und vermitteln, wenn es notwendig wird. Wenn Ihr Kind zu einem anderen Kind zum Spielen geht, kann es sinnvoll sein, mit ihm vorher noch einmal Situationen zu besprechen, in denen es leicht zu Konflikten kommt, und zu überlegen, was es tun könnte, um einen Streit zu verhindern. Dabei können Sie sich auf Möglichkeiten beziehen, die auch beim Spiel zu Hause geholfen haben. Wenn eine Freundschaft »einschläft« und Sie bemerken, dass sich Ihr Kind auf einmal gar nicht mehr mit diesem Kind trifft, ermuntern Sie Ihr Kind zu einer erneuten Kontaktaufnahme.

(9) Helfen Sie Ihrem Kind, Streit zu schlichten und Konflikte mit Gleichaltrigen zu lösen, wenn Sie Streit beobachten!

Diesen Punkt können Sie in Teil III dieses Buches im Kapitel 8 *Meine Kinder sind wie Hund und Katze!* nachlesen. Hier ist erläutert, wie Sie Konfliktgespräche mit Kindern führen und dadurch die Konflikte lösen können. Dies können Sie natürlich nicht nur auf Geschwisterkinder, sondern auch bei »fremden« Kindern anwenden. Beachten Sie hierbei besonders, nicht parteilich zu sein, sondern beide Kinder (Ihr eigenes und das andere) zu Wort kommen und ihre Perspektive schildern zu lassen.

Kinder mit ADHS und oppositionellen Verhaltensproblemen haben häufiger Streit und Konflikte mit Gleichaltrigen. Umso wichtiger ist es, sie darin zu unterstützen, mit Konflikten besser umgehen zu können und Lösungen zu finden. Kinder fühlen sich in einer Streitsituation meist im Recht und nur vom anderen ungerecht behandelt. Sie sind der Meinung, der andere hat Schuld an der Situation und das eigene Fehlverhalten ist nur als Reaktion auf die Schuld des anderen zu verstehen (»Ich habe ihn ja nur geschlagen, weil er mir die Zunge rausgestreckt hat!«). Sie sehen dabei meist nur ihre eigene Sichtweise. Häufig wird auch von uns Erwachsenen nach einem Schuldigen gesucht, dem (Haupt-) Verursacher des Streits. Dies ist jedoch in der Regel nicht hilfreich! Es gibt selten nur einen Schuldigen! Meist tragen alle Beteiligten (zumindest in einem gewissen Maße) zum Streit bei! Um Probleme in sozialen Situationen besser zu lösen, ist es daher wichtig, die Perspektive des anderen einzunehmen, die Anteile jedes einzelnen an der Situation zu verstehen, möglichst viele verschiedene Lösungen zu überlegen und deren Konsequenzen zu durchdenken und anschließend die »günstigste« Lösung für alle zu finden. Kurz zusammengefasst:

- Zum Streit gehören immer (mindestens) zwei!
- Es gibt meist nicht nur einen Schuldigen, sondern jeder hat seinen Anteil am Streit!

- Es hilft daher nicht, nur einen Schuldigen zu suchen!
- Leiten Sie Ihr Kind (und die anderen) zur Perspektivenübernahme an!
- Versuchen Sie, mit Ihrem Kind seinen eigenen Anteil am Streit herauszuarbeiten und zu überlegen, was es hätte anders machen können!

(10) Geben Sie Ihrem Kind viele positive Rückmeldungen und schaffen Sie eine positive Atmosphäre!

Um sich entwickeln zu können, benötigen Kinder mit ADHS und oppositionellen Verhaltensauffälligkeiten besonders viel direkte Ansprache, Bestätigung und Verstärkung. Das bedeutet, dem Anliegen Ihres Kindes zuzuhören und, wenn möglich, zumindest kurz darauf einzugehen. Wenn Sie beobachten, dass Ihr Kind etwas geschickt gemacht oder geschafft hat, dann können Sie ihm durch eine kurze Bemerkung wie »Das kannst du gut!« oder »Du hast gut aufgepasst!« eine wichtige Bestätigung geben, dass es auch etwas gut macht. Außerdem erhöhen Sie die Wahrscheinlichkeit, dass es sich auch beim nächsten Mal wieder Mühe gibt. Ermutigen Sie zudem Ihr Kind so viel wie möglich. Sie stärken damit seine Zuversicht, Dinge schaffen und Schwierigkeiten bewältigen zu können (»Fang doch schon mal mit dem Zähneputzen an, heute werden sie sicher besonders weiß!« »Die Rechenaufgaben sind wirklich nicht leicht. Aber ich bin sicher, dass du viele schaffen wirst, ich komme dann gleich und kann dir bei den ganz schweren Aufgaben helfen!«). Kinder brauchen viel Ermutigung. So gehen sie mit einem positiven Gefühl an die Aufgabe heran und trauen sich mehr zu.

(11) Legen Sie fest, welche positiven Eigenschaften, Interessen und Stärken Ihres Kindes Sie auf welche Weise fördern können

Nehmen Sie die **Memokarte 7** »Eigenschaften, Interessen und Stärken meines Kindes« zur Hand und tragen Sie in die erste Spalte zunächst die positiven Eigenschaften, Interessen und Stärken Ihres Kindes ein, die Sie fördern können oder möchten. Überlegen Sie sich für die zweite Spalte, wie und wann Sie Ihrem Kind dazu Gelegenheit geben können. Überlegen Sie bitte auch, zu welchen Zeiten Ihr Kind Tätigkeiten ausüben kann, die es gut kann und die es gerne macht. Denken Sie sowohl an mögliche feste Termine als auch an günstige Tageszeiten, an denen Sie Ihr Kind gezielt zwischendurch zu Tätigkeiten ermuntern können, die es gut kann und gern macht.

Beispiel • Memokarte 7 »Eigenschaften, Interessen und Stärken meines Kindes«

Welche Eigenschaften, Interessen und Stärken meines Kindes möchte ich fördern?

- liebt es, sich zu bewegen, ist aktiv und sportlich und hat sehr viel Energie
- hat einen ausgeprägten Gerechtigkeitssinn und Spaß an der Natur
- ist sehr kreativ
- spielt gern am Computer

Wie könnte ich dies tun?

- einmal pro Woche Kissenschlacht im Schlafzimmer (Freitagsabend)
- beim Fußballverein anmelden
- einmal im Monat eine kleine Fahrradtour machen
- einmal in der Woche zum Schulhof fahren und Tischtennis spielen (Mittwochs)
- mich erkundigen, ob es eine Pfadfindergruppe in der Nähe gibt, und dort einen Kennenlerntermin ausmachen
- häufiger zu Hause zusammen basteln und malen
- nach guten Lernspielen erkundigen (andere Eltern oder Lehrer fragen)
- gemeinsam im Internet surfen, um z. B. Unterrichtsthemen für die Schule zu vertiefen (z. B. Wissensgebiete erweitern, die gerade im Sachunterricht durchgenommen werden)
- auf Internetseiten wie Wikipedia.de mit meinem Kind etwas nachschlagen

Materialien für diese Stufe

- Memo-Karte 7
- Arbeitsblatt 6 »Was-ist-schön-Tagebuch«
- Arbeitsblatt 20 »Was mein Kind häufig macht und was daran positiv ist«

Pannenhilfe bei neuen und hartnäckigen Problemen (Stufe 15 und 16)

Stufe 15: Wenn neue Probleme auftauchen

Ist das bei Ihnen auch so?

Eigentlich war Peters Mutter ganz zufrieden, nachdem sie den Elternleitfaden durchgearbeitet hatte. Zwar hat nicht alles so geklappt, wie sie es sich anfangs erhofft hatte, und die Durchführung der Regeln war mühsamer, als zunächst erwartet, aber insgesamt konnte sie doch viele Probleme deutlich vermindern – Peters Wutanfälle traten nur noch selten auf und die Hausaufgaben waren für beide längst nicht mehr so belastend. Auch die Beziehung zwischen beiden hatte sich deutlich verbessert. Dann kam Peter auf die Realschule und viele der alten Probleme wurden wieder stärker, vor allem der Kampf um die Hausaufgaben begann von neuem. Außerdem wollte Peter jetzt auch abends viel länger Fernsehen und nicht mehr so früh nach Hause kommen.

Sie haben im Rahmen dieses Programmes eine Vielzahl von Methoden und Möglichkeiten kennengelernt, die dabei helfen, Verhaltensprobleme von Kindern erfolgreich zu bewältigen. Phasenweise verhalten sich jedoch alle Kinder immer wieder einmal problematisch, und es gibt keinen Grund für die Erwartung, dass Ihr Kind im Verlaufe seiner weiteren Entwicklung überhaupt keine Probleme mehr entwickeln wird.

Was können Sie tun?

Wenn neue Probleme auftauchen oder alte Schwierigkeiten sich wieder verstärken, dann bedeutet das nicht, dass Ihre Bemühungen umsonst waren. Dies ist vielmehr ein Hinweis, dass Sie erneut gezielt an der Lösung von Problemen arbeiten sollten. Sie kennen jetzt viele Möglichkeiten, die es gibt, um das Verhalten von Kindern systematisch zu verändern. Sie werden daher zukünftige Probleme häufig selbst lösen können. Sie sollten dabei besonders an die im Folgenden beschriebenen Regeln denken:

Das kann Ihnen helfen!

(1) Analysieren Sie das Problemverhalten

Beschreiben Sie das **Problemverhalten** möglichst konkret. Benutzen Sie keine Schlagworte oder grobe Eigenschaftsbegriffe (ist frech, ist unruhig), sondern beschreiben Sie das Verhalten möglichst konkret (z. B. schreit die Eltern an, wenn ihm etwas nicht passt).

Beschreiben Sie das Problemverhalten möglichst konkret:

....

....

....

....

....

....

Beschreiben Sie jetzt, **in welchen Situationen** dieses Problemverhalten auftritt (z. B. abends beim Fernsehen oder wenn dem Kind etwas verboten wird).

In welcher Situation tritt das Problemverhalten auf?

……………………………………………………………………………………

……………………………………………………………………………………

……………………………………………………………………………………

……………………………………………………………………………………

……………………………………………………………………………………

Notieren Sie dann, **wie häufig** dieses Problemverhalten in der letzten Woche aufgetreten ist (z. B. immer in der Situation oder in der Hälfte der Situationen oder drei- bis fünfmal pro Tag).

Wie häufig trat das Problemverhalten in der letzten Woche auf?

……………………………………………………………………………………

……………………………………………………………………………………

(2) Beschreiben Sie, welche Konsequenzen das Problemverhalten für Ihr Kind hat

Schreiben Sie in den nächsten Kasten, wie Sie und andere auf das Problemverhalten in der letzten Woche reagiert haben (z. B. »Habe ihn manchmal angeschrien und manchmal auch gar nicht reagiert«), und überlegen Sie, ob das Problemverhalten möglicherweise positive Konsequenzen für Ihr Kind hat (z. B. »Konnte sich vor Pflichten drücken«), und notieren Sie diese ebenfalls.

Welche Konsequenzen hat das Problemverhalten für Ihr Kind?

……………………………………………………………………………………

……………………………………………………………………………………

……………………………………………………………………………………

……………………………………………………………………………………

(3) Beschreiben Sie das angemessene Verhalten, das Sie von Ihrem Kind erwarten

Schreiben Sie in die nächsten drei Kästen, welches Verhalten Sie in diesen Situationen als angemessen erwarten (z. B. «Sagt in normalem Ton, wenn ihm etwas nicht passt«), wie häufig das erwünschte Verhalten in der letzten Woche aufgetreten ist und welche Konsequenzen eingetreten sind, wenn das Kind sich angemessen verhalten hat. Wie haben Sie darauf reagiert? Hatte das Verhalten positive Konsequenzen für Ihr Kind?

Beschreiben Sie das erwünschte Verhalten möglichst konkret:

Wie häufig trat das erwünschte Verhalten in der letzten Woche auf?

Welche Konsequenzen hatte das erwünschte Verhalten für Ihr Kind?

(4) Beobachten Sie das Verhalten in der kommenden Woche und versuchen Sie, die Ursachen festzustellen

Vielleicht ist Ihnen schon beim Ausfüllen der bisherigen Punkte deutlich geworden, warum das Problemverhalten (wieder) auftritt. Achten Sie in der kommenden Woche auch auf Ihr eigenes Verhalten und das der anderen Bezugspersonen (Ihres Partners, der Geschwister) in diesen Situationen.

Häufig treten neue Verhaltensprobleme auf, weil die Eltern in alte Erziehungsgewohnheiten zurückfallen. Zu den häufigsten Fehlern zählen:

(1) Die *Spaß- & Spiel-Zeit* wurde zu früh aufgegeben.
(2) Aufforderungen werden zu häufig wiederholt.
(3) Aufforderungen werden nicht wirkungsvoll gestellt (z. B. zu viele Aufforderungen, Aufforderungen werden aus zu großer Entfernung gegeben).
(4) Das Kind erhält keine Aufmerksamkeit, wenn es Regeln und Aufforderungen einhält.
(5) Auf das Problemverhalten erfolgen keine regelmäßigen negativen Konsequenzen.

(5) Falls Sie in »alte Gewohnheiten« zurückgefallen sind, dann versuchen Sie, diese wieder abzulegen

Wenn Sie feststellen, dass Ihnen einer der genannten Fehler unterlaufen ist, dann nehmen Sie noch einmal den entsprechenden Leitfaden zur Hand und setzen Sie die Regeln um.

(6) Führen Sie, wenn nötig, einen *Punkte-Plan* oder einen *Wettkampf um lachende Gesichter* durch

Falls die Veränderung Ihrer eigenen alten Gewohnheiten nicht zu einer Verminderung des Problemverhaltens führt, dann nehmen Sie die Stufen des Elternleitfadens über die Entwicklung eines *Punkte-Planes* (Stufe 10) und über den *Wettkampf um lachende Gesichter* (Stufe 12) zur Hand und überlegen Sie die Anwendung dieser Methoden.

Materialien für diese Stufe

keine

Stufe 16: Wenn sich Probleme nicht lösen lassen

Ist das bei Ihnen auch so?

Die Eltern von Peter sind verzweifelt. Sie haben schon alles probiert, auch den Elternleitfaden haben sie intensiv durchgearbeitet. Einige der Probleme von Peter haben sich auch ein wenig vermindert, aber eine wirklich deutlich spürbare Verbesserung der Situation in der Familie hat sich nicht eingestellt.

Was können Sie tun?

Wenn sich die Probleme Ihres Kindes in der Familie durch diesen Elternleitfaden nicht hinreichend verändern ließen, dann können hierfür vielfältige Faktoren eine Rolle spielen. Die folgenden Fragen sollen Ihnen helfen, sich über die möglichen Ursachen etwas klarer zu werden, um dann die notwendigen Schritte einleiten zu können.

Versuchen Sie folgende Fragen zu beantworten

(1) Mit welchen Problemen müssen und können Sie leben lernen?

In Teil 1 (Fragen und Antworten) haben wir bereits darauf hingewiesen, dass gerade bei Kindern mit hyperkinetischen oder oppositionellen Verhaltensproblemen eine Verhaltensänderung manchmal schwer zu erzielen ist. Hyperkinetische Auffälligkeiten, die sich in ausgeprägter Impulsivität, körperlicher Unruhe und Aufmerksamkeitsschwächen äußern, sind zumindest über das Kindesalter hinweg häufig sehr stabil. Viele Fachleute sprechen deshalb auch von einer chronischen Störung, die körperlichen Erkrankungen – etwa dem Asthma – vergleichbar ist. Das bedeutet nicht, dass man die Probleme nicht vermindern kann, es weist nur darauf hin, dass es auch darum gehen muss, bis zu einem gewissen Grade mit der Problematik leben zu lernen. Möglicherweise haben Sie schon sehr viel erreicht, wenn es Ihnen gelingt, trotz der impulsiven und aufbrausenden Tendenzen Ihres Kindes eine positive und vertrauensvolle Beziehung zu ihm aufzubauen und zu bewahren, die sich auch durch immer wieder auftauchende Krisen letztlich nicht erschüttern lässt. Dann kann es gelingen, das Kind durch die turbulenten Jahre zu führen, ohne dass es nachhaltige psychische Schäden davonträgt.

Oppositionelle und aggressive Verhaltensprobleme können für die weitere Entwicklung Ihres Kindes sehr belastend sein. Aus vielen Forschungsergebnissen wissen wir, dass gerade diese Verhaltensauffälligkeiten häufig bis ins Jugendalter, ja sogar bis ins Erwachsenenalter hinein bestehen bleiben können oder sogar noch stärker werden. Kinder und Jugendliche können ein hitziges Temperament haben, das auch gelegentlich zu Problemen mit den Eltern und anderen Mitmenschen führt. Auch damit kann man mit der Zeit umgehen lernen.

Wichtig

Wenn aber das oppositionelle, verweigernde und aggressive Verhalten sehr häufig und in verschiedenen Lebensbereichen auftritt und die Kinder Schwierigkeiten nicht nur in der Familie, sondern regelmäßig auch in der Schule und mit Gleichaltrigen haben, dann sollten Sie unbedingt weitere Schritte unternehmen und sich professionelle Hilfe suchen. Je länger Sie abwarten, umso größer werden diese Probleme!

(2) Wie gut konnten Sie die Hinweise im Elternleitfaden umsetzen?

Eine mögliche Ursache für einen geringen Erfolg eines solchen Elternprogrammes sind Schwierigkeiten in der Umsetzung der Hinweise, die wir Ihnen gegeben haben. Wir verlangen auch wirklich viel von Ihnen – nämlich die Veränderung von Gewohnheiten, die oft schon jahrelang bestehen. Die Gründe für solche Umsetzungsprobleme sind vielfältig. Auf einige werden wir in den folgenden Fragen noch eingehen. Manchmal liegt es daran, dass man von dem generellen Zugang eines solchen Elternprogrammes nicht so richtig überzeugt ist oder dass es einem nicht so liegt, aus einem Buch heraus Dinge systematisch umzusetzen. Möglicherweise profitieren Sie von diesem Ansatz dann mehr, wenn Sie im Rahmen einer Therapie Ihres Kindes zusammen mit dem Therapeuten entsprechende Maßnahmen umsetzen. In einer solchen Therapie können die Maßnahmen natürlich auch viel besser auf die besonderen Bedingungen Ihrer Familie abgestimmt werden. Falls der Therapeut Ihres Kindes Ihnen ähnliche Maßnahmen wie in dem Elternleitfaden vorschlägt, dann sollten Sie nicht mit »Hab' ich schon probiert, hat nichts gebracht« reagieren. Häufig lässt sich mit einem neuen Anlauf zu zweit das Ziel erreichen.

(3) Gibt es besondere Belastungen *in* der Familie?

Ein weiterer Grund für einen geringen Erfolg kann darin liegen, dass Sie mit besonderen zusätzlichen Belastungen in Ihrer Familie zu kämpfen haben. Wir haben dieses Thema bereits in Stufe 2 des Elternleitfadens angeschnitten. Zu den besonderen Belastungen zählen Probleme in der Partnerschaft der Eltern, die sich auch auf Kinder auswirken können. Wenn Sie meinen, dass Sie in besonderem Maße solche Probleme haben, dann sollten Sie jetzt noch einmal mit Ihrem Partner darüber reden. Möglicherweise kann eine Beratung oder eine Therapie hilfreich sein.

Mitunter können auch eigene psychische Probleme oder die eines anderen Familienmitgliedes für einen begrenzten Erfolg des Programmes mitverantwortlich sein. Wir stellen in unserer Arbeit häufiger fest, dass Eltern unter depressiven Verstimmungen, verschiedenen Ängsten oder Alkoholproblemen leiden. Eine Behandlung dieser Probleme kann dann auch helfen, die Schwierigkeiten des Kindes zu lösen, oder sie kann bessere Voraussetzungen dafür schaffen, dass das Kind sein Verhalten durch Maßnahmen ändern kann, wie wir in diesem Elternleitfaden vorgeschlagen haben.

(4) Gibt es besondere Belastungen außerhalb der Familie?

Neben Belastungen in der Familie können auch Belastungen außerhalb der Familie (z. B. Belastungen durch den Beruf, durch die Notwendigkeit, Beruf und Familie unter einen Hut zu bekommen, Belastungen durch Verwandte, fehlende Freunde) mit dafür verantwortlich sein, dass die Veränderungen nicht in dem Maße erreicht werden, wie dies erhofft wurde. Manchmal fällt es schwer, Zeit für ein Kind zu erübrigen, beispielsweise weil die Eltern beruflich so eingespannt sind oder weil andere Aufgaben zu erledigen sind. Das ist natürlich auch eine Frage von Prioritäten. Sie müssen sich klar werden, was Ihnen wie wichtig ist. Das ist eine Frage, die nur Sie für sich selbst beantworten können. Manchmal fällt es auch schwer, sich von gut gemeinten Ratschlägen durch Großeltern oder andere Verwandte hinreichend abzugrenzen. Überlegen Sie, ob es bei Ihnen solche Probleme und Belastungen gibt und welche Lösungsmöglichkeiten Sie sich vorstellen können.

(5) Sind die Probleme des Kindes so stark, dass eine professionelle Behandlung des Kindes notwendig ist?

Manchmal sind aber auch die Verhaltensprobleme des Kindes so stark, dass es den Eltern allein beim besten Willen nicht gelingen kann, die Probleme zu vermindern. Ganz zu Anfang dieses Buches haben wir bereits darauf hingewiesen, dass eine Behandlung des Kindes vermutlich dann notwendig ist, wenn Sie diesen Elternleitfaden als ein Selbsthilfeprogramm systematisch durchgeführt haben, ohne dass sich die Probleme deutlich verändert haben. In Teil I des Buches finden Sie viele Hinweise auf Behandlungsmöglichkeiten, die für Ihr Kind vermutlich hilfreich sind.

Materialien für diese Stufe

keine

III Anwendungsbeispiele

Wie benutze ich die Anwendungsbeispiele?

Mein Kind ist eine Nervensäge

Wo ist mein Kind?

Der Kampf ums Wecken

Wenn das Essen zur Qual wird

Unser täglicher Hausaufgaben-Krieg

Das allabendliche Theater mit dem Zubettgehen

Wutausbrüche

Meine Kinder sind wie Hund und Katze

Probleme in der Öffentlichkeit

Handy, Spielekonsole & Co.: Mein Kind sitzt ständig vorm Bildschirm

Wie benutze ich die Anwendungsbeispiele?

In diesem Kapitel haben wir neun Anwendungsbeispiele zusammengestellt, die typische alltägliche Probleme in Familien mit hyperkinetischen oder oppositionellen Kindern beschreiben und die Anwendung der 16 Stufen des Elternleitfadens an konkreten Beispielen noch einmal erläutern. Sie können diese Anwendungsbeispiele in Verbindung mit dem Elternleitfaden nutzen, indem Sie sich diejenigen heraussuchen, die den Verhaltensproblemen, die Sie lösen wollen, am ähnlichsten sind.

In der App *ADHS-Kids* können die Probleme auch bearbeitet werden. Entweder ist ein Problem schon vorgegeben oder Sie können ein individuelles Problem selbst anlegen und bearbeiten.

Zu manchen der hier aufgezeigten Problemsituationen sind in dem Online-ADHS-Elterntrainer Filmbeispiele zu sehen, die Ihnen die Problemsituation und die Lösungsschritte verdeutlichen können.

Folgende Anwendungsbeispiele haben wir in diesem Kapitel zusammengestellt:

(1) Mein Kind ist eine Nervensäge

Vor allem jüngere Kinder mit hyperkinetischen Verhaltensauffälligkeiten können richtige Nervensägen sein, weil sie ständig die Eltern stören und sie beschäftigen oder irgendetwas von ihnen haben wollen. In dem ersten Anwendungsbeispiel geben wir Ihnen Hinweise, wie Sie mittels der im Elternleitfaden besprochenen Methoden diese Probleme zumindest vermindern können.

(2) Wo ist mein Kind?

Vor allem sehr umtriebige, aber auch viele oppositionelle Kinder sind für Eltern manchmal schwer im Auge zu behalten. Das ist aber gerade bei diesen Kindern häufig besonders nötig, weil sie in unbeaufsichtigten Momenten teils ohne zu überlegen, teils absichtlich Regeln übertreten und manchmal auch gefährliche Aktionen unternehmen. Dieses Anwendungsbeispiel gibt Ihnen Hinweise, die Ihnen helfen sollen, den Überblick zu bewahren.

(3) Der Kampf ums Wecken

Das Aufstehen am Morgen ist sehr oft ein Problem in Familien mit hyperkinetischen oder oppositionellen Kindern. Das Anwendungsbeispiel zeigt Möglichkeiten auf, um den Kampf ums Wecken wenigstens zu entschärfen.

(4) Wenn das Essen zur Qual wird

Das gemeinsame Essen kann für alle Beteiligten dann zur Qual werden, wenn die Kinder sehr wählerisch sind, vieles nicht mögen oder wenn sie durch ihr Verhalten am Tisch für Unruhe oder Streit sorgen. Das Anwendungsbeispiel gibt Hinweise, die helfen sollen, dass das gemeinsame Essen weniger qualvoll erlebt wird.

(5) Unser täglicher Hausaufgaben-Krieg

Die Hausaufgaben-Zeit gehört zu den schwierigsten Situationen in Familien mit hyperkinetischen oder oppositionellen Kindern. Das Anwendungsbeispiel zeigt Ihnen Möglichkeiten auf, wie Sie den täglichen Hausaufgaben-Krieg entschärfen können.

(6) Das allabendliche Theater mit dem Zubettgehen

Die meisten Kinder gehen nicht gerne zu Bett. In manchen Familien wird daraus jedoch ein richtiges Drama. Mithilfe des Anwendungsbeispiels soll dieses Drama möglichst beendet werden.

(7) Wutausbrüche

Heftige Wutausbrüche machen Eltern häufig ratlos. Es kann auch wirklich sehr schwierig sein, wirkungsvoll und angemessen auf solche Wutausbrüche zu reagieren. Dieses Anwendungsbeispiel gibt Ihnen wichtige Hinweise dazu.

(8) Meine Kinder sind wie Hund und Katze

Wenn Kinder ständig miteinander streiten, dann kann das Familienleben dadurch sehr belastet werden. Hinter starker Geschwisterrivalität können sich viele verschiedene Probleme verbergen. Das Anwendungsbeispiel geht auf diese verschiedenen Faktoren ein und zeigt Lösungsmöglichkeiten auf.

(9) Probleme in der Öffentlichkeit

Manche Eltern wagen es schon nicht mehr, mit ihrem Kind einen Supermarkt, ein Restaurant oder ein öffentliches Verkehrsmittel zu betreten, weil sie fürchten, dass ihnen ihr Kind in solchen Situationen außer Kontrolle gerät. Der Umgang mit Grenzüberschreitungen, Schreiattacken oder Wutausbrüchen in der Öffentlichkeit ist besonders schwierig. Das Anwendungsbeispiel zeigt Ihnen Möglichkeiten auf, wie Sie die Maßnahmen, die zu Hause erfolgreich sind, auch in der Öffentlichkeit durchführen können.

(10) Handy, Spielekonsole & Co.: Mein Kind sitzt ständig vorm Bildschirm

Die Diskussionen um Medienzeiten sind in fast allen Familien ein ständiges Konfliktthema. Gerade für ADHS-Kinder haben Medien eine besonders starke Anziehungskraft und durch ihre mangelnde Selbstkontrolle fällt ihnen das Aufhören noch schwerer als anderen Kindern. Das Anwendungsbeispiel zeigt Ihnen Möglichkeiten, wie Sie für Ihr Kind und Ihre ganze Familie einen vernünftigen Umgang mit Medien erreichen können.

Mein Kind ist eine Nervensäge

Ist das bei Ihnen auch so?

Peter ist eine richtige Nervensäge! Seine Mutter hat das Gefühl, keine Minute Ruhe vor Peter zu haben! Ständig kommt Peter sie stören, muss ihr unbedingt etwas zeigen und erzählen oder will etwas von ihr und kann dann überhaupt nicht abwarten. Alles muss sofort gemacht werden. So kommt es, dass Peters Mutter eigentlich nicht in Ruhe telefonieren oder die Wäsche am Stück bügeln kann. Nicht einmal auf der Toilette hat sie ihre Ruhe! Das nervt sie schließlich so, dass sie immer abweisender wird, Peter nur noch anpfeift und schließlich bei irgendeiner der vielen Kleinigkeiten explodiert.

Viele Eltern von Kindern mit Verhaltensproblemen beklagen sich darüber, dass sie nicht dazu kommen, in Ruhe zu telefonieren, das Abendessen zuzubereiten, sich mit jemandem zu unterhalten oder einfach Zeit für sich zu haben, ohne dabei von ihrem Kind ständig gestört zu werden. Besonders stark ist das bei Kindern mit hyperkinetischen Verhaltensauffälligkeiten ausgeprägt.

Die Eltern geraten in einen Teufelskreis, in dem sie ihrem Kind dann ihre Aufmerksamkeit widmen, wenn sie von ihm gestört werden. Meist reagieren sie dann gereizt. Dagegen erhält das Kind zumeist keine Aufmerksamkeit und Anerkennung, wenn es die Eltern in Ruhe lässt und sich selbst beschäftigt. Daher ist es verständlich, dass die Kinder ihre Eltern stören, wenn sie deren Aufmerksamkeit haben wollen. Sie nehmen dann sogar in Kauf, dass die Aufmerksamkeit negativ getönt ist.

Im Online-ADHS-Elterntrainer finden Sie einen Film zu diesem Problemverhalten in »Verhaltensprobleme lösen: ständiges Unterbrechen«.

Was können Sie tun?

Die folgenden Regeln sollen Ihnen helfen, Ihr Kind anzuleiten, sich selbst zu beschäftigen, sodass Sie selbst Ihre Tätigkeiten ohne permanente Störungen beenden können. Dies soll vor allem dadurch erreicht werden, dass Sie Ihr Kind dafür loben, wenn es Sie nicht in Ihrer Beschäftigung unterbricht.

Das kann Ihnen helfen!

(1) Nehmen Sie sich jeden Tag etwas Zeit, in der Sie Ihrem Kind ausschließlich Ihre Aufmerksamkeit widmen können

Bevor Ihr Kind akzeptieren kann, dass Sie manche Dinge ungestört erledigen möchten, muss es sich sicher sein, dass Sie immer wieder auch Zeit finden, in der Sie sich ausschließlich mit ihm beschäftigen. Sie sollten sich deshalb ganz bewusst jeden Tag mindestens zehn Minuten Zeit nehmen, in der Sie sich von sich aus ausschließlich Ihrem Kind widmen. Je jünger das Kind ist, umso häufiger sollten Sie solche Zeiten einplanen. Dafür eignet sich beispielsweise die Zeit, wenn Ihr Kind vom Kindergarten oder von der Schule nach Hause kommt oder auch eine Zeit nach dem Mittagessen. In dieser Zeit können Sie sich mit Ihrem Kind über Dinge unterhalten, die ihm wichtig sind, oder auch etwas spielen. Sie sollten Ihr Kind aber nicht über seine Erlebnisse »ausfragen«, wenn es darüber nichts erzählen will. Sehr hilfreich ist es auch, die *Spaß- & Spiel-Zeit* durchzuführen, die in Stufe 5 des Elternleitfadens dargestellt wurde.

(2) Nehmen Sie sich Zeit für sich selbst!

Genauso wichtig wie die Zeit, die Sie ausschließlich Ihrem Kind widmen, ist die Zeit, die Sie für sich selbst brauchen. Sie sind nicht nur Mutter, Sie haben auch noch andere Interessen und Bedürfnisse und Sie haben ein Recht darauf! Das gestehen sich Mütter oft selbst nicht zu oder es wird ihnen von anderen (z. B. von ihren Partnern oder ihren eigenen Eltern) nicht zugestanden. Gerade wenn man Kinder hat, die sehr anstrengend sind, ist es wichtig, auch Verschnaufpausen zu haben. Besprechen Sie dieses Thema mit Ihrem Partner, vereinbaren Sie feste Zeiten, an denen Sie etwas für sich selbst unternehmen können und an denen Ihr Partner für das Kind zuständig ist. Alleinerziehende Mütter haben es besonders schwer, Zeit für sich selbst zu finden. Aber manchmal kann man auch Großeltern einbeziehen oder sich ganz bewusst Zeit nehmen, wenn die Kinder im Kindergarten oder in der Schule sind. Sie können auch mit anderen Müttern vereinbaren, sich in der Kinderbetreuung abzuwechseln. Es ist sehr wichtig, diese Zeit für sich selbst zu finden. Dann geht es Ihnen besser und Sie können auch wieder entspannter auf Ihr Kind zugehen. Weitere Ideen finden Sie in Stufe 13.

(3) Sagen Sie Ihrem Kind, wenn Sie etwas ungestört erledigen wollen. Überlegen Sie mit Ihrem Kind, was es selbst in dieser Zeit tun kann!

Wenn Sie gerade eine Tätigkeit beginnen, wie z. B. lesen, Nachrichten sehen oder Essen zubereiten, so geben Sie Ihrem Kind eine direkte Anweisung, die zwei Aufforderungen enthalten sollte:

(1) Sagen Sie Ihrem Kind, was es tun kann, während Sie beschäftigt sind.
(2) Sagen Sie Ihrem Kind, dass es Sie jetzt während der Tätigkeit nicht stören soll.

Sie können z. B. sagen: »Ich möchte jetzt eine viertel Stunde Zeitung lesen. Deswegen möchte ich gerne, dass du in deinem Zimmer bleibst, weiter Lego spielst und mich nicht störst.« Die Zeitangabe ist deshalb sinnvoll, damit Ihr Kind eine Vorstellung davon hat, wie lange Sie nicht gestört werden wollen (wenn Ihr Kind schon alt genug ist, um zu wissen, wie lange eine viertel Stunde dauert). Sie können das *Stopp-Signal* (**Arbeitsblatt 14**) an einer günstigen Stelle aufhängen. (Manchmal leihen Kinder das *Stopp-*

Signal von ihren Eltern aus, wenn sie auch einmal nicht gestört werden wollen. Eine gute Idee!)

Die Beschäftigung des Kindes sollte keine Arbeit sein, sondern für Ihr Kind eine interessante Tätigkeit darstellen, gleichzeitig jedoch nicht unbedingt aus Fernsehen bestehen, vielmehr aus einem Spiel oder Malen eines Bildes usw. Ein Filmbeispiel für wirkungsvolle Aufforderungen finden Sie beim Online-ADHS-Elterntrainer in »Verhaltensprobleme lösen: ständiges Unterbrechen«.

(4) Loben Sie Ihr Kind nach kurzer Zeit dafür, dass es Sie bisher nicht gestört hat!

Beginnen Sie dann mit Ihrer Tätigkeit und unterbrechen Sie diese nach einer kurzen Zeit. Gehen Sie zu Ihrem Kind und loben Sie es dafür, dass es Sie nicht gestört hat. Erinnern Sie Ihr Kind nochmals daran, bei der vereinbarten Beschäftigung zu verweilen und Sie nicht zu stören. Setzen Sie danach Ihre Tätigkeit fort. Anfangs sollten Sie Ihr Kind nach einer sehr kurzen Zeit loben (nach ein bis zwei Minuten). Die Zeitspanne sollte davon abhängen, wie häufig Ihr Kind Sie üblicherweise bei dieser Tätigkeit unterbricht.

Beispiele für Loben:

- »Schön, dass du so toll spielst.«
- »Da baust du gerade aber ein tolles Lego-Auto. Ich bin gespannt, wie das aussieht, wenn es fertig ist.«
- »Klasse, dass du mich in Ruhe arbeiten lässt. Das machst du toll. In zehn Minuten bin ich fertig und dann habe ich Zeit für dich.«

(5) Loben Sie Ihr Kind erneut nach einer etwas längeren Zeit!

Warten Sie nun eine etwas längere Zeit, bevor Sie erneut zu Ihrem Kind gehen und es in der gleichen Weise loben. Gehen Sie danach wieder Ihrer Beschäftigung nach, warten Sie noch etwas länger und wiederholen dann die Vorgehensweise noch einmal.

Dieser Schritt ist sicherlich sehr anstrengend für Sie, aber Ihr Kind muss erst einmal durch die Regelmäßigkeit und dichte Folge von Anerkennung und Lob den Zusammenhang zwischen seinem Verhalten und Ihrer positiven Reaktion herstellen und sich in gewisser Weise auch daran gewöhnen. Je intensiver dies am Anfang geübt wird, desto höher die Wahrscheinlichkeit, dass Ihr Kind mit der Zeit auch ohne ständiges Loben dieses Verhalten zeigt.

(6) Verlängern Sie mit der Zeit die Dauer, mit der Sie sich der Tätigkeit widmen!

Mit der Zeit können Sie schrittweise die Häufigkeit verringern, mit der Sie Ihr Kind loben. Gleichzeitig soll der Zeitraum, in dem Ihr Kind Sie nicht stören soll, von Mal zu Mal zunehmen. Am Anfang werden Sie Ihre Beschäftigung sehr häufig für das Loben unterbrechen müssen, mitunter alle ein bis zwei Minuten. Wenn Ihr Vorgehen erfolgreich war, werden sich die Abstände schnell auf drei bis fünf Minuten und mehr verlängern lassen.

(7) Gehen Sie sofort zu Ihrem Kind, wenn es seine Beschäftigung beenden und Sie stören will!

Wenn es danach aussieht, dass Ihr Kind seine Beschäftigung beenden und Sie stören will, dann gehen Sie sofort zu ihm hin, loben es dafür, dass es Sie bisher nicht gestört hat, führen es wieder zu seiner Beschäftigung zurück und sagen ihm, dass es damit weitermachen soll. Sagen Sie Ihrem Kind auch, wie lange Ihre Beschäftigung in etwa noch dauern wird.

Beispiel: »Schön, dass du bisher so ruhig gemalt hast. Komm, wir schauen mal, was du schon gemalt hast. Ich brauche noch ungefähr zehn Minuten, dann komme ich zu dir. Ich freue mich schon auf dein fertiges Bild!«

(8) Wenn Ihr Kind Sie unterbrochen hat, führen Sie es zu seiner Beschäftigung ohne großen Kommentar zurück!

Wenn Sie einmal nicht erkennen konnten, dass Ihr Kind Sie unterbrechen will, und Ihr Kind Sie daher wirklich unterbricht, dann führen Sie es zu seiner Beschäftigung zurück. Versuchen Sie, dem störenden Verhalten so wenig Beachtung wie möglich zu schenken. Sagen Sie Ihrem Kind noch einmal eindringlich, dass Sie nicht gestört werden wollen, was es selbst in der Zwischenzeit tun kann und wie lange Ihre Beschäftigung in etwa noch dauern wird. Dann sollten Sie wieder Ihrer Tätigkeit nachgehen, Ihr Kind aber schon nach einem sehr kurzen Zeitraum dafür loben gehen, dass es Sie nicht stört. Bei Fragen Ihres Kindes gehen Sie nicht weiter darauf ein, sondern Sie sagen Ihrem Kind, dass Sie sich erst am Ende Ihrer Tätigkeit darum kümmern können.

Beispiel: »Paul, ich brauche noch zehn Minuten hier, dann habe ich Zeit. Jetzt möchte ich aber nicht gestört werden. Komm mit in dein Zimmer und spiel noch weiter mit deiner Eisenbahn!«

(9) Geben Sie Ihrem Kind noch einmal ein ganz besonderes Lob, nachdem Sie Ihre Tätigkeit beendet haben!

Indem Sie langsam die Häufigkeit vermindern, mit der Sie Ihr Kind loben, werden Sie immer länger an Ihrer Tätigkeit bleiben können. Nachdem Sie Ihre Tätigkeit beendet haben, gehen Sie sofort zu Ihrem Kind und geben Sie ihm noch einmal ein ganz besonderes Lob dafür, dass Sie Ihre Tätigkeit ohne Störung zu Ende bringen konnten. Zeigen Sie Ihre Freude über sein Verhalten mit einer Geste, einer Umarmung oder Ähnlichem. Zusätzlich können Sie Ihrem Kind sagen, dass Sie nun ein wenig Zeit für eine gemeinsame Aktivität (vielleicht ein kleines Spiel) haben.

Beispiel: »Ben, super, dass ich in Ruhe das Essen vorbereiten konnte! Jetzt bin ich fertig! Toll hast du das gemacht! Sollen wir jetzt eine Runde Uno spielen? Hast du Lust?«

Ein Filmbeispiel für positive Konsequenzen finden Sie beim Online-ADHS-Elterntrainer in »Verhaltensprobleme lösen: ständiges Unterbrechen«.

(10) Wählen Sie zunächst eine Beschäftigung aus, bei der Sie die Regeln anwenden, und protokollieren Sie Ihre Erfahrungen

Folgende Tätigkeiten sind geeignet, die Regeln zu erproben: lesen, fernsehen, Hausarbeit, einen Brief schreiben, Essen vorbereiten. Erst später sollten Sie Beschäftigungen auswählen, die Sie selbst nicht so leicht unterbrechen können, um Ihr Kind loben zu gehen (z. B. telefonieren, kochen am Herd). Wählen Sie solche Beschäftigungen erst aus, wenn Ihr Kind Sie bei den anderen Tätigkeiten kaum noch unterbricht.

Schreiben Sie die ausgewählte Beschäftigung auf Ihre **Memo-Karte 8** und protokollieren Sie dort auch Ihre Erfahrungen.

(11) Führen Sie einen Punkte-Plan oder einen *Wettkampf um lachende Gesichter* durch, wenn sich das Problem nicht lösen lässt
(vgl. Elternleitfaden, Stufe 10–12)
Es kann schwierig sein, extrem häufiges Stören durch die genannten Maßnahmen hinreichend zu vermindern. Falls Sie die Regeln einige Wochen angewandt haben, ohne das Problem zu vermindern, dann sollten Sie einen *Punkte-Plan* oder einen *Wettkampf um lachende Gesichter* einführen. Ein *Wettkampf um lachende Gesichter* eignet sich besonders dann, wenn das störende Verhalten sehr häufig auftritt, beispielsweise alle fünf bis zehn Minuten. In diesem Fall können Sie zunächst für eine begrenzte Zeit, beispielsweise während Sie kochen, einen *Wettkampf um lachende Gesichter* durchführen. Sie markieren immer dann ein Gesicht, wenn Ihr Kind Sie während dieser Zeit stört. Wenn es dem Kind nach einiger Zeit gelingt, die meisten Gesichter für sich zu behalten, dann können Sie die Spielzeit für den Wettkampf erweitern, z. B. auf zwei Stunden am Nachmittag, die Sie für den Haushalt benötigen.

Falls das störende Verhalten nicht so häufig ist, dann können Sie auch einen *Punkte-Plan* anwenden. Sie vereinbaren dann beispielsweise mit dem Kind, zu welchen Zeiten Sie nicht gestört werden wollen (z. B. beim Kochen, beim Abspülen oder beim Bügeln). Falls es dem Kind gelingt, Sie in dieser Zeit nicht zu stören, dann bekommt es einen Punkt. Beachten Sie ansonsten die Hinweise, die wir Ihnen in den Stufen 10 bis 12 des Elternleitfadens zum *Punkte-Plan* und zum *Wettkampf um lachende Gesichter* gegeben haben.

Ein Filmbeispiel für einen Punkte-Plan finden Sie dazu beim Online-ADHS-Elterntrainer in »Verhaltensprobleme lösen: ständiges Unterbrechen«.

Materialien für dieses Anwendungsbeispiel

- Memo-Karte 8
- Arbeitsblatt 14 »Türschild: Stopp-Signal«

Wo ist mein Kind?

Ist das bei Ihnen auch so?

Eigentlich ist Peter ständig unterwegs. Gerne stellt er dabei irgendeinen Unfug an und überlegt auch nicht, was dabei passieren könnte. Gerade wenn die Mutter nicht in der Nähe ist, macht er oft Sachen, die er eigentlich nicht darf. So ist fast immer der Fernseher an, wenn die Mutter mal eine kurze Zeit weg war. Sobald sie nicht aufpasst, schaltet er den Fernseher ein. In seinem Zimmer hat er auch schon einmal gezündelt. Häufig geht er einfach raus, ohne Bescheid zu sagen, und streunt dann auf Baustellen herum. Seine Mutter kann ihn eigentlich gar nicht allein lassen, aber schließlich hat sie auch noch andere Dinge zu erledigen.

Vielen Eltern von Kindern mit Verhaltensproblemen fällt es schwer, ihr Kind im Auge zu behalten. Es ist verständlich, dass Eltern nicht immer wissen, was ihre Kinder gerade machen. Das wäre auch nicht gut, weil das Kind lernen muss, auch allein zurechtzukommen und sich auch dann an Regeln zu halten, wenn es nicht unter direkter Beobachtung steht. Manche Kinder brauchen aber eine vermehrte Aufsicht, weil sie sehr häufig teils ohne zu überlegen, teils absichtlich Regeln übertreten, wenn sie unbeobachtet sind.

Was können Sie tun?

Sie können zunächst überlegen, wie Sie den Überblick über das Verhalten Ihres Kindes bewahren können. Das ist sehr einfach gesagt, aber oft nur schwer umzusetzen, insbesondere wenn das Kind sehr unruhig ist und Sie durch vielfältige andere Aufgaben beschäftigt sind. Andererseits ist die Kontrolle der Eltern gerade bei den Kindern besonders wichtig, die in unbeobachteten Situationen häufig Regeln übertreten, weil da schnell etwas passieren kann und weil die Kinder später, im Jugendalter, in ähnlichen Situationen auch häufiger Regeln übertreten werden. Dann allerdings übertreten sie nicht nur Regeln der Eltern, sondern kommen auch schnell mit dem Gesetz in Konflikt. Bei Kindern im Vorschulalter ist es prinzipiell wichtig zu wissen, was sie machen und wo sie sind, auch wenn sie sich in der Nähe der Eltern – in der Wohnung, im Haus, im Garten – aufhalten. Bei älteren Kindern ist der Überblick der Eltern vor allem dann wichtig, wenn die Kinder sich weiter entfernt von der Wohnung aufhalten oder wenn sie allein in der Wohnung sind.

Das kann Ihnen helfen!

(1) Wo hält sich Ihr Kind wie lange auf? Treffen Sie mit Ihrem Kind klare Absprachen

Wenn Sie Ihr Kind für eine bestimmte Zeit unbeobachtet lassen, dann sprechen Sie mit ihm ab,

(1) wo es sich in dieser Zeit aufhält;
(2) was es in dieser Zeit macht;
(3) wie lange es sich dort aufhält.

Wenn es beispielsweise auf der Straße spielen will, dann klären Sie mit ihm, in welchem Bereich der Straße es sich aufhalten darf (nur bis zur Kreuzung), dass es dort bleiben darf, bis der große Bruder kommt, und fragen Sie es, was es dort spielen will.

(2) Erinnern Sie Ihr Kind an wichtige Regeln, die es häufiger übertritt, wenn es unbeobachtet ist!

Wenn Sie beispielsweise die Wohnung verlassen, dann weisen Sie das Kind z. B. darauf hin, dass es nicht mit Wasser spielen darf, solange Sie weg sind, wenn es früher häufiger in solchen Situationen diese Regel übertreten hat. Lassen Sie das Kind die Regel wiederholen.

(3) Überprüfen Sie gelegentlich, was Ihr Kind macht!

Bei jüngeren Kindern ist es wichtig, öfter mal in das Kinderzimmer zu schauen, bei älteren sollten Sie gelegentlich nachschauen, wenn das Kind außerhalb der Wohnung ist. Je jünger das Kind ist und je häufiger es in unbeobachteten Situationen etwas anstellt, umso häufiger sollten Sie es kontrollieren. Die Kontrollen sollten für das Kind unvorhersehbar sein und deshalb nicht in festen, sondern in wechselnden Abständen erfolgen. Wenn Sie häufiger nachsehen müssen, dann sollten Sie sich einen Küchenwecker stellen, damit Sie auch daran denken. Wenn Sie Ihr Kind seltener kontrollieren müssen, dann sollten Sie sich beispielsweise vornehmen, mindestens einmal pro Tag nachzuschauen, was Ihr Kind macht. Wenn Sie dies einmal nicht schaffen, dann sollten Sie Ihr Kind dafür am nächsten Tag zweimal kontrollieren.

(4) Loben Sie Ihr Kind, wenn es Regeln einhält, während es nicht beobachtet wird

Sagen Sie Ihrem Kind, dass Sie sich freuen, wenn Sie feststellen, dass es die Regeln einhält. Weisen Sie das Kind nicht unbedingt auf die eingehaltene Regel hin, sondern gehen Sie zu Ihrem Kind, beobachten es für eine kurze Weile und loben Sie es beispielsweise für das Bild, das es gerade malt.

Wenn Ihr Kind die Regeln offensichtlich eingehalten hat, ohne dass Sie es kontrolliert haben, dann loben Sie es ganz besonders. Dies ist deshalb wichtig, weil Ihr Kind sich mit der Zeit dann häufiger in unbeobachteten Situationen an Regeln hält und Sie dadurch Ihrem Kind mehr vertrauen können und es schließlich weniger kontrollieren müssen.

(5) Lassen Sie eine natürliche Konsequenz folgen, wenn Ihr Kind Regeln übertritt, während es nicht beobachtet wird

Wenn Sie überprüfen, was Ihr Kind gerade macht, und feststellen, dass es eine Regel übertritt, dann lassen Sie eine negative Konsequenz folgen. Versuchen Sie, dabei natürliche negative Konsequenzen einzusetzen (z. B. das Kind darf für die nächste Stunde nicht mehr auf die Straße gehen, wenn es dort etwas angestellt hat). Überprüfen Sie beim nächsten Mal früher als eigentlich geplant erneut, wo Ihr Kind ist und was Ihr Kind macht. Wenn Sie im Nachhinein feststellen, dass Ihr Kind offensichtlich die Regeln nicht eingehalten hat, nachdem es für einige Zeit unbeobachtet war, dann führen Sie ebenfalls eine negative Konsequenz durch.

(6) Wechseln Sie sich mit Ihrem Partner oder anderen Erwachsenen ab

Da dieses Vorgehen sehr zeitaufwendig sein kann, sprechen Sie sich mit Ihrem Partner bzw. Ihrer Partnerin bei der Verhaltensbeobachtung ab. Sie können auch andere wichtige erwachsene Bezugspersonen (z. B. die Großmutter) einbeziehen, wenn Sie das günstig und hilfreich empfinden. Geschwister sollten in der Regel für diese Aufgaben nicht herangezogen werden. Wichtig ist, dass für einen bestimmten Zeitraum eine erwachsene Person für Ihr Kind verantwortlich ist und gelegentlich überprüft, wo es ist und was es macht. So kann der Vater beispielsweise am Wochenende dafür zuständig sein.

(7) Konzentrieren Sie sich zunächst auf bestimmte kritische Situationen und protokollieren Sie Ihre Erfahrungen

Wählen Sie zunächst Situationen aus, die in letzter Zeit problematisch waren. Eine Mutter stellte beispielsweise fest, dass ihr Sohn immer dann etwas angestellt hat (mit Feuer gespielt hat, mit Wasser gespritzt hat, Süßigkeiten entwendet hat), wenn sie einkaufen war. Sie vereinbarte dann mit ihrem Sohn, womit er sich in dieser Zeit beschäftigen kann, welche Regeln er beachten soll und bat ihre Nachbarin, einmal kurz nach ihrem Sohn zu schauen.

Schreiben Sie die ausgewählten Situationen auf Ihre **Memo-Karte 9** und protokollieren Sie dort kurz Ihre Erfahrungen.

(8) Führen Sie einen Punkte-Plan ein, wenn sich das Problem nicht lösen lässt (vgl. Elternleitfaden Stufe 10 + 11)

Wenn es Ihnen nicht gelingt, durch die genannten Maßnahmen das Problem hinreichend zu vermindern, dann kann es hilfreich sein, einen *Punkte-Plan* durchzuführen. Sie vereinbaren dann beispielsweise mit dem Kind Regeln, die für eine bestimmte Zeit gelten. Für den Besuch von Spielplätzen können Sie z. B. mit Ihrem Kind vereinbaren, dass es sich erstens nur auf dem Spielplatz aufhält und nicht anderswo hingeht und dass es zweitens zu einer bestimmten Zeit pünktlich wieder zu Hause ist. Für jede eingehaltene Regel bekommt das Kind einen Punkt, den es sammeln und später eintauschen kann. Beachten Sie ansonsten die Hinweise, die wir Ihnen in den Stufen 10 und 11 des Elternleitfadens zum *Punkte-Plan* gegeben haben.

Materialien für dieses Anwendungsbeispiel

- Memo-Karte 9

Der Kampf ums Wecken

Ist das bei Ihnen auch so?

Morgens geht das Theater schon beim Aufstehen los! Peter ist meist noch so verschlafen, dass seine Mutter ihn dreimal wecken muss und er danach immer noch nicht aus dem Bett kommt. Und dann das Durcheinander und Trödeln im Badezimmer! Die Haare sind nicht richtig gekämmt und am liebsten wäscht sich Peter morgens ohne Wasser! Auch das Anziehen dauert oft Stunden. »Was soll ich denn anziehen? – Nee, das will ich nicht!« Schließlich beim Frühstück angekommen, ist es meist schon so spät, dass die Mutter ihm nur noch schnell zwei Brote schmiert und keine Zeit mehr für Gemütlichkeit ist. Manchmal war es auch schon so spät, dass Peter den Schulbus verpasst hat.

Das morgendliche Aufstehen ist sehr oft ein Problem bei Familien, die hyperkinetische oder oppositionelle Kinder haben. Die Situation erfordert es, dass die Kinder vieles selbstständig und in einer bestimmten Zeit erledigen müssen. Und gerade das fällt diesen Kindern oft so schwer. Sie trödeln herum, spielen in ihrem Zimmer, anstatt sich anzuziehen und sich zu waschen. Je hektischer es morgens ist, desto unruhiger werden die Kinder und trödeln dadurch meist noch mehr.

Was können Sie tun?

Anhand der folgenden Hinweise können Sie die Situation morgens anders strukturieren und Ihrem Kind einen Anreiz dafür geben, nach einmaligem Wecken aufzustehen, sich selbstständig zu waschen, sich anzuziehen und pünktlich am Frühstückstisch zu sitzen.

Sie können dieses Problem auch mit der App *ADHS-Kids* bearbeiten.

Das kann Ihnen helfen!

(1) Achten Sie darauf, dass Ihr Kind genügend Schlaf hat

Manchen Kindern fällt es schwer, abends zur Ruhe zu kommen. Am nächsten Morgen fehlt ihnen dann der Schlaf. Wenn Ihr Kind morgens nur mit Mühe aufsteht, dann sollten Sie überlegen, ob es nicht besser ist, wenn Ihr Kind abends früher zur Ruhe kommt. Lesen Sie dazu die Hinweise im Anwendungsbeispiel 6.

(2) Bestimmen Sie die einzelnen Aufgaben, die morgens zu erledigen sind

Überlegen Sie am besten zusammen mit Ihrem Kind, was alles morgens erforderlich ist und wer welche Aufgaben zu übernehmen hat. Schreiben Sie die Aufgaben auf die **Memo-Karte 10**:

(1) nach dem Erinnern aufstehen
(2) innerhalb von 15 Minuten waschen und anziehen
(3) zügig frühstücken
(4) Zähne putzen

Überlegen Sie mit Ihrem Kind, welche Aufgaben besser am Abend zuvor erledigt werden können, damit Zeit am Morgen gespart werden kann. So kann man die Schultasche abends oder noch besser nach den Hausaufgaben packen und abends schon die Kleidung für den nächsten Tag herauslegen.

(3) Überlegen Sie sich, wie viel Zeit Sie und Ihr Kind morgens brauchen, um in Ruhe mit allem fertig zu werden!

Überlegen Sie anhand der Aufgabenliste auf der **Memo-Karte 10**, wie viel Zeit Sie und Ihr Kind dafür brauchen, und sprechen Sie dann gemeinsam mit Ihrem Kind ab, wann es geweckt werden muss und wann welche Aufgaben erledigt sein müssen. Sie können auch einen festen Zeitplan erstellen. Tragen Sie die Zeiten auf der Memo-Karte ein.

(4) Geben Sie wirkungsvolle Aufforderungen und loben Sie Ihr Kind, wenn es die Aufforderungen befolgt

Versuchen Sie, die Hinweise zu beachten, die wir in Stufe 7 und 8 des Elternleitfadens gegeben haben. Geben Sie die Aufforderungen am Morgen in einem freundlichen, aber bestimmten Ton. Zeigen Sie Ihrem Kind die Memo-Karte und weisen Sie es noch einmal kurz auf die getroffenen Absprachen hin. Überprüfen Sie, ob Ihr Kind der Aufforderung nachkommt. Loben Sie Ihr Kind, wenn es seine Aufgaben in der vereinbarten Zeit erledigt oder lassen Sie eine andere positive Konsequenz folgen. Tragen Sie die entsprechende positive Konsequenz auf der Memo-Karte ein.

Beispiele:

- Aufforderung: »Guten Morgen, Bastian! Es ist viertel vor sieben! Zeit zum Aufstehen! Komm, geh ins Badezimmer, da liegt deine Kleidung schon, die wir gestern rausgesucht haben.«
- Loben und kleine Belohnungen: »Schön, dass das mit dem Aufstehen so gut geklappt hat! Das finde ich prima!«, »Hey, super! Du bist ja schon angezogen! Unten wartet ein ganz leckerer Kakao auf dich!«

(5) Führen Sie natürliche Konsequenzen durch, wenn Ihr Kind die vereinbarten Regeln nicht einhält

Beachten Sie hierzu die Hinweise, die wir in Stufe 9 des Elternleitfadens gegeben haben. Sie können beispielsweise mit Ihrem Kind vereinbaren, dass es eine Extra-Tasse Kakao bekommt, wenn es sich an die vereinbarten Regeln hält. Falls ihm das nicht gelingt, müssen Sie mehr Aufwand betreiben und können Ihrem Kind dann keine Extra-Tasse Kakao kochen. Eine andere natürliche Konsequenz könnte sein, dass Sie Ihr Kind am nächsten Tag fünf Minuten früher aufwecken oder dass das Kind ohne Frühstück losgehen muss. Tragen Sie die entsprechende negative Konsequenz auf der Memo-Karte ein.

Beispiele:

- »Paul, jetzt hast du hier im Badezimmer so lange rumgetrödelt, dass ich es nicht mehr schaffe, dir deinen Kakao zu machen!«
- »Wer nicht richtig Zähne putzt, darf auch keinen Müsli-Riegel mit in die Schule nehmen.«

(6) Protokollieren Sie Ihre Erfahrungen auf Ihrer Memo-Karte 10.

(7) Führen Sie einen Punkte-Plan ein, wenn sich das Problem nicht lösen lässt (vgl. Elternleitfaden Stufe 10 + 11)

Wenn es Ihnen nicht gelingt, durch die genannten Maßnahmen das Problem hinreichend zu vermindern, dann kann es hilfreich sein, einen *Punkte-Plan* durchzuführen. Überlegen Sie, welche Pflichten Ihrem Kind morgens besonders schwer fallen. Ihr Kind kann sich dann mit dem *Punkte-Plan* für die Erledigung dieser Aufgaben jeweils einen Punkt verdienen. So könnte es beispielsweise einen Punkt dafür geben, wenn Ihr Kind spätestens fünf Minuten nach dem Wecken aufgestanden ist. Sie können auch zusammen überlegen, ob Ihr Kind sich selbst einen Wecker stellen will. Ist das Waschen ein besonderes Problem, kann es auch dafür einen Punkt oder auch mehrere erhalten (beispielsweise für Waschen, Kämmen und Zähneputzen getrennt). Einen weiteren Punkt kann es geben, wenn Ihr Kind pünktlich zur vereinbarten Zeit am Frühstückstisch sitzt. Einen letzten Punkt könnte es erhalten, wenn es pünktlich aus dem Haus geht. Beachten Sie ansonsten die Hinweise, die wir Ihnen in den Stufen 10 und 11 des Elternleitfadens zum *Punkte-Plan* gegeben haben.

Materialien für dieses Anwendungsbeispiel

- Memo-Karte 10
- App »ADHS-Kids«

Wenn das Essen zur Qual wird

Ist das bei Ihnen auch so?

Eigentlich sollte das gemeinsame Essen in der Familie doch gemütlich sein: Alle sitzen zusammen und erzählen sich von ihrem Tag! Gemeinsame Unternehmungen können in Ruhe geplant werden. So hatte sich das Peters Mutter immer gewünscht! Aber leider läuft es oft ganz anders und das Essen wird zur Qual! »Nein, das esse ich nicht, das mag ich nicht, wie sieht denn das aus, iiih, bah!«, sagt Peter oft oder »Ich will aber jetzt schon meinen Nachtisch!« Der Teller bleibt oft noch halb voll, ein Glas Apfelsaft fällt um, weil Peter mal wieder seine Arme nicht bei sich halten kann, und manchmal ist das ganze Essen über den Boden verteilt! Und das, obwohl sich Peters Mutter beim Essenkochen immer solche Mühe gibt!

Essen ist ganz oft ein Streitthema, auch in Familien, die keine »Problemkinder« haben. Die Eltern versuchen, ihre Kinder möglichst gesund zu ernähren, die Kleinen mögen aber nur Pommes frites und Ketchup. Zudem sollen die Kinder auch Tischmanieren lernen, was die Kinder meist als lästig und überflüssig empfinden. Dieses Problem kann bei Familien mit hyperkinetischen Kindern besonders stark werden, weil diesen Kindern das Sitzenbleiben und Ruhigsein aufgrund der motorischen Unruhe besonders schwer fällt. Da kippt schon des Öfteren einmal ein Glas um.

Im Online-ADHS-Elterntrainer finden Sie einen Film zu diesem Problemverhalten in »Verhaltensprobleme lösen: Unruhe beim Essen«.

Was können Sie tun?

Die folgenden Hinweise sollen Ihnen dabei helfen, die bei Tisch auftretenden Probleme zu lösen. Dabei geht es im Kern darum, wenige wichtige Regeln aufzustellen und durch positive und negative Konsequenzen die Einhaltung dieser Regeln durchzusetzen.

Sie können dieses Problem auch mit der App *ADHS-Kids* bearbeiten.

Das kann Ihnen helfen!

(1) Überlegen Sie sich zunächst, welche Regeln Ihnen beim Essen wirklich wichtig sind!

Grundsätzlich kreisen die Probleme beim Essen um zwei Fragen:

(1) Was wird gegessen?

(2) Wie wird gegessen?

Viele Kinder weigern sich, bestimmte Nahrungsmittel zu essen, weil sie ihnen nicht schmecken. Sie sollten sich überlegen, ob und in welchem Ausmaß Sie die Vorlieben und Abneigungen berücksichtigen wollen. Wenn Ihr Kind nur einzelne Speisen nicht mag, dann ist es meist kein Problem, dies im Speiseplan zu berücksichtigen. Wenn Ihr Kind aber einen ganzen Bereich von Nahrungsmitteln ablehnt (z. B. Salat oder Gemüse), dann kann es schwierig sein, eine ausgewogene Ernährung zu gewährleisten. Manche Eltern stellen die Regel auf, dass von jedem Nahrungsmittel zumindest eine kleine Menge gegessen werden muss (z. B. ein Blatt Salat).

Natürlich sollen Kinder auch bestimmte Tischmanieren lernen. Es ist allerdings genauso wichtig, dass dabei die Lust am Essen nicht zu kurz kommt. Bedenken Sie, dass Ihre Kinder eine höhere Bereitschaft haben, sich an Tischregeln zu halten, wenn es nur wenige sind. Gibt es zu viele Regeln, wird dies als einengend und störend empfunden. Hier einige Beispiele für Tischregeln:

- Bei Tisch wird nicht gestritten.
- So nah am Tisch und am Teller sitzen, dass kleckern möglichst vermieden wird.
- Alle bleiben sitzen, bis jeder mit Essen fertig ist.
- Alternativ: Wir bleiben 15 Minuten beim Essen sitzen.

(2) Erarbeiten Sie mit Ihren Kindern die Regeln für die gemeinsamen Mahlzeiten

Fragen Sie zunächst Ihre Kinder nach ihren Wünschen, was das gemeinsame Essen angeht! Ein Mitspracherecht erhöht die Wahrscheinlichkeit, dass sich die Kinder auch an ihre Wünsche halten. So kann man beispielsweise überlegen, ob sich jedes Kind einmal in der Woche ein bestimmtes Essen wünschen und auch ein kleine Liste von Gerichten anfertigen darf, die es gar nicht mag und deshalb nicht zu essen braucht! Kochen Sie dann allerdings nicht doppelt, sondern Ihr Kind kann entweder das essen, was es von der Mahlzeit mag oder sich ein Brot schmieren. Besprechen Sie mit Ihrer Familie auch die Regeln zum Verhalten bei Tisch und legen Sie am Ende des Gespräches diejenigen fest, die Ihnen für die Mahlzeiten wichtig sind. Schreiben Sie die Regeln auf die **Memo-Karte 11**.

Ein Filmbeispiel zur Erstellung von Regeln finden Sie dazu beim Online-ADHS-Elterntrainer in »Verhaltensprobleme lösen: Unruhe beim Essen«.

(3) Lassen Sie Ihr Kind sich sein Essen selbst nehmen oder »Stopp!« sagen, wenn Sie ihm sein Essen auf den Teller schöpfen!

Dies ist wichtig, damit Ihr Kind lernt, seinen eigenen Hunger einzuschätzen und sich nicht zu gierig zu viel zu nehmen. Ihr Kind sollte die Möglichkeit haben, Essen nachzuschöpfen, solange es noch Hunger hat (es sei denn, es übertreibt). Zudem sollte es lernen, seinen Teller leer zu essen. Wenn es das einmal nicht schafft, sollten Sie es nicht zwingen, den Teller leer zu essen, dann kann es jedoch auch keinen Nachtisch bekommen.

(4) Geben Sie wirkungsvolle Aufforderungen und loben Sie Ihr Kind, wenn es die Regeln und Aufforderungen befolgt

Versuchen Sie, die Hinweise zu beachten, die wir in Stufe 7 und 8 des Elternleitfadens gegeben haben. Geben Sie die Aufforderungen beim Essen in einem freundlichen, aber bestimmten Ton. Zeigen Sie Ihrem Kind die Memo-Karte und weisen Sie es noch einmal kurz auf die abgesprochenen Regeln hin. Überprüfen Sie, ob Ihr Kind die Regeln beachtet. Loben Sie es, wenn es die Regeln einhält, oder lassen Sie eine andere positive Konsequenz folgen. Tragen Sie die entsprechende positive Konsequenz auf der Memo-Karte ein.

Beispiele:

- »Max, setz dich wieder hin. Komm, gleich sind wir fertig, das schaffst du auch noch. Dann gibt es auch den Nachtisch.«
- »Schön, dass du ein bisschen von dem Gemüse probiert hast, das freut mich!«
- »Sophie, stopp, nicht deine Schwester treten! Vertragt euch wieder, dann können wir gleich noch eine Geschichte vorlesen!«

Filmbeispiele für wirkungsvolle Aufforderungen und positive Konsequenzen finden Sie beim Online-ADHS-Elterntrainer in »Verhaltensprobleme lösen: Unruhe beim Essen«.

(5) Führen Sie natürliche Konsequenzen durch, wenn sich Ihr Kind nicht an die Regeln hält!

Überlegen Sie sich vorher, wie Sie auf bestimmte Regelverstöße und Missgeschicke Ihres Kindes reagieren können. Je ruhiger und konsequenter Sie auf das Verhalten Ihres Kindes reagieren, desto größer ist die Wahrscheinlichkeit, dass Ihr Kind sein Verhalten in Zukunft ändert. Versuchen Sie die Hinweise zu beachten, die wir in Stufe 9 des Elternleitfadens gegeben haben.

Hier einige Beispiele für natürliche negative Konsequenzen:

- Wer streitet, muss für drei Minuten in sein Zimmer gehen (bekommt anschließend aber keine zusätzliche Zeit für sein Essen).

- Wer kleckert oder ein Glas umschüttet, muss selbst aufstehen und so gut wie möglich das Umgeschüttete wieder wegwischen (auch wenn Kinder das nicht ganz sauber schaffen, ist es wichtig, dass sie selbst zunächst den Tisch säubern, auch wenn die Mutter nach dem Essen noch einmal nachwischen muss).
- Wer provokativ laut schmatzt, muss nachher allein essen oder kann keinen Nachtisch bekommen.
- Wer die vereinbarte Mindestmenge nicht isst, kann auch keinen Nachtisch essen.

Tragen Sie die entsprechende negative Konsequenz auf der Memo-Karte ein.

Ein Filmbeispiel zu natürlichen Konsequenzen finden Sie beim Online-ADHS-Elterntrainer in »Verhaltensprobleme lösen: Unruhe beim Essen«.

(6) Sie können mit Ihrem Kind auch bewusst Tischregeln üben, andererseits aber auch einmal Ausnahmen machen!

Um mit Ihrem jüngeren Kind Tischmanieren spielerisch zu üben, können Sie einmal »Restaurant« spielen. Auf der anderen Seite ist es auch gut, bewusst Ausnahmen zu machen und die Kinder auch einmal essen zu lassen, wie sie wollen. Durch die Abwechslung kann das Essen den Kindern oft mehr Spaß machen. Beispielsweise können Sie Tage einführen, an denen die Pommes frites auch mit den Händen gegessen werden dürfen, oder einen Spaghetti-Tag, wo jeder einen großen Latz bekommt und die Spaghetti geschlürft werden dürfen. Die Kinder haben besonderen Spaß, wenn die Eltern dabei auch mitmachen.

(7) Protokollieren Sie Ihre Erfahrungen auf Ihrer Memo-Karte 11

(8) Führen Sie einen Punkte-Plan oder einen *Wettkampf um lachende Gesichter* durch, wenn sich das Problem nicht lösen lässt

(vgl. Elternleitfaden Stufe 10–12)

Falls Sie die Regeln einige Wochen angewandt haben, ohne das Problem zu vermindern, dann sollten Sie einen *Punkte-Plan* oder einen *Wettkampf um lachende Gesichter* einführen. Ein *Wettkampf um lachende Gesichter* eignet sich besonders dann, wenn das störende Verhalten sehr häufig auftritt, wenn Ihr Kind beispielsweise alle zwei Minuten beim Essen aufsteht. In diesem Fall können Sie zunächst für die Essenszeit einen *Wettkampf um lachende Gesichter* durchführen. Sie markieren sich immer dann ein Gesicht, wenn Ihr Kind während dieser Zeit aufsteht. Wenn es dem Kind nach einiger Zeit gelingt, die meisten Gesichter für sich zu behalten, dann können Sie zu einem *Punkte-Plan* übergehen.

Falls das störende Verhalten von Anfang an nicht so häufig ist, dann können Sie auch direkt einen *Punkte-Plan* anwenden. Sie vereinbaren dann mit dem Kind die Regeln, für deren Einhaltung es einen Punkt erhalten kann (z. B. einen Punkt, wenn es nicht aufsteht; einen Punkt, wenn es seine Schwester nicht ärgert, und einen Punkt, wenn es von allem zumindest eine kleine Menge probiert). Beachten Sie ansonsten die Hinweise, die wir Ihnen in den Stufen 10 bis 12 des Elternleitfadens zum *Punkte-Plan* und zum *Wettkampf um lachende Gesichter* gegeben haben.

Ein Filmbeispiel zu einem Punkte-Plan und zu einem Wettkampf um lachende Gesichter finden Sie beim Online-ADHS-Elterntrainer in »Verhaltensprobleme lösen: Unruhe beim Essen«.

Materialien für dieses Anwendungsbeispiel

- Memo-Karte 11
- App »ADHS-Kids«

Unser täglicher Hausaufgaben-Krieg

Ist das bei Ihnen auch so?

Peter hasst seine Hausaufgaben. Immer dieses blöde Lernen, als wenn die Schule nicht schon doof genug wäre! Kaum ist er zu Hause und freut sich aufs Spielen, stehen schon wieder diese dummen Pflichten an. Fast jeden Tag gibt es einen riesigen Streit wegen dieser dämlichen Hausaufgaben. Auch die Mutter ist dadurch schon völlig entnervt. Nach dem Mittagessen geht es los: Zehnmal, nein, zwanzigmal muss sie Peter auffordern, mit den Hausaufgaben zu beginnen. Mit jeder Aufforderung wird ihre Stimme gereizter. Wenn er sich endlich hingesetzt hat, dann starrt er Löcher in die Luft, findet das richtige Heft nicht oder liest heimlich Micky Maus. So dauern die Hausaufgaben Stunden und der ganze Nachmittag ist sowohl für Peter als auch für seine Mutter kaputt.

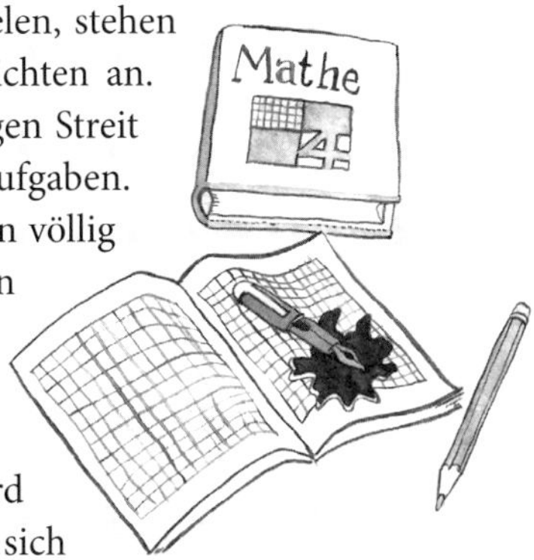

Sehr häufig stellt die Durchführung der Hausaufgaben ein großes Problem dar. Die Hausaufgaben werden von den meisten Kindern als eine lästige Pflicht erlebt. Kinder mit Aufmerksamkeitsschwächen und impulsivem oder verweigerndem Verhalten sowie Kinder mit schulischen Leistungsproblemen erleben Hausaufgaben als besonders unangenehm und anstrengend: Die Kinder müssen sich konzentrieren; sie müssen sich mit Inhalten beschäftigen, die sie meist noch nicht richtig beherrschen; sie werden durch die häufigen Fehler bei den Hausaufgaben frustriert und ihnen steht weniger freie Spielzeit zur Verfügung.

Die Durchführung der Hausaufgaben ist daher in den meisten Familien mit Kindern, die solche Probleme haben, zu einem ständigen Kampf geworden – die Hausaufgaben dauern dann häufig bis in den Abend hinein und werden von extremen Spannungen zwischen Eltern und Kind begleitet.

Im Online-ADHS-Elterntrainer finden Sie einen Film zu diesem Problemverhalten in »Verhaltensprobleme lösen: Probleme mit den Hausaufgaben«.

Was können Sie tun?

Die folgenden Regeln sollen Ihnen und Ihrem Kind helfen, die Hausaufgabensituation zu entschärfen. Da die Hausaufgaben von Ihrem Kind besondere Anstrengungen abverlangen, sollten Sie es in einer besonderen Form belohnen, wenn es diese Anstrengungen erbracht hat.

Sie können dieses Problem auch mit der App *ADHS-Kids* bearbeiten.

Das kann Ihnen helfen!

(1) Alle Hausaufgaben werden von Ihrem Kind während der Schulzeit in einem Aufgabenheft notiert!

Ein Aufgabenheft ist vor allem dann notwendig, wenn Ihr Kind seine Hausaufgaben häufiger vergisst. Die meisten Kinder besitzen ein Aufgabenheft, in das sie alle in der Schule gestellten Hausaufgaben eintragen. Wenn Ihr Kind keines besitzt, dann legen Sie bitte eines an. Wenn Ihr Kind regelmäßig vergisst, die Hausaufgaben dort einzutragen, dann sollten Sie bei der Entwicklung des *Hausaufgaben-Planes* einen Punkt dafür vorsehen, dass Ihr Kind alle Hausaufgaben in sein Aufgabenheft eingetragen hat (siehe Punkt 6). Wenn Ihr Kind in die erste oder zweite Klasse geht, dann können Sie auch seine Klassenlehrerin bitten, das Eintragen der Hausaufgaben abzuzeichnen. Häufig ist die Lehrerin dazu bereit, wenn Ihr Kind die Aufgabe übernimmt, nach jeder Stunde zu ihr zu gehen und die Eintragungen abzeichnen zu lassen. Wenn Ihr Kind trotzdem nicht weiß, was es auf hat, dann sollte Ihr Kind und nicht Sie durch einen Telefonanruf bei einem Klassenkameraden oder einer Klassenkameradin die Hausaufgaben in Erfahrung bringen.

(2) Die Hausaufgaben werden immer am gleichen Arbeitsplatz gemacht!

Um Kindern mit Konzentrationsproblemen bei den Hausaufgaben zu helfen, ist es wichtig, dass ablenkende äußere Einflüsse möglichst gering gehalten werden. Dazu gehört, dass Ihr Kind seine Hausaufgaben immer an dem gleichen Arbeitsplatz machen kann. Idealerweise sollte dies der Schreibtisch Ihres Kindes in seinem Kinderzimmer sein, der für keine andere Tätigkeit benutzt werden sollte. Sie können aber auch den Küchentisch oder den Esszimmertisch hierfür benutzen. Wichtig ist nur, dass Ihr Kind seine Aufgaben immer am gleichen Platz macht.

(3) Vermindern Sie die Ablenkungsmöglichkeiten bei den Hausaufgaben!

Ablenkungsmöglichkeiten, die unmittelbar am Arbeitsplatz Ihres Kindes vorhanden sind, sollten weitgehend entfernt werden. Dazu gehören vor allem Spielmaterialien in Reichweite Ihres Kindes oder auch der Blick Ihres Kindes aus dem Fenster auf einen interessanten Spielplatz. Setzen Sie sich am besten selbst an den Arbeitsplatz Ihres Kindes. Stellen Sie fest, was sich in Ihrer unmittelbaren Reichweite befindet und was Sie alles sehen, wenn Sie geradeaus, nach rechts und nach links schauen. Manchmal kann es sinnvoll sein, den Tisch, an dem Ihr Kind seine Hausaufgaben macht, an einen anderen Platz zu stellen, der weniger Ablenkung bietet.

Zu den Ablenkungsmöglichkeiten gehört auch alles, was man hören kann. Obwohl es immer wieder Kinder gibt, die sich bei »Musikberieselung« gut konzentrieren können, sollte in der Regel während der Hausaufgabenzeit keine Musik und auf keinen Fall ein Fernseher laufen. Ihr Kind sollte in dem Raum, in dem es arbeitet, allein sein (ausgenommen Sie selbst, wenn Sie ihm bei den Aufgaben helfen müssen). Störungen, vor allem durch jüngere Geschwister, sind möglichst zu vermeiden. Besprechen Sie die Regeln mit den Geschwistern.

(4) Die Hausaufgaben werden immer an der gleichen Stelle im Tagesablauf gemacht!

Legen Sie generell den Zeitpunkt fest, an dem Ihr Kind die Hausaufgaben machen soll. Dabei kommt es nicht auf die genaue Uhrzeit, sondern auf den gleichen Zeitpunkt im Tagesablauf an: z. B. nach einer halbstündigen Pause nach dem Mittagessen. Wechselnde Hausaufgabenzeiten erhöhen die Ablenkbarkeit Ihres Kindes und damit die Hausaufgabenprobleme. Auf keinen Fall sollten die Hausaufgaben erst am späteren Nachmittag begonnen werden.

(5) Vereinbaren Sie zusammen mit Ihrem Kind die maximale Zeit, in der jede der Hausaufgaben erledigt werden soll!

Setzen Sie sich zu Beginn der Hausaufgabenzeit zusammen mit Ihrem Kind an seinen Arbeitsplatz. Gehen Sie mit ihm zusammen die Aufgaben durch und verschaffen Sie sich gemeinsam einen genauen Überblick darüber, was zu tun ist, ob das Kind die Aufgabenstellung verstanden hat und im Prinzip selbstständig lösen kann. Dann bestimmen Sie für jede einzelne Hausaufgabe die maximale Zeit, in der Ihr Kind diese Aufgabe erledigen könnte. Die Zeit sollte dabei so bemessen sein, dass Ihr Kind die Aufgaben in der Zeit gut bewältigen kann, wenn es in normalem Tempo ohne Unterbrechung und Ablenkung arbeitet. Schauen Sie noch kurz zu, ob das Kind anfängt und die Aufgaben richtig bearbeitet. Loben Sie Ihr Kind und machen Sie ihm Mut, zum Beispiel: »Super, den Anfang hast du schon mal gemeistert. Du hast jetzt 15 Minuten Zeit, du schaffst das bestimmt!«

Wenn Ihr Kind während der Bearbeitung der Aufgaben Fragen hat, darf es Sie rufen!

(6) Erstellen Sie gemeinsam mit Ihrem Kind einen *Punkte-Plan* für die Hausaufgabenzeit!

Lassen Sie Ihr Kind die einzelnen Aufgaben und die pro Aufgabe vereinbarte Höchstzeit (z. B. Rechnen, Lesen, Schreiben) in das Konto für den Hausaufgaben-Plan (**Arbeitsblatt 16**) eintragen. Wenn Ihr Kind in der vorgegebenen Zeit die Hausaufgaben zur Zufriedenheit erledigt, erhält es dafür einen Punkt (Punkt aufmalen oder Klebepunkte oder -bilder verwenden). Damit Ihr Kind selbst kontrollieren kann, wie viel Zeit ihm zur Verfügung steht, muss eine Uhr in seiner Sichtweite sein, am besten ein Wecker auf seinem Arbeitstisch stehen. Wenn Ihr Kind die Uhr noch nicht gut genug kennt, dann zeigen Sie ihm, wo der Zeiger stehen wird, wenn die Zeit abgelaufen ist.

Ihr Kind meldet sich bei Ihnen, wenn es eine Aufgabenart beendet hat, und es trägt die tatsächlich benötigte Zeit in den *Hausaufgaben-Plan* ein. Ihr Kind bewertet dann auf einer Notenskala von eins bis sechs, wie gut ihm seiner Meinung nach die Hausaufgaben gelungen sind. Sie schauen dann mit ihm gemeinsam die Hefte durch, besprechen eventuell notwendige Korrekturen und geben ihm dann selbst eine Note für die Qualität der Hausaufgaben. Wenn Sie die Hausaufgaben mindestens als ausreichend (4) einstufen, dann bekommt Ihr Kind einen Punkt. Wenn Ihr Kind es geschafft hat, die Aufgaben ohne zu trödeln in der vereinbarten Zeit zu erledigen, dann bekommt es einen zusätzlichen Punkt. Ihr Kind kann keinen Punkt erhalten, wenn es die Hausaufgaben zwar in der vereinbarten Zeit beendet hat, aber die Leistungen von Ihnen nicht als ausreichend bewertet werden können. Seien Sie bei Ihrer Bewertung nicht zu streng! Ihr Kind trägt pro Aufgabe die erreichte Punktezahl in den Hausaufgaben-Plan (**Arbeitsblatt 16**) ein.

Wenn während der Durchführung oder Vorbereitung der Hausaufgaben zusätzlich bestimmte Verhaltensprobleme regelmäßig auftreten, können Sie gemeinsam mit Ihrem Kind eine Zusatzregel einführen. Zu den häufigsten weiteren Problemen zählen: Vergessen von Hausaufgaben (Nicht-Eintragen der Hausaufgaben ins Hausaufgabenheft); Nicht-Auffinden von Arbeitsmaterialien; Nicht-anfangen-Wollen; Wutausbrüche während der Hausaufgaben; ständiges Schimpfen; Verweigern von notwendigen Korrekturen. Als Zusatzregel vereinbaren Sie mit Ihrem Kind, dass es einen Zusatzpunkt bekommen kann, wenn das Problemverhalten (z. B. Wutausbrüche) während der Hausaufgabenzeit nicht aufgetreten ist. Tragen Sie die Zusatzregel oder -regeln auch in das **Arbeitsblatt 15** »Mein Hausaufgaben-Plan: Spielregeln« ein.

Bevor Sie mit dem *Hausaufgaben-Plan* beginnen, vereinbaren Sie mit Ihrem Kind die Sonderbelohnungen, wie dies in der Stufe 10 des Elternleitfadens für das Erstellen eines *Punkte-Plans* bereits beschrieben wurde:

- Legen Sie gemeinsam mit Ihrem Kind eine Wunschliste für Sonderbelohnungen an.
- Bestimmen Sie die Anzahl der Punkte, die für die Sonderbelohnungen notwendig sind, und schreiben Sie diese in das **Arbeitsblatt 15** »Mein Hausaufgaben-Plan: Spielregeln«.
- Beachten Sie ansonsten die Hinweise, die wir Ihnen in den Stufen 10 und 11 des Elternleitfadens zum *Punkte-Plan* gegeben haben.

Ein Filmbeispiel zu einem Punkte-Plan finden Sie beim Online-ADHS-Elterntrainer in »Verhaltensprobleme lösen: Probleme mit den Hausaufgaben«.

Materialien für dieses Anwendungsbeispiel

- Arbeitsblatt 15 »Mein Hausaufgaben-Plan: Spielregeln«
- Arbeitsblatt 16 »Mein Hausaufgaben-Plan: Konto«
- App »ADHS-Kids«

Das allabendliche Theater mit dem Zubettgehen

Ist das bei Ihnen auch so?

Jeden Abend beginnt das gleiche Spiel! »Jetzt schon ins Bett? Wieso denn? Ich bin doch überhaupt nicht müde! Immer dürfen die Großen aufbleiben und schicken uns ins Bett, wenn es interessant wird!« Und dann beginnt das allabendliche Theater: Peter trödelt herum, macht alles in einem Schneckentempo. Zudem fällt ihm dann noch ein, dass er noch Durst oder Hunger hat und sein Schulranzen ist auch noch nicht gepackt! Liegt er dann endlich im Bett, meist mit einer halben Stunde Verspätung, dann kommt er immer wieder aus dem Zimmer raus, weil ihm noch was ganz Wichtiges einfällt, oder auch nur, um zu sagen, dass er noch nicht schlafen kann!

Die meisten Kinder wollen abends nicht gerne ins Bett gehen. Die Kinder, die ohne Theater nach einmaliger Aufforderung und ohne Motzen Abend für Abend ins Bett gehen, sind eindeutig in der Minderheit! Dieses Verhalten ist zunächst einmal also »normal«! Einige Kinder treiben es dabei allerdings auf die »Spitze« und rauben ihren Eltern die letzten Nerven. Vor allem in Familien mit hyperkinetischen und oppositionellen Kindern artet die abendliche Situation zu einem ständigen Kampf aus.

Was können Sie tun?

Die folgenden Punkte sollen Ihnen dabei helfen, für die abendliche Situation einen bestimmten Rhythmus zu finden und auf die Probleme Ihres Kindes konsequent, ruhig und gleichbleibend zu reagieren.

Das kann Ihnen helfen!

(1) Überlegen Sie sich, zu welcher Zeit Ihr Kind ins Bett gehen sollte und wie viel Zeit die Vorbereitungen in Anspruch nehmen!

Zunächst ist es wichtig, sich zu überlegen, wann das Kind abends in sein Zimmer bzw. ins Bett gehen sollte, und nicht, wann es schlafen muss. Einschlafen auf Anweisung ist schwierig! Manchmal ist das Kind vielleicht wirklich noch nicht so müde, dass es einschlafen kann. Zudem brauchen Kinder unterschiedlich lange zum Einschlafen! Allerdings sollte es einen festen Zeitpunkt geben, an dem Ihr Kind ins Bett geht und da noch lesen oder Kassette hören darf, wenn es möchte. Zusätzlich sollten Sie sich überlegen, wie viel Zeit die Vorbereitungen in Anspruch nehmen: Ausziehen, Waschen, Zähneputzen! Häufig ist es sinnvoll, für Schulzeiten und für schulfreie Zeiten unterschiedliche Zeitpunkte für das Zubettgehen festzulegen.

(2) Überprüfen Sie, ob Ihr Kind Angst hat, zu Bett zu gehen oder im Bett zu bleiben

Manche Kinder, die nicht ins Bett gehen oder nicht im Bett bleiben wollen, haben Angst. Viele Kinder entwickeln irgendwann einmal Ängste, beispielsweise vor der Dunkelheit, vor dem Alleinsein, vor Gespenstern oder Räubern, und haben dann Schwierigkeiten mit dem Zubettgehen. Meistens erkennt man solche Ängste daran, dass die Kinder bei den Eltern im Bett schlafen wollen oder ein Licht im Zimmer brennen muss.

Sprechen Sie mit Ihrem Kind über mögliche Ängste. Manche Kinder geben allerdings auch Ängste an, in der Erwartung, dass sie dann länger aufbleiben dürfen. Selbst wenn Sie feststellen, dass Ihr Kind Angst hat, ist es wichtig, dass es regelmäßig zu Bett geht. Sie sollten in diesem Fall mit Ihrem Kind überlegen, welche besonderen Hilfestellungen notwendig sind (z. B. Licht anlassen), damit es seine Ängste bewältigen kann.

(3) Besprechen Sie mit Ihrem Kind die Regeln für das Zubettgehen

Begründen Sie die Zeit zum Zubettgehen mit den Aufgaben des kommenden Tages und erklären Sie, dass Sie abends ab einer bestimmen Zeit Ruhe für sich haben wollen und es Ihnen daher wichtig ist, dass Ihr Kind z. B. ab 20.00 Uhr im Bett ist. Bedenken Sie, dass Ihr Kind die Zeit, die Sie für sich haben wollen, besser verstehen und akzeptieren kann, wenn Sie andererseits auch Zeit für Ihr Kind haben. Nehmen Sie sich daher gezielt tagsüber für Ihr Kind Zeit! Besprechen Sie mit Ihrem Kind die weiteren Regeln für das Zubettgehen, zum Beispiel (die Zeiten sollten natürlich vom Alter abhängig gemacht werden):

(1) Ihr Kind wird um 19.30 Uhr aufgefordert, sich fertig zu machen.
(2) Ihr Kind zieht sich direkt danach aus, wäscht sich und putzt die Zähne.
(3) Ihr Kind geht auf jeden Fall auf die Toilette.
(4) Um 20.00 Uhr ist Ihr Kind dann in seinem Bett und geht nicht mehr aus dem Bett.
(5) (Nach der Gute-Nacht-Geschichte darf Ihr Kind noch bis 20.30 Uhr lesen oder eine Geschichte hören.

Schreiben Sie die Regeln auf die **Memo-Karte 12**.

(4) Entwickeln Sie ein abendliches Zubettgeh-Ritual!

Rituale »läuten« für die Kinder eine bestimmte Situation ein, deren Ablauf sie kennen, und geben ihnen daher Sicherheit und Klarheit. Kinder brauchen solche Rituale. Achten Sie darauf, dass in diesem Ritual der »Pflichtteil« wie Ausziehen, Waschen und Zähneputzen, aber auch ein gemütlicher Teil enthalten ist, wie vorlesen, vom Tag erzählen, eventuell ein kleines Gute-Nacht-Spiel, zusammen schmusen und ein Gute-Nacht-Kuss. Dann hat das Zubettgehen für Ihr Kind nicht nur unangenehme Seiten!

(5) Geben Sie wirkungsvolle Aufforderungen und loben Sie Ihr Kind, wenn es die Aufforderungen befolgt

Versuchen Sie die Hinweise zu beachten, die wir in Stufe 7 und 8 des Elternleitfadens gegeben haben. Sagen Sie Ihrem Kind in einem freundlichen, aber bestimmten Ton, wenn es Zeit ist, ins Bett zu gehen. Zeigen Sie Ihrem Kind die Memo-Karte und weisen Sie es noch einmal kurz auf die getroffenen Absprachen hin. Überprüfen Sie, ob Ihr Kind die Regeln einhält, und loben Sie es dafür. Sie können auch zumindest anfangs eine kleine Vergünstigung in Aussicht stellen, wenn es Ihrem Kind gelingt, besonders schwierige Regeln einzuhalten. Diese Belohnung könnte beispielsweise darin bestehen, dass Ihr Kind am nächsten Abend eine Extra-Geschichte vorgelesen bekommt oder etwas länger aufbleiben darf. Tragen Sie die entsprechende positive Konsequenz auf der **Memo-Karte 12** ein.

Beispiele:

- »Lukas, es ist halb acht! Zeit zum Bettfertig-Machen. Komm, geh ins Badezimmer und zieh dich schon mal aus.«
- »Super, du bist ja schon ganz ausgezogen. Jetzt nur noch waschen und Zähne putzen, dann bist du schon fertig. Wenn das so schnell klappt, können wir ja noch eine längere Geschichte lesen als sonst.«

(6) Führen Sie natürliche Konsequenzen durch, wenn Ihr Kind die vereinbarten Regeln nicht einhält

Beachten Sie hierzu die Hinweise, die wir in Stufe 9 des Elternleitfadens gegeben haben. Bringen Sie Ihr Kind sofort, ruhig und ohne großen Kommentar in sein Zimmer zurück, wenn es aus dem Zimmer kommt! Auf Fragen oder Forderungen wie »Ich habe aber noch Durst!« sollten Sie nicht weiter eingehen. Notfalls können Sie sich vorher überlegen, ob Ihr Kind Mineralwasser mit ans Bett nehmen darf. Kommt Ihr Kind mehrfach aus dem Zimmer, sollten Sie sich eine weitergehende negative Konsequenz überlegen, die Sie auch vorher mit Ihrem Kind absprechen sollten. So können Sie beispielsweise in einem solchen Fall sofort das große Licht bzw. das Hörspiel ausmachen oder Ihr Kind muss am nächsten Abend zehn Minuten früher zu Bett gehen. Tragen Sie die entsprechende negative Konsequenz auf der Memo-Karte ein.

Beispiele:

- »Ben, komm, zurück in dein Bett. Es ist Schlafenszeit. Von dem Fußballspiel kannst du mir morgen erzählen, nicht jetzt!«
- »Wenn du nicht in deinem Bett bleibst, musst du dich morgen schon zehn Minuten früher bettfertig machen (oder: … kannst du morgen kein Hörspiel mehr im Bett hören).«

(7) Protokollieren Sie Ihre Erfahrungen auf Ihrer Memo-Karte 12

(8) Führen Sie einen *Punkte-Plan* oder einen *Wettkampf um lachende Gesichter* ein, wenn sich das Problem nicht lösen lässt (vgl. Elternleitfaden, Stufe 10–12)
Falls Sie die Regeln einige Wochen angewandt haben, ohne das Problem zu vermindern, dann sollten Sie einen *Punkte-Plan* oder einen *Wettkampf um lachende Gesichter* einführen. Ein *Wettkampf um lachende Gesichter* eignet sich besonders dann, wenn das störende Verhalten sehr häufig auftritt, wenn Ihr Kind beispielsweise abends sehr häufig aus dem Bett kommt. In diesem Fall markieren Sie sich immer dann ein Gesicht, wenn Ihr Kind aus seinem Zimmer kommt. Wenn es dem Kind nach einiger Zeit gelingt, die meisten Gesichter für sich zu behalten, dann können Sie einen *Punkte-Plan* durchführen.

Falls das störende Verhalten von Anfang an nicht so häufig ist, dann können Sie auch direkt einen *Punkte-Plan* anwenden. Sie vereinbaren dann mit dem Kind die Regeln, für deren Einhaltung es einen Punkt erhalten kann – zum Beispiel einen Punkt, wenn es sich nach einmaliger Aufforderung zum Schlafen fertig macht; einen weiteren Punkt, wenn es rechtzeitig im Bett ist und zwei zusätzliche Punkte, wenn es nicht mehr aufsteht (wenn es nur einmal aufsteht, dann kann es noch einen Punkt erhalten). Beachten Sie ansonsten die Hinweise, die wir Ihnen in den Stufen 10 bis 12 des Elternleitfadens zum *Punkte-Plan* und zum *Wettkampf um lachende Gesichter* gegeben haben.

Materialien für dieses Anwendungsbeispiel

- Memo-Karte 12

Wutausbrüche

Ist das bei Ihnen auch so?

Wenn Peter richtig wütend wird, dann ist er nicht mehr zu bremsen. Sein Gesicht läuft rot an, er schreit aus Leibeskräften, schlägt um sich, wirft sich auf den Boden und ist nicht mehr ansprechbar. Solche Wutausbrüche treten in letzter Zeit immer häufiger auf und die Anlässe dazu werden immer geringfügiger. Manchmal genügt es schon, wenn die Mutter ihn auffordert, seine Schuhe wegzuräumen. Die Mutter fühlt sich dann völlig machtlos und bekommt richtig Angst vor Peter.

Wutausbrüche sind bei jüngeren Kindern nicht selten. Meist lassen sie sich jedoch noch relativ gut begrenzen, weil die Kinder noch nicht so stark sind. Wenn die Kinder jedoch älter werden oder wenn die Wutausbrüche sehr häufig auftreten, dann können solche Verhaltensweisen zu einem ernsten Problem werden.

Was können Sie tun?

Mit den folgenden Hinweisen möchten wir Ihnen Möglichkeiten an die Hand geben, damit Sie mit solchen Wutausbrüchen künftig besser zurechtkommen und Ihrem Kind helfen können seine Wut besser in den Griff zu bekommen.

Sie können dieses Problem auch mit der App *ADHS-Kids* bearbeiten.

Das kann Ihnen helfen!

(1) Beschreiben Sie die Situationen, in denen Ihr Kind einen Wutausbruch bekommt

Manche Kinder reagieren mit Wutausbrüchen, wenn ihnen etwas verboten wird, andere, wenn sie etwas tun sollen, wieder andere, wenn sie beispielsweise von Geschwistern provoziert werden oder wenn ihnen etwas nicht gelingt. Notieren Sie auf der **Memo-Karte 13** die Situationen, in denen Ihr Kind häufiger mit Wutausbrüchen reagiert. Versuchen Sie, diese Situationen möglichst konkret zu beschreiben.

(2) Loben Sie Ihr Kind, wenn es in schwierigen Situationen nicht mit einem Wutausbruch reagiert

Kein Kind reagiert immer mit einem Wutausbruch, sobald die kritische Situation auftritt. Loben Sie Ihr Kind immer dann, wenn es in einer Situation einmal nicht wütend wird, in der es früher schon häufiger zu einem Wutausbruch gekommen ist. Loben Sie Ihr Kind auch schon dann, wenn es **weniger** ärgerlich als üblich reagiert hat.

Beispiele:

- »Gut, dass du jetzt nicht so wütend bist. Dann können wir besser miteinander reden.«
- »Ich weiß, dass du jetzt gerne Fernsehen gucken würdest. Toll, dass du so ruhig bleibst!«
- »Super, dass du so cool geblieben bist, obwohl dein Bruder dich gerade geärgert hat! Ich regele das jetzt mit deinem Bruder!«

(3) Bewahren Sie ruhig Blut!

Wenn Ihr Kind schon außer Rand und Band ist, dann ist es sicher nicht hilfreich, wenn auch Sie noch ausrasten! Versuchen Sie daher, ruhig Blut zu bewahren. Das ist leichter gesagt als getan! Wenn Sie selbst zu impulsiven Reaktionen neigen, dann sollten Sie alles unternehmen, was Ihnen hilft, wieder ruhiger zu werden. Manchmal hilft es schon, einfach dreimal tief durchzuatmen oder leise bis Zehn zu zählen oder auch erst einmal für eine kurze Zeit den Raum zu verlassen.

Denken Sie daran, dass Sie auch Vorbild für Ihr Kind sind! Wenn Sie es schaffen, in einer kritischen Situation ruhig zu bleiben, hat Ihr Kind ein gutes Modell, es auch selbst zu schaffen.

(4) Bringen Sie Ihr Kind an einen Ort, an dem es sich beruhigen kann

Viele Kinder sind während eines Wutausbruches so gut wie nicht ansprechbar. Wenn Ihr Kind einen Wutausbruch bekommt, dann sollten Sie zunächst Maßnahmen unternehmen, die ihm helfen, sich zu beruhigen. Manche Eltern versuchen, ihr Kind einfach festzuhalten. Das kann manchmal hilfreich sein, bei vielen Kindern führt das jedoch eher zu einem Nahkampf, als dass es das Kind beruhigt. Häufiger ist es hilfreich, zunächst einmal überhaupt nicht auf das Kind einzugehen oder den Raum zu verlassen, in dem es gerade ist. Das ist aber leider nicht immer möglich. Sie können in einem solchen Fall versuchen, das Kind an einen Ort zu bringen, an dem es sich zunächst einmal beruhigen kann. Manchmal eignet sich dazu das Kinderzimmer, das Badezimmer oder das Schlafzimmer der Eltern. Allerdings kann es schwierig sein, das Kind in den entsprechenden Raum zu bringen. Es ist deshalb günstig, wenn Sie eine solche Maßnahme nicht erst dann durchführen, nachdem das Kind auf 180 ist; Sie sollten schon bei »90« eingreifen! Es kann allerdings auch dann zu erheblichen Schwierigkeiten kommen. Wenn dies regelmäßig der Fall ist, dann ist es vermutlich sinnvoll, eine professionelle Hilfe in Anspruch zu nehmen.

(5) Loben Sie Ihr Kind, wenn es ihm gelingt, sich zu beruhigen

Wenn es Ihrem Kind gelingt, sich wieder zu beruhigen, dann sollten Sie vorsichtig auf Ihr Kind zugehen und es behutsam dafür loben, dass Sie jetzt wieder mit ihm »vernünftig« reden können. Manche Kinder können in einer solchen Situation allerdings Lob nur ganz schlecht ertragen. Wenn dies auch bei Ihrem Kind der Fall ist, dann sollten Sie auf das Loben in dieser Situation besser verzichten. Sie können das dann zu einem günstigeren Zeitpunkt, zum Beispiel beim Zubettgehen, nachholen.

Beispiele:

- »Schön, dass wir jetzt wieder ruhig miteinander reden können!«
- »Super, dass du es geschafft hast, dich wieder zu beruhigen!«
- Abends: »Ich weiß, das war heute eine schwierige Situation für dich und du bist sehr wütend geworden. Aber dann hast du es geschafft, dich wieder zu beruhigen! Das war gut!«

(6) Achten Sie darauf, dass sich der Wutausbruch für Ihr Kind nicht lohnt

Häufig entwickeln Kinder dann Wutausbrüche, wenn sie die Erfahrung gemacht haben, dass sie damit unangenehmen Dingen aus dem Weg gehen können (dass sie beispielsweise bestimmte Pflichten nicht erfüllen müssen) oder dass sie damit ihren Willen durchsetzen können (und beispielsweise ein Eis bekommen, das ihnen vorher verwehrt wurde). Wenn Kinder solche Erfahrungen machen, dann werden sie zukünftig solche Wutausbrüche häufiger entwickeln. Deshalb ist es extrem wichtig, dass Sie darauf achten, dass sich die Wutausbrüche Ihres Kindes nicht lohnen. Das ist leichter gesagt als getan! Wenn sich Ihr Kind wieder beruhigt hat, dann sollten Sie unbedingt darauf achten, dass es jetzt der Aufforderung nachkommt, die zum Wutausbruch geführt hat. Das Kind darf auf keinen Fall durch seinen Wutausbruch etwas erreichen, was es sonst nicht erreicht hätte. Möglicherweise nehmen Sie damit einen erneuten Wutausbruch in Kauf. Das ist aber das kleinere Übel! Falls Sie es nicht schaffen, dass Ihr Kind nach dem Wutausbruch das tut, was es machen sollte, dann lassen Sie auf jeden Fall eine natürliche negative Konsequenz folgen.

Beispiele:

- »Auch wenn du jetzt wütend bist und laut schreist, du darfst heute kein Computer mehr spielen.«
- »Du musst die Spielsachen jetzt aufräumen, die du von deinem Bruder durcheinander gebracht hast.« Wenn das Kind das nicht tut: »Wenn du die Spielsachen nicht aufräumst, darfst du die nächsten Tage nicht mehr mit den Spielsachen von deinem Bruder spielen und dein Bruder bekommt als Ausgleich dein Raumschiff zum Spielen.«

(7) Protokollieren Sie Ihre Erfahrungen auf Ihrer Memo-Karte 13

(8) Führen Sie einen Punkte-Plan ein, wenn sich das Problem nicht lösen lässt (vgl. Elternleitfaden, Stufe 10 + 11)

Wenn es Ihnen nicht gelingt, durch die genannten Maßnahmen die Häufigkeit von Wutausbrüchen zu vermindern, dann kann es hilfreich sein, zusätzlich einen *Punkte-Plan* durchzuführen. Ihr Kind kann sich dann mit dem *Punkte-Plan* Punkte verdienen, wenn es in üblicherweise schwierigen Situationen nicht mit Wutausbrüchen reagiert. Wenn Ihr Kind normalerweise zwar einige Male pro Woche, aber nicht jeden Tag einen Wutausbruch bekommt, dann kann es auch für jeden Tag ohne Wutausbruch einen Punkt bekommen. Beachten Sie auch die Hinweise, die wir Ihnen in den Stufen 10 und 11 des Elternleitfadens zum *Punkte-Plan* gegeben haben. Falls auch diese Maßnahme nicht erfolgreich ist, dann sollten Sie professionelle Hilfe in Anspruch nehmen.

Materialien für dieses Anwendungsbeispiel

- Memo-Karte 13
- App »ADHS-Kids«

Meine Kinder sind wie Hund und Katze

Ist das bei Ihnen auch so?

Peter und seine kleine Schwester Lisa liegen sich ständig in den Haaren. Die Mutter hat das Gefühl, dass kaum eine halbe Stunde vergeht, ohne dass Lisa nicht um Hilfe schreit oder weinend ankommt, weil Peter sie schon wieder traktiert hat. Ständig hat sie Kratzwunden und blaue Flecken, die ihr von Peter zugefügt wurden. Außerdem ist Peter schrecklich eifersüchtig auf Lisa. Wenn Lisa etwas bekommt, dann möchte Peter genau das Gleiche haben, auch dann, wenn es ihn eigentlich gar nicht interessiert. Lisa ist genau das Gegenteil von Peter. Peter nervt nur, wenn Besuch kommt; Lisa dagegen schafft es in kürzester Zeit, Leute für sich einzunehmen.

Es gibt wohl keine Geschwister, die nicht auch einmal miteinander streiten und rivalisieren oder aufeinander eifersüchtig sind. In Familien mit hyperkinetischen oder oppositionellen Kindern können solche Streitereien jedoch zu einem sehr ernsten Problem werden. Geschwisterrivalität ist meist ein vielschichtiges Problem: Hyperkinetische und oppositionelle Kinder neigen aufgrund ihrer Impulsivität zu aggressiven Handlungen anderen Kindern gegenüber. Sie denken kaum darüber nach, was sie in einer Situation tun oder lassen sollten, sondern folgen ihren ersten Einfällen, und die sind häufig nicht die besten.

Hyperkinetische und oppositionelle Kinder neigen aber häufig auch deshalb zu aggressiven Handlungen anderen Kindern gegenüber, weil sie die Erfahrung gemacht haben, dass aggressives Verhalten sich lohnt, das heißt, dass sie mit ihrem aggressiven Verhalten das erreichen, was sie wollen.

Außerdem erfahren diese Problemkinder viele Frustrationen außerhalb und innerhalb der Familie und lassen die angestauten Spannungen an ihren Geschwistern aus.

Schließlich erleben Kinder mit Verhaltensauffälligkeiten, dass sich ihre Eltern häufig über sie ärgern und mit ihnen unzufrieden sind, während ihre Geschwister Anerkennung und Zuwendung von ihnen erfahren.

Im Online-ADHS-Elterntrainer finden Sie einen Film zu diesem Problemverhalten in »Verhaltensprobleme lösen: Geschwisterstreit«.

Was können Sie tun?

Die folgenden Hinweise sollen Ihnen helfen, Rivalität und Streit zwischen Geschwistern zu begrenzen. Rivalität und Streit zwischen Geschwistern gehen selten ausschließlich von einer Seite aus. Deshalb ist eine Lösung des Problems auch nur unter Einbeziehung beider Streithähne möglich. Wichtig ist auch, dass Sie Ihre eigene Rolle dabei genau überprüfen. Sie können Ihrem Problemkind helfen, mit Wut und Aggression anders umzugehen.

Sie können dieses Problem auch mit der App *ADHS-Kids* bearbeiten.

Das kann Ihnen helfen!

(1) Überlegen Sie, wie Sie Ihre Aufmerksamkeit und Zuwendung auf Ihre Kinder verteilen

Kinder reagieren manchmal deshalb aggressiv gegenüber Geschwistern, weil sie das Gefühl haben, benachteiligt zu sein. Wir haben in Stufe 3 des Elternleitfadens bereits den Teufelskreis dargestellt, in den Eltern mit ihren hyperkinetischen oder oppositionellen Kindern geraten: Der Anteil an negativen, belastenden Erfahrungen nimmt zu und positive Erlebnisse werden immer seltener. Es wundert daher nicht, dass die »Problemkinder« den Eindruck haben, dass sie weniger beachtet und weniger geliebt werden. Manchmal ist das ja auch wirklich so; schließlich sind Eltern auch nur Menschen! Die Vorstellung, Eltern müssten immer alle ihre Kinder gleichermaßen gern haben, geht an der Wirklichkeit vorbei. Manchmal liegt einem ein Kind schon von seiner Art her einfach mehr als ein anderes. Außerdem hinterlassen die häufigen Auseinandersetzungen mit problematischen Kindern natürlich auch bei den Eltern ihre Spuren. Wichtig ist, dass Sie sich zunächst einmal selbst darüber klar werden, wie Ihre eigenen Gefühle sind.

Manchmal hat man auch das Gefühl, dass man beide Kinder gleich behandelt, obwohl von außen deutliche Unterschiede festzustellen sind. Besonders schwierig ist es, wenn die Geschwister Eigenschaften oder Fähigkeiten haben, die man besonders mag. Da gibt es manchmal die kleinen Schwestern, denen alles besser gelingt, die freundlich, offen und zugewandt sind, schnell die Herzen anderer erobern, darüber hinaus auch noch redegewandter sind und die Schule mit »links« schaffen. Natürlich freuen sich Eltern über solche Kinder und natürlich spürt man das als äußerer Beobachter: Meist äußern sich solche Gefühle nicht in dem, **was** man sagt und tut, sondern mehr in dem, **wie** man es sagt oder tut. Sprechen Sie einmal mit Ihrem Partner oder mit anderen Ihnen nahestehenden Personen darüber.

(2) Sprechen Sie mit Ihren Kindern über die häufigen Streitereien und ihre Ursachen

Hören Sie sich Ihre Kinder zu dem Thema »Streit und seine Ursachen« an. Führen Sie dieses Gespräch in einer ruhigen Atmosphäre. Achten Sie darauf, dass Sie selbst keine Schuldzuweisungen machen (z. B. indem Sie Ihrem Kind sagen: »Warum bist du immer so aggressiv?«). Und achten Sie auch darauf, dass die Geschwister nicht in gegenseitige Schuldzuweisungen verfallen. Beginnen Sie das Gespräch etwa so: »Ich möchte mit euch heute darüber sprechen, dass ihr so oft miteinander streitet. Mir geht es nicht darum, einen Schuldigen zu finden, sondern ich möchte gerne von euch wissen, warum das bei uns so ist.« Bei diesem Gespräch geht es noch nicht um Lösungen. Hören Sie einfach Ihren Kindern zu und versuchen Sie, sich nicht sofort zu verteidigen, wenn die Kinder meinen, dass auch Sie etwas falsch machen. Versuchen Sie, die Argumente Ihrer Kinder zu verstehen. In einfacher Form kann man ein solches Gespräch bereits mit Kindern im Kindergartenalter durchführen, bei Schulkindern kann ein solches Gespräch aber besonders nützlich sein.

(3) Geben Sie Ihrem »Problemkind« vermehrt positive Zuwendung und Aufmerksamkeit

In den Stufen 4 und 5 des Elternleitfadens haben wir Ihnen schon Möglichkeiten aufgezeigt, die Ihnen helfen können, Ihrem Kind vermehrt positive Zuwendung und Aufmerksamkeit zu schenken. Selbst wenn Sie den Eindruck haben, dass Ihr »Problemkind« schon viel mehr an Energie und Zeit bekommt als das Geschwisterkind, ist es häufig hilfreich, wenn Sie gerade mit ihm eine *Spaß- & Spiel-Zeit* durchführen. Meist ist der Mehraufwand, den man für das verhaltensauffällige Kind betreibt, nicht ein Mehr an positiver Zuwendung. Manchmal protestieren die Geschwister, wenn die Eltern eine *Spaß- & Spiel-Zeit* mit dem hyperkinetischen oder oppositionellen Kind durchführen. Wenn die Geschwister älter sind, dann können Sie mit ihnen darüber reden und an ihre Einsicht appellieren. Zusätzlich ist es jedoch sinnvoll, mit den älteren Geschwistern ergänzend besondere Vergünstigungen als Ausgleich zu vereinbaren oder mit ihnen auch eine eigene *Spaß- & Spiel-Zeit* durchzuführen. Dies sollten Sie auch bei jüngeren Geschwisterkindern tun. Sie sollten die *Spaß- & Spiel-Zeit* zunächst auf jeden Fall mit Ihrem »Problemkind« alleine durchführen. Sie können aber nach einigen Wochen mit ihm darüber sprechen, dass Sie gerne das Geschwisterkind auch an der *Spaß- & Spiel-Zeit* teilnehmen lassen wollen. Wenn es jedoch dadurch in der *Spaß- & Spiel-Zeit* zu Konflikten kommt oder wenn Ihr verhaltensauffälliges Kind jetzt kein Interesse mehr daran hat, dann sollten Sie die

Spaß- & Spiel-Zeit wieder mit ihm allein durchführen. Sie können in einem solchen Fall auch die Zeit zwischen beiden Kindern aufteilen. Erwarten Sie bitte nicht, dass sich die Streitigkeiten zwischen den Kindern bereits durch die *Spaß- & Spiel-Zeit* allein deutlich vermindern!

(4) Beschreiben Sie das problematische Verhalten beider Kinder und die Situationen, in denen dieses Verhalten gehäuft auftritt

Nehmen Sie ein Blatt Papier zur Hand und beschreiben Sie die problematischen Verhaltensweisen beider Kinder genau. Sie können beispielsweise schreiben: »Peter beschimpft seine Schwester mit ›dumme Ziege‹ und tritt und kratzt sie häufig. Lisa schreit hysterisch, wenn Peter in die Nähe kommt, und provoziert ihn gezielt, indem sie ihn frech angrinst.«

Beschreiben Sie auch die Situationen, in denen diese Probleme gehäuft auftreten (z. B. während der Hausaufgaben, beim Autofahren).

(5) Besprechen Sie mit beiden Kindern Regeln zum Umgang bei Konflikten

Besprechen Sie in einer ruhigen Situation mit Ihren Kindern die konkreten Verhaltensprobleme. Viele Kinder rechtfertigen ihre aggressiven Reaktionen damit, dass der jeweils andere angefangen hat. Besprechen Sie mit Ihren Kindern als wichtiges Grundprinzip, dass Provokationen und aggressive Handlungen anderer nicht dazu berechtigen, mit noch stärkeren Aggressionen zu antworten. So sind körperliche Attacken prinzipiell nicht mit vorhergehenden verbalen Provokationen des anderen zu rechtfertigen. Versuchen Sie, gemeinsam mit Ihren Kindern konkrete Regeln aufzustellen, in denen nach Möglichkeit nicht nur stehen sollte, was die Kinder nicht tun dürfen, sondern auch, was sie stattdessen machen sollen, z. B.:

- Lisa darf Peter nicht ärgern, indem sie ihm beispielsweise die Zunge herausstreckt.
- Peter darf Lisa nicht schlagen, selbst wenn Lisa ihn ärgert. Stattdessen ruft Peter laut: »Hör auf damit!«
- Beide dürfen keine Schimpfwörter sagen.

Erarbeiten Sie gemeinsam mit Ihren Kindern zunächst höchstens drei möglichst konkrete Regeln und schreiben Sie diese auf die **Memo-Karte 14**. Besprechen Sie zusätzlich mit den Kindern, was passiert, wenn sie die Regeln einhalten, und was, wenn sie die Regeln nicht einhalten. Beachten Sie dabei die Hinweise, die wir Ihnen in Stufe 9 des Elternleitfadens gegeben haben.

Beispiele:

- Wenn Lisa und Peter es tagsüber schaffen, sich nicht zu streiten, bekommen sie abends eine extra lange Geschichte zusammen vorgelesen oder es wird zusammen ein Spiel gespielt.
- Wenn Lisa Peter ärgert, muss sie als Ausgleich abends den Tisch für alle decken.
- Wenn Peter Lisa geschlagen hat, muss er als Ausgleich abends den Tisch für alle abdecken.

Ein Filmbeispiel zur Erstellung von Regeln finden Sie beim Online-ADHS-Elterntrainer in »Verhaltensprobleme lösen: Geschwisterstreit«.

(6) Bleiben Sie ruhig!

Wenn die Kinder wieder einmal heftig miteinander streiten, dann hilft es meist wenig, wenn auch Sie noch laut und aggressiv werden. Bleiben Sie also möglichst ruhig. Das ist leichter gesagt als getan! Wenn Sie selbst zu impulsiven Reaktionen neigen, dann sollten Sie alles unternehmen, das Ihnen hilft, wieder ruhiger zu werden. Manchmal hilft es schon, einfach dreimal tief durchzuatmen oder leise bis zehn zu zählen und erst dann zu den Streithähnen zu gehen. Bei manchen Kindern ist es auch hilfreich, sich erst einmal aus den Streitereien herauszuhalten, weil die Kinder dann einiges doch selbst lösen können. Achten Sie darauf, ob das bei Ihren Kindern auch der Fall ist.

Denken Sie daran, dass Sie immer auch Vorbild für Ihre Kinder sind! Sie lernen an Ihrem Verhalten, wie man mit Konflikten umgeht und ob man Konflikte auch ruhig lösen kann.

(7) Loben Sie Ihre Kinder, wenn sie die Regeln befolgen

Immer wenn es Ihren Kindern gelingt, in üblicherweise schwierigen Situationen sich nicht zu streiten, dann sollten Sie beide Kinder dafür loben. Beachten Sie bitte die Hinweise, die wir in Stufe 8 des Elternleitfadens gegeben haben. Loben Sie Ihre Kinder auch bei Gelegenheiten, bei denen Sie regelmäßig zusammensitzen, beispielsweise beim Mittagessen und beim Abendessen, wenn sich die Kinder in der vorangegangenen Zeit nicht gestritten haben.

Beispiele:

- »Schön, dass ihr euch so gut vertragt.«
- »Ihr wolltet jetzt beide etwas anderes spielen. Super, dass ihr euch so gut geeinigt habt! Das habt ihr toll gemacht!«

Ein Filmbeispiel zu positiven Konsequenzen finden Sie beim Online-ADHS-Elterntrainer in »Verhaltensprobleme lösen: Geschwisterstreit«.

(8) Geben Sie wirkungsvolle Aufforderungen

Versuchen Sie, die Hinweise zu wirkungsvollen Aufforderungen zu beachten, die wir in Stufe 7 des Elternleitfadens gegeben haben. Achten Sie besonders darauf, dass Sie Aufforderungen nur dann geben (z. B. mit dem Streiten aufzuhören), wenn Sie in diesem Moment auch in der Lage sind, die Aufforderung wirklich durchzusetzen. Rufen Sie die Aufforderungen nicht durch das ganze Haus und geben Sie sie in einem bestimmenden Ton. Weisen Sie Ihre Kinder noch einmal kurz auf die getroffenen Regeln hin. Überprüfen Sie, ob Ihre Kinder der Aufforderung nachkommen, und loben Sie sie dafür.

Beispiele:

- »Peter, stopp! Es wird nicht geschlagen! Geh jetzt auf dein Zimmer, so kannst du hier nicht weiter spielen.«
- »Lisa, du sollst deinen Bruder nicht ärgern. Ich habe gehört, was du gesagt hast! Das Malen ist hiermit für dich beendet.« (Mutter nimmt die Malstifte)

Ein Filmbeispiel zu wirkungsvollen Aufforderungen finden Sie beim Online-ADHS-Elterntrainer in »Verhaltensprobleme lösen: Geschwisterstreit«.

(9) Führen Sie natürliche Konsequenzen durch, wenn Ihre Kinder die vereinbarten Regeln nicht einhalten

Beachten Sie hierzu die Hinweise, die wir in Stufe 9 des Elternleitfadens gegeben haben. Führen Sie die natürlichen Konsequenzen durch, die Sie mit Ihren Kindern vereinbart haben. Meist ist es nicht sinnvoll, den »Verursacher« des Konfliktes ausfindig zu machen. Auf die Frage, wer denn angefangen habe, werden Sie unterschiedliche Antworten bekommen. Meist ist eine sinnvolle unmittelbare natürliche Konsequenz, dass Sie beide Kinder für eine Zeit lang trennen. Sie können aber beispielsweise auch Privilegien (z. B. Fernsehen) für diesen Tag streichen. Wenn die Situation nicht ganz eindeutig ist, dann sollten beide Kinder die negativen Konsequenzen tragen. Meist tragen beide Geschwister zum Streit bei und sind deshalb auch gemeinsam dafür verantwortlich zu machen. Schreiben Sie die wichtigsten natürlichen Konsequenzen auf Ihre **Memo-Karte 14**.

Beispiele:

- »Ihr habt euch gestritten und habt beide was zu dem Streit beigetragen! Jeder geht jetzt erst mal in sein Zimmer.«
- »Wenn ihr streitet, dürft ihr nachher nicht zusammen Fernsehen schauen.«

Ein Filmbeispiel zu natürlichen Konsequenzen finden Sie beim Online-ADHS-Elterntrainer in »Verhaltensprobleme lösen: Geschwisterstreit«.

(10) Führen Sie ein Konfliktgespräch, wenn die Kinder ihre Auseinandersetzung nicht selbstständig lösen können

Manche Kinder geraten deshalb in Streitigkeiten, weil ihnen in der konkreten Situation keine Alternative einfällt. Wenn sich Ihre Kinder wieder ein wenig beruhigt haben, aber der Konflikt zwischen ihnen noch weiter schwelt, dann können Sie ein Konfliktgespräch führen. In einem solchen Konfliktgespräch mit Kindern sollten Sie folgende Hinweise beachten (siehe **Memo-Karte 15**):

Übersicht

- Achten Sie darauf, dass jeder jeden ausreden lassen muss.
- Beschimpfungen und lautes Anbrüllen sind nicht erlaubt.
- Jedes der Kinder schildert die Ausgangssituation aus seiner Perspektive.
- Ermuntern Sie die Kinder, Alternativen zu der eigenen Handlung zu entwickeln (»Was hättest du sonst noch tun können?«).
- Bewerten Sie nicht gleich jede Alternative als gut oder schlecht, sondern leiten Sie Ihre Kinder dazu an, die einzelnen Lösungsmöglichkeiten selbst zu bewerten (»Was wäre dann passiert?«).
- Ermuntern Sie Ihre Kinder, bei der nächsten Gelegenheit eine bessere Lösung zu erproben.

Wenn Sie unmittelbar nach dem Konflikt keine Zeit für ein solches Konfliktgespräch finden, dann können Sie das auch noch zu einem günstigeren Zeitpunkt (beispielsweise beim nächsten Essen) nachholen.

(11) Protokollieren Sie Ihre Erfahrungen auf Ihrer Memo-Karte 14

(12) Führen Sie einen *Punkte-Plan* oder einen *Wettkampf um lachende Gesichter* ein, wenn sich das Problem nicht lösen lässt
(vgl. Elternleitfaden 10–12)
Falls Sie diese Regeln einige Wochen angewandt haben, ohne dass sich das Problem vermindert, dann sollten Sie einen *Punkte-Plan* oder einen *Wettkampf um lachende Gesichter* einführen. Ein *Wettkampf um lachende Gesichter* eignet sich besonders dann, wenn das Problemverhalten sehr häufig auftritt, beispielsweise häufige Schimpfwörter oder häufiges Treten. In diesem Fall können Sie zunächst für die Essenszeit einen *Wettkampf um lachende Gesich-*

ter durchführen. Sie markieren sich beispielsweise immer dann ein Gesicht, wenn Ihr Kind seinen Bruder oder seine Schwester beschimpft. Besonders günstig ist es, wenn der *Wettkampf um lachende Gesichter* mit beiden Kindern gemeinsam gespielt wird. In diesem Fall markieren Sie sich ein Gesicht, wenn eines der beiden Kinder ein Schimpfwort sagt oder durch eine bestimmte Handlung provoziert. Die übrig bleibenden Gesichter gehören dann beiden gemeinsam und werden auch in gemeinsame Belohnungen eingetauscht.

Wenn es den Kindern nach einiger Zeit gelingt, die meisten Gesichter für sich zu behalten, dann können Sie einen *Punkte-Plan* durchführen. Falls das Problemverhalten von Anfang an nicht so häufig ist, dann können Sie auch direkt einen *Punkte-Plan* anwenden. Sie vereinbaren dann mit Ihren Kindern die Regeln, für deren Einhaltung sie Punkte erhalten können (z. B. einen Punkt, wenn niemand geschlagen wird; einen Punkt, wenn niemand laut schreit, und einen Punkt, wenn Sie keine Schimpfworte hören). Beachten Sie ansonsten die Hinweise, die wir Ihnen in den Stufen 10 bis 12 des Elternleitfadens zum *Punkte-Plan* und zum *Wettkampf um lachende Gesichter* gegeben haben.

Ein Filmbeispiel zum Wettkampf um lachende Gesichter finden Sie beim Online-ADHS-Elterntrainer in »Verhaltensprobleme lösen: Geschwisterstreit«.

Materialien für dieses Anwendungsbeispiel

- Memo-Karte 14
- Memo-Karte 15
- App »ADHS-Kids«

Probleme in der Öffentlichkeit

Ist das bei Ihnen auch so?

Peter kann seine Mutter schon manchmal ganz schön blamieren. So zum Beispiel letzte Woche: Da musste Peter zum Einkaufen mitkommen und hatte natürlich eigentlich gar keine Lust. Denn dann muss er immer in der Nähe seiner Mutter bleiben und darf nichts anfassen. Das ist alles so langweilig für ihn. Dann hat er im Regal ein neues Spielzeug entdeckt, dieses tolle kleine Legoflugzeug, das jetzt immer in der Reklame gezeigt wird. Er wollte es unbedingt haben, aber seine Mutter hat es ihm nicht erlaubt.

Da hat er einen Wutanfall bekommen und herumgeschrien: »Nie bekomme ich was, ich hasse dich!« Und alle anderen im Laden blieben stehen, schüttelten den Kopf und machten allerlei Kommentare: »So ein ungezogenes Kind!«, »Diese unfähigen Mütter von heute, das hätte es früher nicht gegeben!«

Zeigt Ihr Kind häufiger problematisches Verhalten in der Öffentlichkeit? Beispielsweise, wenn Sie mit ihm in ein Geschäft oder ein Kaufhaus gehen, ein Restaurant besuchen, Freunde oder Verwandte besuchen, in die Kirche gehen, Bus oder Straßenbahn fahren oder eine Autofahrt unternehmen?

Im Online-ADHS-Elterntrainer finden Sie einen Film zu diesem Problemverhalten in »Verhaltensprobleme lösen: Wutanfall (in der Öffentlichkeit)«.

Was können Sie tun?

Wenn Ihr Kind zu Hause Grenzen besser einhalten kann, wird es einfacher sein, dies auch in der Öffentlichkeit zu erreichen. Üben Sie also zunächst mit Ihrem Kind, Regeln zu Hause besser einzuhalten, und gehen Sie erst dann zu den sicherlich schwierigeren Situationen in der Öffentlichkeit über. Der Schlüssel zum erfolgreichen Umgang mit Kindern in der Öffentlichkeit liegt darin, dass Sie sich einen Plan aufstellen, wie Sie mit Ihrem Kind in dieser Situation umgehen werden. Ihr Kind muss von diesem Plan Kenntnis haben, bevor Sie mit ihm die öffentlichen Situationen aufsuchen. Deshalb ist es zunächst notwendig, dass Sie sich einen Plan zurechtlegen. Führen Sie mit Ihrem Kind ein ausführliches Gespräch über diesen Plan, wenn möglich ruhig und sachlich und nicht drohend. Teilen Sie Ihrem Kind Ihr Vorgehen mit. Die folgenden Regeln möchten wir mit Ihnen in zwei Schritten besprechen:

(1) Erstellen Sie einen Plan, wie Sie mit Ihrem Kind in öffentlichen Situationen umgehen wollen.
(2) Führen Sie Ihren Plan durch.

Das kann Ihnen helfen!

Erstellen Sie einen Plan, wie Sie mit Ihrem Kind in öffentlichen Situationen umgehen wollen!

(1) Stellen Sie eine Problemliste auf!

Stellen Sie die problematischen Verhaltensweisen Ihres Kindes zusammen. Überlegen Sie zunächst, in welchen öffentlichen Situationen Ihr Kind häufiger problematisches Verhalten zeigt. Versuchen Sie, das problematische Verhalten möglichst konkret zu beschreiben. Notieren Sie also beispielsweise nicht einfach: »Ist unfolgsam« oder »Ist ein Störenfried«, sondern »Fasst im Lebensmittelgeschäft alles Mögliche an und rennt vorneweg«. Allgemeinere Probleme lassen sich häufig in mehrere einzelne konkrete

Probleme aufteilen. Beschreiben Sie also die Verhaltensprobleme ganz genau.

(2) Wählen Sie ein bis zwei schwierige Situationen aus!

Wählen Sie ein bis zwei schwierige Situationen aus, die Sie zuerst angehen wollen. Da es wichtig ist, dass Sie sich in nächster Zeit möglichst häufig in diese Situationen begeben, sollten Sie zunächst vor allem solche Situationen auswählen, die Sie relativ leicht aufsuchen können (z. B. Supermarkt oder Bus). Tragen Sie diese Situation(en) auf Ihrer **Memo-Karte 16** ein.

(3) Bestimmen Sie die Verhaltensregeln, die Ihr Kind in den Situationen beachten muss!

Bestimmen Sie die Verhaltensregeln, die Ihr Kind in den ausgewählten problematischen Situationen zu beachten hat. Formulieren Sie möglichst konkrete Regeln, zum Beispiel »Fasse im Lebensmittelgeschäft keine Ware an, bevor du mich gefragt hast.« Formulieren Sie höchstens drei Regeln, die Ihr Kind in einer Situation zu beachten hat. Schreiben Sie diese drei Regeln auf Ihre **Memo-Karte 16**.

Ein Filmbeispiel zum Erstellen von Regeln finden Sie beim Online-ADHS-Elterntrainer in »Verhaltensprobleme lösen: Wutanfall (in der Öffentlichkeit)«.

(4) Wählen Sie eine Belohnung aus!

Überlegen Sie gemeinsam mit Ihrem Kind, welche Belohnung es bekommen kann, wenn es sich in der Situation an die Regeln hält.

Hier ein paar Vorschläge:

- ein Eis am Stiel nach dem Einkaufen
- ein gemeinsames Spiel, wenn Sie wieder zu Hause sind
- abends eine Geschichte vorgelesen bekommen

Einige Eltern versprechen ihrem Kind gelegentlich eine Sondervergünstigung, wenn sie wieder zuhause sind. Dies ist eine sehr gute Möglichkeit. Es ist jedoch noch günstiger, einen *Punkte-Plan* oder einen *Wettkampf um lachende Gesichter* zu benutzen (vgl. Elternleitfaden, Stufe 10–12), da diese Verfahren es Ihnen erlauben, Ihr Kind noch in der problematischen Situation zu belohnen, wenn es die Regeln eingehalten hat. Denn häufig genügt es nicht, das Kind erst am Ende oder nach der Situation zu belohnen. Wenn das Problemverhalten üblicherweise mehrmals pro Situation auftritt, dann müssen Sie in kurzen Zeitabständen (meist nach wenigen Minuten) Belohnungen vergeben. Vergessen Sie auch nicht, Ihrem Kind durch Ihre Zuwendung immer wieder zu zeigen, dass Sie sich über sein Verhalten freuen, wenn es die Regeln befolgt.

Beispiele:
- »Super, dass du mich gefragt hast, ob du den Joghurt nehmen darfst.«
- »Klasse, dass du in meiner Nähe bleibst!«
- »Das klappt toll. So macht mir das Einkaufen mit dir richtig Spaß.«

Wenn das Kind sich sehr häufig in der Situation problematisch verhält (z. B. fasst ständig alles Mögliche an oder redet ständig dazwischen), dann ist ein *Wettkampf um lachende Gesichter* meist besser geeignet als ein *Punkte-Plan*. Wenn Sie die Pläne nicht mit in die Öffentlichkeit nehmen wollen, dann nehmen Sie einen Kugel- oder Filzschreiber mit. Sagen Sie Ihrem Kind vor Beginn der öffentlichen Situation, dass Sie sich immer dann einen Markierungsstrich auf Ihre Hand malen werden, wenn es sich nicht an die vereinbarten Regeln hält (bei einem *Wettkampf um lachende Gesichter*) bzw. dass Sie ihm immer dann einen Punkt auf seine Hand malen, wenn es sich an die vereinbarten Regeln gehalten hat (bei einem *Punkte-Plan*).

Tragen Sie die entsprechende positive Konsequenz auf der **Memo-Karte 16** ein.

Ein Filmbeispiel zum *Punkte-Plan* finden Sie beim Online-ADHS-Elterntrainer in »Verhaltensprobleme lösen: Wutanfall (in der Öffentlichkeit)«.

(5) Überlegen Sie, welche Konsequenz erfolgt, wenn Ihr Kind gegen die Regeln verstößt!

Manchmal ist es sehr schwierig, in der Öffentlichkeit negative Konsequenzen unmittelbar durchzuführen. Wir möchten Ihnen deshalb einige Beispiele nennen, die sich als praktikabel und wirkungsvoll erwiesen haben:

- Wenn das Kind im Supermarkt ständig durch die Gänge rast, muss es an die Hand.
- Wenn das Kind im Bus/in der Straßenbahn ständig aufsteht, muss es neben Ihnen am Fensterplatz sitzen, sodass es nicht mehr aufstehen kann.
- Wenn das Kind im Restaurant ständig aufsteht, kann es keinen Nachtisch bekommen.
- Wenn das Kind einen Wutausbruch im Supermarkt oder im Restaurant bekommt, dann nehmen Sie Ihr Kind mit nach draußen und halten es fest, bis es sich wieder beruhigt hat. Falls Sie Ihr Auto in der Nähe haben, dann können Sie Ihr Kind auch zum Auto bringen, es auf seinen Sitz setzen und in der Nähe warten, bis es sich wieder beruhigt hat.

Tragen Sie die entsprechende negative Konsequenz auf der **Memo-Karte 16** ein.

(6) Besprechen Sie mit Ihrem Kind Ihren Plan!

Nehmen Sie sich die Zeit zu einem ausführlichen, ruhigen und sachlichen Gespräch mit Ihrem Kind, in dem Sie mit ihm Ihren Plan besprechen. Nennen und begründen Sie die Verhaltensregeln, besprechen Sie mit Ihrem Kind die positiven Konsequenzen, die erfolgen, wenn es ihm gelingt, die Regeln einzuhalten, und nennen Sie auch die negativen Konsequenzen bei Verletzung der Regeln. Fragen Sie Ihr Kind nach seiner Meinung und integrieren Sie Vorschläge Ihres Kindes in den Plan, wenn sie Ihnen sinnvoll erscheinen.

Führen Sie Ihren Plan durch!

(1) Suchen Sie gemeinsam mit Ihrem Kind die ausgewählte öffentliche Situation in nächster Zeit möglichst häufig auf
In den ersten Wochen sollten Sie die problematische öffentliche Situation mehrmals pro Woche gemeinsam mit Ihrem Kind zu Übungszwecken aufsuchen. Sie sollten also beispielsweise häufiger in den Supermarkt gehen, selbst wenn Sie eigentlich nichts einkaufen müssen. In einer solchen Übungssituation fällt es oft leichter, den Plan durchzuführen, weil Sie nicht unter irgendeinem äußeren Druck stehen (z. B. schnell einkaufen zu müssen).

(2) Erinnern Sie Ihr Kind an den Plan, unmittelbar bevor Sie den öffentlichen Platz betreten
Unmittelbar bevor Sie in die entsprechende öffentliche Situation (beispielsweise in die Straßenbahn, in den Supermarkt, zu Freunden) gehen: **STOPP!!!**

Treten Sie beiseite, lassen Sie andere vorbeigehen, gehen Sie auf Augenhöhe Ihres Kindes und besprechen Sie mit ihm folgende Punkte:

Übersicht

(1) Fordern Sie Ihr Kind auf, die vereinbarten Verhaltensregeln noch einmal zu benennen (»Was haben wir ausgemacht?«).
(2) Bestätigen Sie die Regeln oder korrigieren Sie Ihr Kind gegebenenfalls.
(3) Erinnern Sie Ihr Kind an die vereinbarte Belohnung, die erfolgt, wenn es die Regeln einhält.
(4) Erinnern Sie Ihr Kind an die vereinbarte negative Konsequenz, die erfolgt, wenn es die Regeln nicht einhält.

Sprechen Sie nur die genannten vier Punkte kurz an, bleiben Sie dabei freundlich und zugewandt.

Ein Filmbeispiel zu wirkungsvollen Aufforderungen finden Sie beim Online-ADHS-Elterntrainer in »Verhaltensprobleme lösen: Wutanfall (in der Öffentlichkeit)«.

(3) Führen Sie positive und negative Konsequenzen sofort durch

Loben Sie Ihr Kind spätestens eine Minute, nachdem Sie die öffentliche Situation betreten haben, wenn es bis dahin die Regeln eingehalten hat. Zeigen Sie Ihrem Kind immer wieder, dass Sie sich darüber freuen, solange Sie in der Situation sind und das Kind sich an die Regeln hält. Wenn Sie einen *Punkte-Plan* verwenden, dann geben Sie Ihrem Kind direkt nach der vereinbarten Zeit einen Punkt.

Wenn Ihr Kind eine Regel verletzt, dann führen Sie die negative Konsequenz **sofort** durch. Wiederholen Sie keine Aufforderungen oder Warnungen, da Sie Ihr Kind ja bereits auf die Konsequenzen bei Regelverletzung aufmerksam gemacht haben, kurz bevor Sie in die öffentliche Situation gegangen sind.

Ein Filmbeispiel zu positiven und natürlichen Konsequenzen finden Sie beim Online-ADHS-Elterntrainer in »Verhaltensprobleme lösen: Wutanfall (in der Öffentlichkeit)«.

(6) Protokollieren Sie Ihre Erfahrungen auf Ihrer Memo-Karte 17

Materialien für dieses Anwendungsbeispiel

- Memo-Karte 16
- Memo-Karte 17

Handy, Spielekonsole & Co.: Mein Kind sitzt ständig vorm Bildschirm

Ist das bei Ihnen auch so?

Peter hängt am liebsten den ganzen Tag ständig vor irgendeinem Bildschirm. Egal ob Fernsehen, Spielekonsole oder Handy. Seine Mama hat manchmal schon das Gefühl, dass seine Augen bald viereckig davon sein müssten! Er ist kaum zu begrenzen und wenn seine Mama sagt, dass er den Fernseher ausmachen oder aufhören soll zu spielen, dann kriegt Peter einen heftigen Wutanfall. Seine Mama weiß schon gar nicht mehr, was sie machen soll. Auch wenn sie Peter verbietet, am Tablet zu spielen, holt er es sich heimlich und macht es trotzdem. Andauernd diskutiert seine Mama mit ihm, aber es nutzt nichts. Peter langweilt sich ständig, wenn er nicht am Bildschirm sitzt, und weiß nichts mit sich anzufangen. Dann nörgelt er andauernd herum.

Es ist ganz normal, dass Medien für Kinder eine hohe Attraktivität haben, und Sie werden sicher auch schon von anderen Eltern gehört haben, dass Medien ein ständiges Streitthema zwischen Eltern und Kindern sind, auch bei Kindern, die sonst keine starken Verhaltensprobleme haben. Auch uns Erwachsenen fällt es oft schwer, z. B. unser Smartphone einmal längere Zeit wegzulegen. Für Kinder mit ADHS haben Medien eine besonders hohe Anziehungskraft. Bei Spielen liegt das vor allen auch daran, dass sie bei jeder virtuellen Handlung unmittelbare positive und negative Rückmeldungen bekommen (z. B. nächste Level erreichen oder ein »Leben verlieren«). Viele Kinder sind auch sehr gut in diesen Spielen und bekommen dort die Anerkennung und Erfolgserlebnisse, die ihnen anderswo fehlen. Dem Reiz der Medien zu widerstehen fällt Kindern mit ADHS besonders schwer, da sie weniger Selbstkontrolle als andere Kinder haben.

Im Online-ADHS-Elterntrainer finden Sie einen Film zu diesem Problemverhalten in »Verhaltensprobleme lösen: Medienkonsum«.

Was können Sie tun?

Die nachfolgenden Hinweise sollen Ihnen helfen, sich mit diesem Thema auseinanderzusetzen und Ihr Kind zu unterstützen, mit Medien gut umzugehen. Dabei ist es wichtig, auch den eigenen Umgang mit Medien kritisch zu betrachten. Gerade bei Medien sind Sie auch Vorbild für Ihr Kind. Es geht dabei generell um die Frage, welche Rolle die Medien in Ihrer Familie spielen sollen.

Das kann Ihnen helfen!

(1) Seien Sie selbst Vorbild

Wie gehen Sie selbst mit Medien um? Auch wenn Sie vermutlich weniger online spielen als Ihre Kinder, checken Sie vielleicht häufig E-Mails oder Informationen im Internet, chatten Sie oft mit Ihren Freunden über das Handy oder arbeiten zu Hause am PC sehr viel? Ihr Kind sieht dann möglicherweise nur, dass Sie »ständig online« sind. Vor allem wenn Sie mit Ihrem Kind oder der ganzen Familie beschäftigt sind, ist es daher wichtig, dass Ihre volle Aufmerksamkeit bei Ihrem Kind und in der Familie und nicht immer wieder bei den Medien ist. Daher sollten Sie in den Zeiten, in denen Sie sich mit Ihrem Kind oder Ihrer Familie intensiv beschäftigen, die Medien ausgeschaltet lassen bzw. zur Seite legen. Nur so sieht und lernt Ihr Kind, dass Medien nicht wichtiger sind als andere Dinge im Leben und vor allem nicht wichtiger als echte Beziehungen in der Familie.

(2) Schaffen Sie Zeiten in der Familie, in der keine Medien konsumiert werden

Wichtiger als maximale Zeiten festzulegen, die Ihr Kind mit Medien verbringen darf, ist es, Zeiten festzulegen, die medienfrei sind (auch kein Smartphone). Dies sollte nicht nur für Ihr Kind, sondern auch für Sie selbst gelten: morgens vor einer bestimmten Uhrzeit, bei gemeinsamen Spielen oder Beschäftigungen, bei den Hausaufgaben, ab einer bestimmten Zeit abends (vor allen die letzte Stunde vor dem Schlafengehen). Bei den Mahlzeiten sind Medien nicht empfehlenswert, auch Fernsehen nicht, selbst wenn es nur »im Hintergrund« läuft. Bei den Mahlzeiten sollte sich die Familie auf das Essen und das Miteinander konzentrieren und sich beispielsweise über das austauschen, was man am Tag erlebt hat. Keine Medien bei Mahlzeiten gilt ebenso für das Handy, das nicht während des Essens präsent sein sollte – auch nicht bei den Erwachsenen. Ausnahme: wenn man sehr dringend erreichbar sein muss.

(3) Schaffen Sie interessante Alternativen für Ihr Kind

Versuchen Sie, den Tag und die Wochen aktiv und interessant für Ihr Kind zu gestalten. Schaffen Sie Hobbys, sorgen Sie für Verabredungen mit Freunden oder melden Sie Ihr Kind in (Sport-)Vereinen an. Je mehr Zeit Ihr Kind beschäftigt ist, desto weniger wird es nach Medien fragen. Fördern Sie die Bewegung Ihres Kindes, ein sportlicher Ausgleich und viel Bewegung ist für die Entwicklung und die psychische Gesundheit von Kindern sehr wichtig.

(4) Fördern Sie die »realen« Kontakte mit Freunden

Unterstützen Sie Ihr Kind, sich möglich oft mit seinen Freunden im »realen Leben« (und nicht nur online) zu verabreden, und laden Sie auch andere Kinder zu sich nach Hause ein. Mittlerweile finden viele soziale Kontakte auch online statt, was sicher auch gut sein kann, aber diese ersetzen nicht das Treffen in der Wirklichkeit. Die sozialen Kompetenzen werden vor allem in realen Kontakten gefördert. Verabreden Sie sich ggf. mit anderen Müttern oder Vätern und deren Kindern, machen Sie Ausflüge o. Ä. zusammen und fördern Sie so die sozialen Kontakte. Wichtig ist vor allen, dass die Mediennutzung nicht dazu führt, das andere Interessen, Hobbys oder reale Kontakte vernachlässigt werden.

(5) Informieren Sie sich selbst über das, was Ihr Kind online macht

Lassen Sie sich von Ihrem Kind zeigen, was es am Computer oder Handy spielt. Zeigen Sie Interesse daran und spielen Sie auch gemeinsam, dann wissen Sie, womit sich Ihr Kind beschäftigt. Wenn Sie gemeinsam online spielen, können Sie auch gemeinsam üben, ein Spiel zu beenden. Besonders das Aufhören fällt Kindern mit ADHS sehr schwer. Gerade online ist es sehr verlockend, immer weiterzuspielen, und die Spiele sind auch oft so entwickelt, dass sie zu einem ständigen Weiterspielen verleiten. Kinder müssen erst lernen, ein Spiel zu beenden. Das lernen sie am besten gemeinsam mit Ihnen.

Legen Sie vorher fest, welche Spiele und Fernsehsendungen für Ihr Kind geeignet sind. Dies gilt vor allem, je jünger das Kind ist. Bei älteren Kindern und jüngeren Jugendlichen sollten Sie gemeinsam die Auswahl festlegen. Beachten Sie die Altersbegrenzungen für Spiele.

Auf der Seite www.spielbar.de von der Bundeszentrale für politische Bildung finden Sie vielfältige Informationen zum Thema Medien. Auch auf der Seite www.bundespruefstelle.de können Sie sich weiter informieren. Von der BundesPsychotherapeutenKammer (BPtK) wurde ein »Elternratgeber Internet« zusammengestellt, der unter www.elternratgeber-internet.de zu finden ist. Auch unter www.schau-hin.info finden sie vielfältige hilfreiche Tipps.

(6) Nutzen Sie das Medieninteresse Ihres Kindes, um es in vernünftige Bahnen zu lenken!

Wir sollten Medien nicht grundsätzlich verteufeln. Eine Welt ohne Medien ist nicht mehr denkbar und Medien bieten auch viele

Chancen. Ohne Medienkompetenz wird Ihr Kind später nicht gut im Leben zurechtkommen. Daher ist es wichtig, Medienkompetenz zu fördern und Kindern die Gefahren des Internets zu vermitteln.

Sie können Medien für kreative Arbeiten verwenden, z. B. Fotos bearbeiten, Fotobücher oder kleine Filme selbst erstellen. Auch im Wissensbereich und bei Recherchen können Sie Ihr Kind mithilfe des Internets unterstützen, es gibt zudem viele motivierende und spielerisch aufgemachte Seiten, z. B. für Mathe oder Deutsch. Fragen Sie in der Schule nach, womit dort gute Erfahrungen gemacht wurden. Das Lernen online kann manche Kinder besser motivieren.

(7) Begrenzen Sie die Medien-Zeiten Ihres Kindes und legen Sie fest, wann Medien konsumiert werden dürfen

Die Bundeszentrale für gesundheitliche Aufklärung empfiehlt folgende tägliche Maximalzeiten für Medien (gilt für alle Medien zusammen – also Fernsehen, Gameboy, Konsole und Computer usw.):

- Kinder von drei bis fünf Jahren: ca. 30 Minuten pro Tag (meist Fernsehen)
- Kinder von sechs bis neun Jahren: ca. 60 bis max. 90 Minuten pro Tag
- Kinder von zehn bis 13 Jahren: ca. 90 bis 120 Minuten pro Tag

Es ist wichtig, klare Regeln für die Medienzeiten festzulegen. Wenn Ihr Kind deutlich länger Medien konsumiert, dann müssen Sie möglicherweise Schritt für Schritt vorgehen und dadurch die Medien-Zeiten reduzieren.

Medien sollten für Kinder nicht frei zugänglich sein, vor allem dann, wenn diese Schwierigkeiten haben, die Medienzeit selbstständig zu begrenzen. So sollte z.B. kein Fernseher im Kinderzimmer stehen und auch die Spielkonsole nicht durchgehend verfügbar sein. Das WLAN kann zu bestimmten Zeiten ausgestellt werden, sodass Kinder nicht durchgehend auf das Internet zugreifen können. So vermeiden Sie, dass Ihr Kind ungefragt Medien nutzt und Sie es immer wieder auffordern müssen, mit dem Online-Spielen aufzuhören.

Achten Sie darauf, dass Ihr Kind im Internet auf sicheren Seiten unterwegs ist. Aktivieren Sie die Sicherheitseinstellungen an den Geräten. Zeigen Sie Ihrem Kind, welche Seiten es nutzen kann. Hinweise dazu finden Sie auf den o. g. Internet-Seiten.

Tipp: Kindern kann man die Medienzeit oft besser verdeutlichen, indem Sie mit »Medien-Chips« arbeiten. Jeder Chip steht für eine festgelegte Medienzeit (z. B. 15 Minuten). Ihr Kind kann diese Chips gegen Medienzeit eintauschen. Kleineren oder sehr impulsiven Kindern sollten Sie die Chips nur für den jeweiligen Tag austeilen. Überlegen Sie dabei gemeinsam, wie es die Zeit für Fernsehen und Computerspielen aufteilen möchte und was am Tag sonst noch ansteht, z. B. ob seine Lieblingssendung läuft, später noch ein Freund kommt, mit dem es gemeinsam Computer spielen will. Älteren oder weniger impulsiven Kindern können Sie die Chips auch für mehrere Tage oder die ganze Woche ausgeben. Sie können sich die Medienzeit dann über die Tage hinweg selbst einteilen.

Tragen Sie Ihre Regeln zu den Medienzeiten auf der **Memo-Karte 18** ein.

Ein Filmbeispiel »Regeln« finden Sie dazu beim Online-ADHS-Elterntrainer in »Verhaltensprobleme lösen: Medienkonsum«.

(8) Geben Sie wirkungsvolle Aufforderungen

Versuchen Sie, die Hinweise zu wirkungsvollen Aufforderungen zu beachten, die wir Ihnen in Stufe 7 des Elternleitfadens gegeben haben. Achten Sie besonders darauf, dass Sie Aufforderungen nur dann geben (z. B. mit den Medien aufzuhören), wenn Sie in diesem Moment auch in der Lage sind, die Aufforderung wirklich durchzusetzen. Rufen Sie die Aufforderungen nicht durch das ganze Haus und geben Sie Ihre Aufforderung in einem bestimmenden, aber freundlichen Ton. Weisen Sie Ihr Kind noch einmal kurz auf die getroffenen Regeln hin. Überprüfen Sie, ob Ihr Kind der Aufforderung nachkommt, und loben Sie es dafür.

Wenn Sie die Aufforderung geben, dass Ihr Kind die Medienzeit beenden soll, bedenken Sie, an welcher inhaltlichen Stelle Ihr Kind gerade innerhalb der Mediennutzung ist. Einen Film zu unterbrechen und nicht zu Ende schauen zu dürfen ist z. B. besonders schwierig und nicht empfehlenswert. Die Dauer des Films sollte daher direkt bei Beginn der Medienzeit berücksichtigt werden. Bei Spielen sollte das Kind die Möglichkeit haben, die aktuelle »Runde« zu Ende zu spielen bzw. zum nächsten Speicherort zu gehen. Bleiben Sie notfalls neben dem Kind stehen, bis es dies abgeschlossen hat, und wiederholen Sie dann Ihre Aufforderung. Es ist in der Regel günstig, etwa fünf Minuten vor Ende der Medienzeit das Kind darauf hinzuweisen, dass die Medienzeit gleich vorbei ist.

Ein Filmbeispiel »wirkungsvolle Aufforderungen« finden Sie dazu beim Online-ADHS-Elterntrainer in »Verhaltensprobleme lösen: Medienkonsum«.

(9) Loben Sie Ihr Kind, wenn es die Regeln befolgt

Immer wenn es Ihrem Kind gelingt, die Medienzeiten einzuhalten oder die Medien zu beenden, dann sollten Sie Ihr Kind dafür loben. Beachten Sie bitte die Hinweise, die wir in Stufe 8 des Elternleitfadens gegeben haben.

Beispiele:

- »Schön, dass du den Fernseher ausgemacht hast. Erzähl doch mal, was du gerade geschaut hast, das scheint ja spannend gewesen zu sein.«
- »Ich freue mich, dass du den Computer ausgemacht hast. Vielleicht können wir zwei jetzt zusammen eine Runde Uno spielen.«
- »Super, dass das so gut klappt mit dem Aufhören! Morgen darfst du dafür 10 Minuten länger spielen als sonst.«

Ein Filmbeispiel »Positive Konsequenzen« finden Sie dazu beim Online-ADHS-Elterntrainer in »Verhaltensprobleme lösen: Medienkonsum«.

(10) Führen Sie natürliche Konsequenzen durch, wenn Ihr Kind die vereinbarten Regeln nicht einhält

Beachten Sie hierzu die Hinweise, die wir in Stufe 9 des Elternleitfadens gegeben haben. Führen Sie die natürlichen Konsequenzen durch, die Sie mit Ihrem Kind vereinbart haben.

Beispiele:

- »Du hast nicht den Computer ausgemacht, daher kannst du morgen 10 Minuten weniger am Computer spielen.«
- »Du hast am Computer gespielt, obwohl du das nicht durftest, daher ist deine Medienzeit für heute gestrichen.«

Ein Filmbeispiel »natürliche Konsequenzen« finden Sie dazu beim Online-ADHS-Elterntrainer in »Verhaltensprobleme lösen: Geschwisterstreit«.

(11) Führen Sie einen *Punkte-Plan* ein, wenn sich das Problem nicht lösen lässt (vgl. Elternleitfaden 10+11)

Falls Sie diese Regeln einige Wochen angewandt haben, ohne dass sich das Problem vermindert, dann sollten Sie einen *Punkte-Plan* einführen. Sie vereinbaren dann mit Ihrem Kind die Regeln, für deren Einhaltung es Punkte erhalten kann (z. B. einen Punkt, wenn das Kind erst zur verabredeten Zeit mit den Medien anfängt; einen Punkt, wenn es auf Aufforderung die Spielkonsole ausschaltet). Beachten Sie ansonsten die Hinweise, die wir Ihnen in den Stufen 10 bis 12 des Elternleitfadens zum *Punkte-Plan* gegeben haben.

Ein Filmbeispiel »Punkte-Plan« finden Sie dazu beim Online-ADHS-Elterntrainer in »Verhaltensprobleme lösen: Medienkonsum«.

(12) Protokollieren Sie Ihre Erfahrungen auf Ihrer Memo-Karte 18

Materialien für dieses Anwendungsbeispiel

- Memo-Karte 18

IV Arbeitsblätter

AB 14 Türschild: Stopp-Signal

AB 15 Mein Hausaufgaben-Plan: Spielregeln

AB 16 Mein Hausaufgaben-Plan: Konto

AB 17 Mein Wochenplan: aktuell

AB 18 Mein Wochenplan: wie er sein soll

AB 19 Liste positiver Aktivitäten

AB 20 Was mein Kind häufig macht und was daran positiv ist

Beurteilungsbogen: Hyperkinetische Verhaltensauffälligkeiten

Name des Kindes: Alter: Datum:	Wie **zutreffend** ist die Beschreibung?			
beurteilt von: ☐ Mutter ☐ Vater ☐ Lehrer(in) ☐ Erzieher(in) ☐ Anderen: Name:				
Kreuzen Sie bitte für jede Beschreibung die Zahl an, die angibt, wie zutreffend die Beschreibung für Ihr Kind ist.	gar nicht	ein wenig	weitgehend	besonders
(1) Beachtet bei den Schularbeiten, bei anderen Tätigkeiten oder bei der Arbeit häufig Einzelheiten nicht oder macht häufig Flüchtigkeitsfehler.	0	1	2	3
(2) Hat bei Aufgaben oder Spielen oft Schwierigkeiten, die Aufmerksamkeit längere Zeit aufrechtzuerhalten (dabei zu bleiben).	0	1	2	3
(3) Scheint häufig nicht zuzuhören, wenn andere sie/ihn ansprechen.	0	1	2	3
(4) Kann häufig Aufträge von anderen nicht vollständig durchführen und kann Schularbeiten, andere Arbeiten oder Pflichten am Arbeitsplatz häufig nicht zu Ende bringen.	0	1	2	3
(5) Hat häufig Schwierigkeiten, Aufgaben und Aktivitäten zu organisieren.	0	1	2	3
(6) Hat eine Abneigung gegen Aufgaben, bei denen sie/er sich länger konzentrieren und anstrengen muss (z. B. Hausaufgaben). Vermeidet diese Aufgaben oder macht sie widerwillig.	0	1	2	3
(7) Verliert häufig Gegenstände, die sie/er für bestimmte Aufgaben oder Aktivitäten benötigt (z. B. Spielsachen, Hausaufgabenhefte, Stifte, Bücher oder Werkzeug).	0	1	2	3
(8) Lässt sich durch seine Umgebung (äußere Reize) oft leicht ablenken.	0	1	2	3
(9) Ist bei Alltagstätigkeiten häufig vergesslich (z. B. vergisst Schulsachen oder Kleidungsstücke).	0	1	2	3

Beurteilungsbogen: Hyperkinetische Verhaltensauffälligkeiten

<table>
<tr><td colspan="5">Name des Kindes: Alter: Datum:</td><td rowspan="2" colspan="4">Wie **zutreffend** ist die Beschreibung?</td></tr>
<tr><td colspan="5">beurteilt von:
☐ Mutter ☐ Vater ☐ Lehrer(in) ☐ Erzieher(in) ☐ Anderen:
Name:</td></tr>
<tr><td colspan="5">**Kreuzen Sie bitte für jede Beschreibung die Zahl an, die angibt, wie zutreffend die Beschreibung für Ihr Kind ist.**</td><td>gar nicht</td><td>ein wenig</td><td>weitgehend</td><td>besonders</td></tr>
<tr><td colspan="5">(10) Zappelt häufig mit Händen und Füßen oder rutscht häufig auf dem Stuhl herum.</td><td>0</td><td>1</td><td>2</td><td>3</td></tr>
<tr><td colspan="5">(11) Steht oft im Unterricht oder in anderen Situationen auf, in denen Sitzenbleiben erwartet wird.</td><td>0</td><td>1</td><td>2</td><td>3</td></tr>
<tr><td colspan="5">(12) Hat häufig Schwierigkeiten, ruhig zu spielen oder sich mit Freizeitaktivitäten ruhig zu beschäftigen.</td><td>0</td><td>1</td><td>2</td><td>3</td></tr>
<tr><td colspan="5">(13) Läuft häufig herum oder klettert permanent, wenn es unpassend ist.</td><td>0</td><td>1</td><td>2</td><td>3</td></tr>
<tr><td colspan="5">(14) Beschreibt ein häufig auftretendes starkes Gefühl der inneren Unruhe (besonders bei Jugendlichen).</td><td>0</td><td>1</td><td>2</td><td>3</td></tr>
<tr><td colspan="5">(15) Zeigt durchgängig eine extreme Unruhe, die durch die Umgebung oder durch Aufforderungen nicht dauerhaft beeinflussbar ist.</td><td>0</td><td>1</td><td>2</td><td>3</td></tr>
<tr><td colspan="5">(16) Ist häufig »auf Achse« oder handelt oft, als wäre sie/er angetrieben.</td><td>0</td><td>1</td><td>2</td><td>3</td></tr>
<tr><td colspan="5">(17) Platzt häufig mit der Antwort heraus, bevor Fragen zu Ende gestellt sind.</td><td>0</td><td>1</td><td>2</td><td>3</td></tr>
<tr><td colspan="5">(18) Kann häufig nur schwer warten, bis sie/er an der Reihe ist (z. B. bei Spielen oder in einer Gruppe.</td><td>0</td><td>1</td><td>2</td><td>3</td></tr>
<tr><td colspan="5">(19) Unterbricht oder stört andere häufig (z. B. platzt in die Unterhaltung oder Spiele anderer hinein).</td><td>0</td><td>1</td><td>2</td><td>3</td></tr>
<tr><td colspan="5">(20) Redet häufig übermäßig viel.</td><td>0</td><td>1</td><td>2</td><td>3</td></tr>
</table>

AB 2

Beurteilungsbogen: Oppositionelle und aggressive Verhaltensauffälligkeiten

Name des Kindes: Alter: Datum:	Wie **zutreffend** ist die Beschreibung?			
beurteilt von: ☐ Mutter ☐ Vater ☐ Lehrer(in) ☐ Erzieher(in) ☐ Anderen: Name:				
Kreuzen Sie bitte für jede Beschreibung die Zahl an, die angibt, wie zutreffend die Beschreibung für Ihr Kind ist.	gar nicht	ein wenig	weitgehend	besonders
(1) Hat für sein Alter ungewöhnlich häufige oder schwere Wutausbrüche.	0	1	2	3
(2) Wird schnell wütend.	0	1	2	3
(3) Streitet häufig mit Erwachsenen.	0	1	2	3
(4) Widersetzt sich häufig aktiv den Anweisungen oder Regeln von Erwachsenen oder weigert sich, diese zu befolgen.	0	1	2	3
(5) Ärgert andere häufig absichtlich.	0	1	2	3
(6) Schiebt häufig die Schuld für eigene Fehler oder eigenes Fehlverhalten auf andere.	0	1	2	3
(7) Ist leicht reizbar oder lässt sich von anderen leicht ärgern.	0	1	2	3
(8) Ist häufig zornig und ärgert sich schnell.	0	1	2	3
(9) Ist häufig boshaft und rachsüchtig.	0	1	2	3
(10) Beginnt mit Geschwistern häufig Streit. (Wenn keine Geschwister, bitte 0 ankreuzen.)	0	1	2	3
(11) Beginnt mit anderen Kindern häufig Streit.	0	1	2	3
(12) Bedroht, schikaniert oder schüchtert andere ein.	0	1	2	3
(13) Quält Tiere.	0	1	2	3
(14) Lügt oft, um sich Güter oder Vorteile zu verschaffen oder um Verpflichtungen zu entgehen.	0	1	2	3
(15) Stiehlt heimlich Geld oder Wertgegenstände.	0	1	2	3

AB 3

Elternfragebogen: Problemsituationen in der Familie

Name des Kindes: .... Datum: .... Beurteilt von: ....

Gibt es bei den unten aufgeführten Situationen irgendwelche Probleme mit dem Kind (z. B. weil es **Aufforderungen, Anweisungen oder Regeln** nicht befolgt)? Wenn ja, dann machen Sie bitte zuerst um das Wort »Ja« einen Kreis und **kreuzen dann eine der nebenstehenden Zahlen von 1 bis 9 an**. Die Zahlen sollen angeben, wie stark das Problem für Sie ist. Dabei bedeutet 1, dass das Problem in der Situation nur schwach ausgeprägt ist, und 9, dass das Problem sehr stark zum Ausdruck kommt.

Wenn es in der angesprochenen Situation **kein Problem** gibt, machen Sie bitte um das Wort »Nein« einen Kreis und gehen weiter zur nächsten Frage.

Situation	**Proble-matisch?**		**Wie stark? schwach sehr stark**
Wenn das Kind allein spielt	Nein	Ja →	1 2 3 4 5 6 7 8 9
Wenn das Kind mit anderen spielt	Nein	Ja →	1 2 3 4 5 6 7 8 9
Bei den Mahlzeiten	Nein	Ja →	1 2 3 4 5 6 7 8 9
Beim An- und Ausziehen	Nein	Ja →	1 2 3 4 5 6 7 8 9
Beim Waschen und Baden	Nein	Ja →	1 2 3 4 5 6 7 8 9
Wenn Sie telefonieren	Nein	Ja →	1 2 3 4 5 6 7 8 9
Beim Fernsehen	Nein	Ja →	1 2 3 4 5 6 7 8 9
Wenn Besuch kommt	Nein	Ja →	1 2 3 4 5 6 7 8 9
Wenn Sie andere besuchen	Nein	Ja →	1 2 3 4 5 6 7 8 9
In der Öffentlichkeit(Geschäfte, Lokale usw.)	Nein	Ja →	1 2 3 4 5 6 7 8 9
Wenn die Mutter zu Hausebeschäftigt ist	Nein	Ja →	1 2 3 4 5 6 7 8 9
Wenn der Vater zu Hause ist	Nein	Ja →	1 2 3 4 5 6 7 8 9
Wenn das Kind etwas erledigen soll	Nein	Ja →	1 2 3 4 5 6 7 8 9
Bei den Hausaufgaben	Nein	Ja →	1 2 3 4 5 6 7 8 9
Beim Zubettgehen	Nein	Ja →	1 2 3 4 5 6 7 8 9
Im Auto	Nein	Ja →	1 2 3 4 5 6 7 8 9

Analysebogen: Verhaltensauffälligkeiten meines Kindes

(1) Beschreiben Sie das Problemverhalten konkret: Was genau macht Ihr Kind?

....

....

....

....

(2) Beschreiben Sie konkret die Situation(en), in der (in denen) das Problemverhalten auftritt.

....

....

....

....

(3) Wie reagieren Sie üblicherweise auf das Problemverhalten Ihres Kindes?

....

....

....

....

(4) Was macht das Kind dann üblicherweise?

....

....

....

....

Analysebogen: Verhaltensauffälligkeiten meines Kindes

(5) Wie geht die Situation meistens zu Ende?

....

....

....

....

(6) Wie oft tritt dieses Problemverhalten auf? (Immer, in mehr als der Hälfte der Situationen, in weniger als der Hälfte der Situationen)

....

....

....

....

(7) Kommt es vor, dass das Problemverhalten gar nicht oder nur in schwächerer Form auftritt?

....

....

....

....

(8) Wie reagieren Sie, wenn sich Ihr Kind in solchen Situationen weniger problematisch oder angemessen verhält?

....

....

....

....

AB 5

Problemliste: Verhaltensprobleme meines Kindes in der Familie

Beschreibung des Problemverhaltens:

Datum	Woche	Wie häufig trat das Problemverhalten auf? 0 nie – 1 einmal – 2 2 bis 3 Mal – 3 täglich – 4 mehrmals täglich – 5 ständig	Wie belastend war das Problem? 0 1 2 3 4 5 6 7 8 9 0 = kein Problem, 9 = es hätte nicht schlimmer sein können	Bemerkungen
	1	0 1 2 3 4 5	0 1 2 3 4 5 6 7 8 9	
	2	0 1 2 3 4 5	0 1 2 3 4 5 6 7 8 9	
	3	0 1 2 3 4 5	0 1 2 3 4 5 6 7 8 9	
	4	0 1 2 3 4 5	0 1 2 3 4 5 6 7 8 9	
	5	0 1 2 3 4 5	0 1 2 3 4 5 6 7 8 9	
	6	0 1 2 3 4 5	0 1 2 3 4 5 6 7 8 9	
	7	0 1 2 3 4 5	0 1 2 3 4 5 6 7 8 9	
	8	0 1 2 3 4 5	0 1 2 3 4 5 6 7 8 9	

AB 6

Was-ist-schön-Tagebuch

Sie bitte für die nächste Woche täglich, was mit Ihrem Kind gut gelaufen ist und worüber Sie sich gefreut haben. Denken Sie dabei bitte auch an kleine Ereignisse. Nehmen Sie sich jeden Abend etwas Zeit und notieren Sie Ihre positiven Erlebnisse mit Ihrem Kind.

Datum	**Was lief gut ?**	**Wie habe ich reagiert ?**

Beispiel *17. 5.*	*ist pünktlich nach Hause gekommen*	*Habe mich gefreut, aber nichts gesagt*

AB 7

Türschild: Spaß- & Spiel-Zeit

AB 8

Familienregeln

Kann ich dafür sorgen, dass die Regel eingehalten wird?

Familienregel	Für wen gilt Regel?	Warum wichtig?	**Konsequenzen** wenn Regel befolgt wird	wenn Regel nicht befolgt wird

AB 9

Mein Punkte-Plan: Spielregeln

Ich erhalte Klebebilder/Punkte, wenn ich es schaffe, folgende Regeln einzuhalten:

Regeln	Anzahl der Punkte
(1)	☐
(2)	☐
(3)	☐
(4)	☐

Ich darf meine Bilder/Punkte eintauschen:

Anzahl der Punkte	können eingetauscht werden in:
☐	....
☐	....
☐	....
☐	....
☐	....
☐	....
☐	....
☐	....

AB 10

Mein Punkte-Konto

Regel	Montag	Dienstag	Mittwoch	Donnerstag	Freitag	Samstag	Sonntag

AB 11

Meine Punkte-Schlange

Wettkampf um lachende Gesichter: Spielregeln

Bei jedem Spiel wird um 10 Spielmarken gespielt.

Dauer jedes Spieles: ....

Die Mutter oder der Vater malt in eine Spielmarke ein trauriges Gesicht wenn:

(1) ....

(2) ....

In alle Spielmarken, die am Ende übrig bleiben, darf ich lachende Gesichter malen. Sie gehören mir!

GEWINNER IST, WER AM ENDE DES SPIELES DIE MEISTEN SPIELMARKEN HAT

Ich darf meine Spielmarken eintauschen:

Anzahl der Punkte	können eingetauscht werden in:	Anzahl der Punkte	können eingetauscht werden in:
☐	....	☐	....
☐	....	☐	....
☐	....	☐	....
☐	....	☐	....

AB 13

Wettkampf um lachende Gesichter: Spielplan

Datum Spieler 1: .... Spielmarke: 

Spielzeit Spieler 2: .... Spielmarke: 

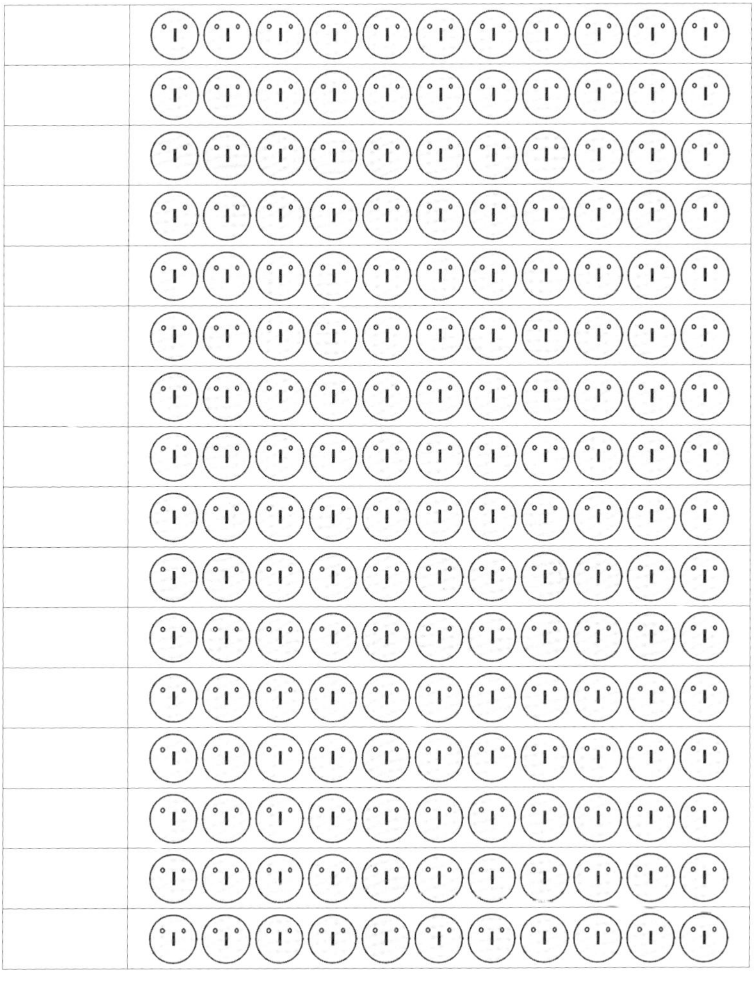

AB 14

Türschild: Stopp-Signal

AB 15

Mein Hausaufgaben-Plan: Spielregeln

(1) Ich erhalte für jede Aufgabe einen Punkt, die ich in der vorgegebenen Zeit beende. Wenn die Eltern die Aufgabe mindestens mit mindestens »ausreichend« bewerten, erhalte ich einen Zusatzpunkt.
(2) Ich erhalte Zusatzpunkte, wenn ich folgende Zusatzregeln einhalte:

Zusatzregeln	Anzahl der Punkte
(1)	☐
(2)	☐
(3)	☐

Ich darf meine Punkte eintauschen:

Anzahl der Punkte	können eingetauscht werden in:	Anzahl der Punkte	können eingetauscht werden in:
☐	....	☐	....
☐	....	☐	....
☐	....	☐	....
☐	....	☐	....

AB 16

Mein Hausaufgaben-Plan: Konto

Datum	Aufgaben	Zeit (Min.)			Wie gut? (Noten: 1–6)			Zusatz-punkte	Gesamt-punkte	Bemerkungen 
		Vor-gabe	ge-braucht	Punkte	Schüler	Eltern	Punkte			
Zusatzpunkt		**wenn:**								
Beispiel 17. 5.	*Abschrei-ben*	*16*	*14*	*1*	*3*	4	1	–	2	*war ziemlich schwer*

AB 17

Mein Wochenplan: aktuell

Uhrzeit	Montag	Dienstag	Mittwoch	Donnerstag	Freitag	Samstag	Sonntag
6.00							
7.00							
8.00							
9.00							
10.00							
11.00							
12.00							
13.00							
14.00							
15.00							
16.00							
17.00							
18.00							
19.00							
20.00							
21.00							
22.00							

AB 18

Mein Wochenplan: wie er sein soll

Uhrzeit	Montag	Dienstag	Mittwoch	Donnerstag	Freitag	Samstag	Sonntag
6.00							
7.00							
8.00							
9.00							
10.00							
11.00							
12.00							
13.00							
14.00							
15.00							
16.00							
17.00							
18.00							
19.00							
20.00							
21.00							
22.00							

Liste positiver Aktivitäten

	Habe ich schon einmal gemacht!	Würde ich gerne einmal machen!
Soziale Aktivitäten		
Mit Freunden Karten spielen		
Gemütlich ins Café setzen		
Mit Freunden zusammen etwas essen		
Sich mit einem Freund oder einer Freundin unterhalten oder nett telefonieren		
In geselliger Runde etwas trinken		
Freunde besuchen		
Sportliche Betätigung		
Joggen oder Walken gehen		
Eine Runde Fahrrad fahren		
Einen Spaziergang im Grünen machen		
In ein Fitness-Center gehen		
Federball/Tischtennis spielen		
Tanzen		
Ins Schwimmbad gehen		
Sich sonst irgendwie sportlich betätigen		

Liste positiver Aktivitäten

	Habe ich schon einmal gemacht!	Würde ich gerne einmal machen!
Kreative Beschäftigung		
Etwas Schönes basteln oder handarbeiten		
Tagebuch führen, ein schönes Erlebnis oder einfach die Gedanken aufschreiben		
Etwas in Gedichtform schreiben		
Malen		
Fotografieren		
Singen oder Musik machen		
Musik hören		
Sinneseindrücke genießen		
Den Himmel, Wolken oder einen Sturm bewusst beobachten		
Sich sonnen, die warmen Sonnenstrahlen auf der Haut spüren		
Den Geräuschen in der freien Natur lauschen		
Barfuß im Gras laufen		
Partnerschaft		
Mit seinem Partner gemeinsam zusammen sitzen		
Gemeinsam etwas kochen		
Gemeinsam einen Spaziergang machen		

Liste positiver Aktivitäten

	Habe ich schon einmal gemacht!	Würde ich gerne einmal machen!
Über Vergangenheit, Gegenwart und Zukunft nachdenken, Planen		
Ausflüge/Urlaubsfahrten planen		
Positive Zukunftspläne schmieden		
In Erinnerungen schwelgen, von früheren Zeiten sprechen		
Fotos ansehen		
Geistige Anregungen		
In ein Konzert gehen		
Ins Kino gehen		
Ein gutes Buch lesen		
Ein Museum besuchen		
Verreisen und/oder einfach mal rausgehen		
Ins Grüne fahren		
Mit schöner Musik Auto fahren		
In den Zoo gehen		
Wandern		
Sich Wertschätzen		
Stolz darauf sein, was man an einem Tag alles geleistet hat, und sich das bewusst machen		
Bewusst an alles denken, was man schon geschafft hat und das genießen		
Sich Blumen kaufen		

Liste positiver Aktivitäten

	Habe ich schon einmal gemacht!	Würde ich gerne einmal machen!
Sonstiges		
Ein Entspannungsbad nehmen		
Einen Duft/ein Parfüm auftragen		
Einen guten Kaffee/Tee trinken und in Ruhe genießen		
Ein Gesellschaftsspiel spielen		
Sudoku oder Kreuzworträtsel lösen		
Eine schöne DVD oder die Lieblings-Fernsehsendung ansehen		
Sich chic machen		
Sich pflegen, z. B. Hautlotion auftragen, Nägel lackieren, eine Haarkur benutzen		
Im Internet surfen		
Ein Computerspiel spielen		
Eine Zeitung oder Zeitschrift in Ruhe lesen		
Entspannungsübungen machen		
Die Füße hochlegen, einfach entspannen und die Gedanken schweifen lassen		
Sich schlafen legen		
Das Zimmer mit Kleinigkeiten umgestalten oder schön aufräumen		
Besonders leckeres Essen kochen		

AB 20

Was mein Kind häufig macht und was daran positiv ist

Was macht mein Kind häufig oder besonders gern?	**Was ist daran (auch) positiv?**

V Memo-Karten

Memo-Karte 1
Tagesbeurteilung für die Schule

Memo-Karte 2
Was mögen Sie an Ihrem Kind?

Memo-Karte 3
Die Spaß- & Spiel-Zeit

Memo-Karte 4
Geben Sie wirkungsvolle Aufforderungen!

Memo-Karte 5
Loben Sie Ihr Kind, wenn es Aufforderungen und Regeln befolgt!

Memo-Karte 6
Setzen Sie natürliche Konsequenzen, wenn Ihr Kind Aufforderungen und Regeln nicht befolgt?

Memo-Karte 7
Eigenschaften, Interessen und Stärken meines Kindes

Memo-Karte 8
Mein Kind ist eine Nervensäge

Memo-Karte 9
Wo ist mein Kind?

Memo-Karte 10
Der Kampf ums Wecken

Memo-Karte 11
Wenn das Essen zur Qual wird

Memo-Karte 12
Das allabendliche Theater mit dem Zubettgehen

Memo-Karte 13
Wutausbrüche

Memo-Karte 14
Meine Kinder sind wie Hund und Katze

Memo-Karte 15
Regeln für ein Konfliktgespräch mit den Kindern

Memo-Karte 16
Probleme in der Öffentlichkeit: (1) Erstellen Sie einen Plan

Memo-Karte 17
Probleme in der Öffentlichkeit: (2) Führen Sie den Plan durch

Memo-Karte 18
Mein Kind sitzt ständig vorm Bildschirm

Tagesbeurteilung für die Schule

für: ______________________________

Meine Ziele

Wie gut hast du deine Ziele heute erreicht?

- Super, du hast heute dein Ziel voll erreicht! ⊛
- Gut, du hast heute dein Ziel überwiegend erreicht! ⊕
- Du hast heute dein Ziel nicht erreicht. Du musst dich morgen noch etwas mehr anstrengen! ⊖

Ziele erreicht?

Meine Ziele	MO Datum	DI Datum	MI Datum	DO Datum	FR Datum
(1) Ich passe im Unterricht auf und mache mit.	○	○	○	○	○
(2) Ich mache die Aufgaben in der Klasse vollständig zu Ende.	○	○	○	○	○
(3) Ich bleibe die ganze Zeit über bei meinen Aufgaben. Ich rede nicht dazwischen und stehe auch nicht mittendrin auf.	○	○	○	○	○
(4) Ich vertrage mich mit den anderen Kindern und streite mich nicht mit ihnen.	○	○	○	○	○
(5) Ich beachte die Regeln und Aufforderungen der Lehrerin/des Lehrers und werde nicht wütend.	○	○	○	○	○

Tagesbeurteilung für die Schule

für: ______________________________

Meine Ziele

Wie gut hast du deine Ziele heute erreicht?

- Super, du hast heute dein Ziel voll erreicht! ⊛
- Gut, du hast heute dein Ziel überwiegend erreicht! ⊕
- Du hast heute dein Ziel nicht erreicht. Du musst dich morgen noch etwas mehr anstrengen! ⊖

(1)

(2)

(3)

(4)

(5)

Ziele erreicht?

MO Datum	DI Datum	MI Datum	DO Datum	FR Datum
○	○	○	○	○
○	○	○	○	○
○	○	○	○	○
○	○	○	○	○
○	○	○	○	○

Memo-Karte 2

Was mögen Sie an Ihrem Kind?

---

(1) Achten Sie auf das, was Ihnen an Ihrem Kind gefällt:

- ……………………………………………………………………………
- ……………………………………………………………………………
- ……………………………………………………………………………

(2) Beachten Sie auch Kleinigkeiten und »Selbstverständlichkeiten«:

- ……………………………………………………………………………
- ……………………………………………………………………………
- ……………………………………………………………………………

(3) Achten Sie darauf, wenn üblicherweise schwierige Situationen besser laufen als sonst:

- ……………………………………………………………………………
- ……………………………………………………………………………
- ……………………………………………………………………………

(4) Zeigen Sie Ihrem Kind, wenn Sie etwas gut finden.

(5) Schreiben Sie abends auf, was gut gelaufen ist (Was-ist-schön-Tagebuch).

(6) Sprechen Sie mit Ihrem Kind über die positiven Ereignisse des Tages.

Die Spaß- & Spiel-Zeit

(1) Wann findet die Spaß- & Spiel-Zeit statt?

(2) Ihr Kind bestimmt, was und wie gespielt wird!

(3) Entspannen Sie sich und lassen Sie sich auf das Spiel Ihres Kindes ein!

(4) Beschreiben Sie, was Ihr Kind macht.

(5) Stellen Sie keine Fragen und sagen Sie Ihrem Kind nicht, was es tun soll.

(6) Loben Sie Ihr Kind gelegentlich oder sagen Sie ihm etwas, worüber es sich freut.

(7) Drehen Sie sich um und schauen Sie für eine kurze Zeit in eine andere Richtung, wenn Ihr Kind sich problematisch verhält!

(8) Notieren Sie Ihre Eindrücke vom Spielablauf auf dem Protokollbogen.

Die Spaß- & Spiel-Zeit

Protokoll: Spaß- & Spiel-Zeit

Datum	Dauer	Was wurde gespielt?	Regeln auf Memo-Karte eingehalten? Bemerkungen

Memo-Karte 4 1/2

Geben Sie wirkungsvolle Aufforderungen!

(1) Stellen Sie nur dann Aufforderungen, wenn Sie bereit sind, sie auch durchzusetzen.

(2) Sorgen Sie dafür, dass Ihr Kind aufmerksam ist, wenn Sie die Aufforderung geben.

(3) Äußern Sie die Aufforderung eindeutig und nicht als Bitte.

(4) Geben Sie immer nur *eine* Aufforderung.

(5) Überprüfen Sie, ob Ihr Kind der Aufforderung nachkommt.

(6) Konzentrieren Sie sich zunächst nur auf wenige Aufforderungen:

- ▶ ....
- ▶ ....
- ▶ ....

Geben Sie wirkungsvolle Aufforderungen!

Protokoll: Wirkungsvolle Aufforderungen

Datum	**Aufforde-rungsnr.**[1)]	**Aufforderung wirkungsvoll gestellt?**	**Was hat Ihr Kind gemacht?**

1) Nummer der Aufforderung von Memo-Karte 4 eintragen.

Loben Sie Ihr Kind, wenn es Aufforderungen und Regeln befolgt!

(1) Denken Sie daran, wirkungsvolle Aufforderungen zu stellen.

(2) Loben Sie Ihr Kind, sobald es eine Aufforderung befolgt!

(3) Besprechen Sie abends zusammen mit Ihrem Kind noch einmal, welche Aufforderungen und Regeln es tagsüber befolgt hat.

(4) Loben Sie Ihr Kind ganz besonders, wenn es eine Aufgabe erfüllt hat, ohne dass Sie es darum direkt gebeten haben.

(5) Konzentrieren Sie sich zunächst nur auf wenige Aufforderungen:

- ....
- ....
- ....

Loben Sie Ihr Kind, wenn es Aufforderungen und Regeln befolgt!

Protokoll: Loben Sie Ihr Kind, wenn es Aufforderungen befolgt				
Datum	**Aufforderungsnr.[1)]**	**Aufforderung wirkungsvoll gestellt?**	**Was hat Ihr Kind gemacht?**	**Was haben Sie dann gemacht?**

1) Nummer der Aufforderung von Memo-Karte 5 eintragen.

Setzen Sie natürliche Konsequenzen, wenn Ihr Kind Aufforderungen und Regeln nicht befolgt!

(1) Wählen Sie zwei Aufforderungen oder Familienregeln aus:

Aufforderung/Regel	**natürliche Konsequenz**
(1)	....
(2)	....

(2) Loben Sie Ihr Kind, wenn es Aufforderungen und Regeln einhält.

(3) Führen Sie die natürliche Konsequenz wie folgt durch, wenn Ihr Kind sich nicht an die Regel/Aufforderung hält:

- Benennen Sie die Regelverletzung und kündigen Sie die negative Konsequenz an.
- Geben Sie Ihrem Kind eine Chance, falls das Problemverhalten noch andauert. Kommt Ihr Kind jetzt der Aufforderung nach, so loben Sie es dafür.
- Geben Sie Ihrem Kind die Möglichkeit, sich zu der Regelverletzung zu äußern.
- Begründen Sie, wenn nötig, noch einmal kurz die Regel.
- Führen Sie die negative Konsequenz durch.

(4) Führen Sie keine langen Diskussionen mit Ihrem Kind.

(5) Führen Sie die negative Konsequenz möglichst ruhig durch.

Setzen Sie natürliche Konsequenzen, wenn Ihr Kind Aufforderungen und Regeln nicht befolgt!

Protokoll: Natürliche negative Konsequenzen

Datum	Auffordeungsnr.[1]	Aufforderung wirkungsvoll gestellt?	Was hat Ihr Kind gemacht?	Was haben Sie dann gemacht?

1) Nummer der Aufforderung von Memo-Karte 6 eintragen.

Memo-Karte 7

Eigenschaften, Interessen und Stärken meines Kindes

Welche Eigenschaften, Interessen und Stärken meines Kindes möchte ich fördern?	**Wie könnte ich dies tun?**

Mein Kind ist eine Nervensäge

(1) Nehmen Sie sich jeden Tag etwas Zeit, in der Sie Ihrem Kind ausschließlich Ihre Aufmerksamkeit widmen können.

(2) Nehmen Sie sich Zeit für sich selbst!

(3) Sagen Sie Ihrem Kind, wenn Sie etwas ungestört erledigen wollen. Überlegen Sie mit Ihrem Kind, was es selbst tun kann (Stopp-Signal).

(4) Loben Sie Ihr Kind nach kurzer Zeit, dass es Sie bisher nicht gestört hat.

(5) Loben Sie Ihr Kind erneut nach einer etwas längeren Zeit.

(6) Verlängern Sie mit der Zeit die Dauer, mit der Sie sich der Tätigkeit widmen.

(7) Gehen Sie sofort zu Ihrem Kind, wenn es seine Beschäftigung beenden und Sie stören will.

(8) Wenn Ihr Kind Sie unterbricht, führen Sie es zu seiner Beschäftigung ohne großen Kommentar zurück.

(9) Geben Sie Ihrem Kind noch einmal ein ganz besonderes Lob, nachdem Sie Ihre Tätigkeit beendet haben.

(10) Wählen Sie eine Beschäftigung aus, bei der Sie die Regeln anwenden:

....

(11) Protokollieren Sie Ihre Erfahrungen auf dem Protokollbogen.

Mein Kind ist eine Nervensäge

Protokoll: Loben Sie Ihr Kind, wenn es Sie nicht gestört hat		
Datum	Eltern: Regeln beachtet?	Verhalten des Kindes

Wenn es nicht gelingt, das Problem hinreichend zu vermindern, dann kann es hilfreich sein, einen *Punkte-Plan* oder einen *Wettkampf um lachende Gesichter* einzuführen.

Wo ist mein Kind?

(1) Wo hält sich Ihr Kind wie lange auf? Treffen Sie mit Ihrem Kind klare Absprachen.

(2) Erinnern Sie Ihr Kind an wichtige Regeln, die es häufiger übertritt, wenn es unbeobachtet ist.

(3) Überprüfen Sie gelegentlich, was Ihr Kind macht.

(4) Loben Sie Ihr Kind, wenn es Regeln einhält, während es nicht beobachtet wird.

(5) Führen Sie eine natürliche Konsequenz durch, wenn Ihr Kind Regeln übertritt, während es nicht beobachtet wird.

(6) Wechseln Sie sich mit Ihrem Partner oder anderen Erwachsenen ab.

(7) Konzentrieren Sie sich zunächst auf bestimmte kritische Situationen:

- ....
- ....

(8) Protokollieren Sie Ihre Erfahrungen auf dem Protokollbogen.

Wo ist mein Kind?

Protokoll: Wo ist mein Kind?		
Datum	**Eltern: Regeln beachtet?**	**Verhalten des Kindes**

Wenn es nicht gelingt, das Problem hinreichend zu vermindern, dann kann es hilfreich sein, einen *Punkte-Plan* einzuführen.

Der Kampf ums Wecken

(1) Achten Sie darauf, dass Ihr Kind genügend Schlaf hat.

(2) Bestimmen Sie die einzelnen Aufgaben, die morgens zu erledigen sind:

Aufgabe	Zeit	Positive Konsequenz	Negative Konsequenz
(1)	....	....	....
(2)	....	....	....
(3)	....	....	....
(4)	....	....	....
(5)	....	....	....

(3) Tragen Sie, wenn nötig, einen festen Zeitplan auf der Memo-Karte ein.

(4) Geben Sie wirkungsvolle Aufforderungen und loben Sie Ihr Kind, wenn es die Aufforderungen befolgt (positive Konsequenzen oben eintragen).

(5) Führen Sie natürliche Konsequenzen durch, wenn Ihr Kind die vereinbarten Regeln nicht einhält (negative Konsequenzen oben eintragen).

(6) Protokollieren Sie Ihre Erfahrungen auf dem Protokollbogen.

Der Kampf ums Wecken

Protokoll: Der Kampf ums Wecken		
Datum	**Eltern: Regeln beachtet?**	**Verhalten des Kindes**

Wenn es nicht gelingt, das Problem hinreichend zu vermindern, dann kann es hilfreich sein, einen *Punkte-Plan* einzuführen.

Wenn das Essen zur Qual wird

(1) Überlegen Sie sich, welche Regeln Ihnen beim Essen wirklich wichtig sind.

(2) Erarbeiten Sie mit Ihren Kindern die Regeln für die gemeinsamen Mahlzeiten (bitte hier eintragen).

Regeln	**positive Konsequenz**	**negative Konsequenz**
(1)	....	....
(2)	....	....
(3)	....	....
(4)	....	....
(5)	....	....

(3) Lassen Sie Ihr Kind sich sein Essen selbst nehmen oder »Stopp!« sagen, wenn Sie ihm sein Essen auf den Teller schöpfen!

(4) Geben Sie wirkungsvolle Aufforderungen und loben Sie Ihr Kind, wenn es die Aufforderungen befolgt (positive Konsequenzen oben eintragen).

(5) Führen Sie natürliche Konsequenzen durch, wenn Ihr Kind die vereinbarten Regeln nicht einhält (negative Konsequenzen oben eintragen).

(6) Protokollieren Sie Ihre Erfahrungen auf dem Protokollbogen.

Wenn das Essen zur Qual wird

Protokoll: Wenn das Essen zur Qual wird

Datum	Eltern: Regeln beachtet?	Verhalten des Kindes

Wenn es nicht gelingt, das Problem hinreichend zu vermindern, dann kann es hilfreich sein, einen *Punkte-Plan* oder einen *Wettkampf um lachende Gesichter* einzuführen.

Das allabendliche Theater mit dem Zubettgehen!

(1) Erarbeiten Sie mit Ihrem Kind die Regeln für das Zubettgehen (bitte hier eintragen).

Regeln	Positive Konsequenz	Negative Konsequenz
(1)	....	....
(2)	....	....
(3)	....	....
(4)	....	....
(5)	....	....

(2) Entwickeln Sie ein abendliches Zubettgeh-Ritual!

(3) (Geben Sie wirkungsvolle Aufforderungen und loben Sie Ihr Kind, wenn es die Aufforderungen befolgt (positive Konsequenzen oben eintragen).

(4) Führen Sie natürliche Konsequenzen durch, wenn Ihr Kind die vereinbarten Regeln nicht einhält (negative Konsequenzen oben eintragen).

(5) Protokollieren Sie Ihre Erfahrungen auf dem Protokollbogen.

Das allabendliche Theater mit dem Zubettgehen!

Protokoll: Das allabendliche Theater mit dem Zubettgehen		
Datum	**Eltern: Regeln beachtet?**	**Verhalten des Kindes**

Wenn es nicht gelingt, das Problem hinreichend zu vermindern, dann kann es hilfreich sein, einen *Punkte-Plan* oder einen *Wettkampf um lachende Gesichter* einzuführen.

Memo-Karte 13 1/2

Wutausbrüche

(1) Beschreiben Sie die Situationen, in denen Ihr Kind einen Wutausbruch bekommt:

- ▶ ....
- ▶ ....
- ▶ ....

(2) Loben Sie Ihr Kind, wenn es in schwierigen Situationen nicht mit einem Wutausbruch reagiert.

(3) Bewahren Sie ruhig Blut!

(4) Bringen Sie Ihr Kind an einen Ort, an dem es sich beruhigen kann.

(5) Achten Sie darauf, dass sich der Wutausbruch für Ihr Kind nicht lohnt.

(6) Protokollieren Sie Ihre Erfahrungen auf dem Protokollbogen.

Wutausbrüche

Protokoll: Wutausbruch

Datum	**Anlass des Wutausbruches**	**Eltern: Regeln beachtet?**	**Reaktion des Kindes**

Wenn es nicht gelingt, das Problem hinreichend zu vermindern, dann kann es hilfreich sein, einen *Punkte-Plan* einzuführen.

Meine Kinder sind wie Hund und Katze

(1) Überlegen Sie, wie Sie Ihre Aufmerksamkeit und Zuwendung auf Ihre Kinder verteilen.

(2) Sprechen Sie mit Ihren Kindern über die Streitereien und ihre Ursachen.

(3) Geben Sie Ihrem »Problemkind« vermehrt positive Zuwendung.

(4) Besprechen Sie mit beiden Kindern Regeln zum Umgang bei Konflikten (bitte hier eintragen):

Regeln	Positive Konsequenz	Negative Konsequenz
(1)	....	....
(2)	....	....
(3)	....	....

(5) Bleiben Sie ruhig!

(6) Loben Sie Ihre Kinder, wenn sie die Regeln befolgen.

(7) Geben Sie wirkungsvolle Aufforderungen.

(8) Führen Sie natürliche Konsequenzen durch, wenn Ihre Kinder die vereinbarten Regeln nicht einhalten (negative Konsequenzen oben eintragen).

(9) Führen Sie ein Konfliktgespräch, wenn die Kinder ihre Auseinandersetzung nicht selbstständig lösen können (siehe gesonderte Memo-Karte).
(10) Protokollieren Sie Ihre Erfahrungen auf dem Protokollbogen.

Meine Kinder sind wie Hund und Katze

Protokoll: Wutausbruch

Datum	**Anlass des Streites**	**Eltern: Regeln beachtet?**	**Reaktion des Kindes**

Wenn es nicht gelingt, das Problem hinreichend zu vermindern, dann kann es hilfreich sein, einen *Punkte-Plan* oder einen *Wettkampf um lachende Gesichter* einzuführen.

Memo-Karte 15

Regeln für ein Konfliktgespräch mit den Kindern

---

(1) Jeder muss jeden ausreden lassen.

(2) Beschimpfungen und lautes Anbrüllen sind nicht erlaubt.

(3) Jedes der Kinder schildert die Ausgangssituation aus seiner Perspektive.

(4) Ermuntern Sie die Kinder, Alternativen zu der eigenen Handlung zu entwickeln (»Was hättest du sonst noch tun können?«).

(5) Bewerten Sie nicht gleich jede Alternative als gut oder schlecht, sondern leiten Sie Ihre Kinder dazu an, die einzelnen Lösungsmöglichkeiten selbst zu bewerten (»Was wäre dann passiert?«).

(6) Ermuntern Sie Ihre Kinder, bei der nächsten Gelegenheit eine bessere Lösung zu erproben.

Memo-Karte 16

Probleme in der Öffentlichkeit: (1) Erstellen Sie einen Plan

(1) Wählen Sie eine schwierige Situation aus:

(2) Bestimmen Sie die Verhaltensregeln, die Ihr Kind in der Situation beachten muss!

- ....
- ....

(3) Wählen Sie eine Belohnung aus.

(4) Überlegen Sie, welche Konsequenz erfolgt, wenn Ihr Kind gegen die Regeln verstößt!

(5) Besprechen Sie mit Ihrem Kind Ihren Plan!

Probleme in der Öffentlichkeit: (2) Führen Sie den Plan durch

(1) Suchen Sie gemeinsam mit Ihrem Kind die ausgewählte öffentliche Situation in nächster Zeit möglichst häufig auf.

(2) Erinnern Sie Ihr Kind an den Plan, unmittelbar bevor Sie den öffentlichen Platz betreten:
- Fordern Sie Ihr Kind auf, die vereinbarten Verhaltensregeln noch einmal zu benennen (»Was haben wir ausgemacht?«).
- Bestätigen Sie die Regeln oder korrigieren Sie Ihr Kind gegebenenfalls.
- Erinnern Sie Ihr Kind an die vereinbarte Belohnung, die erfolgt, wenn es die Regeln einhält.
- Erinnern Sie Ihr Kind an die vereinbarte negative Konsequenz, die erfolgt, wenn es die Regeln nicht einhält.

(3) Führen Sie positive und negative Konsequenzen sofort durch.

(4) Protokollieren Sie Ihre Erfahrungen auf dem Protokollbogen.

Probleme in der Öffentlichkeit: (2) Führen Sie den Plan durch

Protokoll: Probleme in der Öffentlichkeit

Datum	Öffentliche Situation	Eltern: Regeln beachtet?	Reaktion des Kindes

Mein Kind sitzt ständig vorm Bildschirm

(1) Seien Sie selbst Vorbild!

(2) Schaffen Sie Zeiten in der Familie, in der keine Medien konsumiert werden:

....

(3) Schaffen Sie interessante Alternativen für Ihr Kind.

(4) Fördern Sie die „realen" Kontakte mit Freunden.

(5) Informieren Sie sich selbst über das, was Ihr Kind online macht.

(6) Nutzen Sie das Medieninteresse Ihres Kindes, um es in vernünftige Bahnen zu lenken.

(7) Begrenzen Sie die Medienzeiten Ihres Kindes und legen Sie fest, wann Medien konsumiert werden dürfen:

Wann?	**Wie lange?**
....	....

(8) Geben Sie wirkungsvolle Aufforderungen.

(9) Loben Sie Ihr Kind, wenn es die Regeln befolgt.

(10) Führen Sie natürliche Konsequenzen durch, wenn Ihr Kind die vereinbarten Regeln nicht einhält.

Regel:	**Positive Konsequenz:**	**Negative Konsequenz:**
....	....	....

(11) Führen Sie einen *Punkte-Plan* ein, wenn sich das Problem nicht lösen lässt.

(12) Protokollieren Sie Ihre Erfahrungen auf dem Protokollbogen.

Mein Kind sitzt ständig vorm Bildschirm

Protokoll: Mein Kind sitzt ständig vorm Bildschirm

Datum	Situation mit Medien	Eltern: Regeln beachtet?	Reaktion des Kindes

Anhang

Literatur

Becker, K., Banaschewski, T., Brandeis, D., Dose, C., Hautmann, C., Holtmann, M., Jans, T., Jendreizik, L., Jenkner, C., John, K., Ketter, J., Millenet, S., Pauli-Pott, U., Renner, T., Romanos, M., Treier, A.-K., Wirth, E. v., Wermter, A.-K. & Döpfner, M. (2020). Individualised stepwise adaptive treatment for 3–6-year-old preschool children impaired by attention-deficit/hyperactivity disorder (ESCApreschool): study protocol of an adaptive intervention study including two randomised controlled trials within the consortium ESCAlife. Trials, 21, 56.

Döpfner, M., Hautmann, C., Dose, C., Banaschewski, T., Becker, K., Brandeis, D., Holtmann, M., Jans, T., Jenkner, C., Millinet, S., Renner, T., Romanos, M. & von Wirth, E. (2017). ESCAschool study: trial protocol of an adaptive treatment approach for school age children with ADHD including two randomized trials. BMC Psychiatry, 17, 269.

Döpfner, M., Wähnke, L., Klemp, M.-T., Mühlenmeister, J., Schürmann, S., Hellmich, M. & Plück, J. (2020). Efficacy of web-assisted self-help for parents of children with ADHD (WASH) – A three arm randomized trial under field/routine care conditions in Germany. BMC Psychiatry, 20, 76.

Döpfner, M., Liebermann-Jordanidis, H., Kinnen, C., Hallberg, N., Mokros, L., Benien, N., Mütsch, A., Schürmann, S., Wolf Metternich-Kaizman, T., Hautmann, C. & Dose, C. (2021). Long-term effectiveness of guided self-help for parents of children with ADHD in routine care – an observational study. Journal of Attention Disorders, 25, 265–274.

Döpfner, M., Schürmann. S. & Frölich, J. (2013). Therapieprogramm für Kinder mit hyperkinetischem und oppositionellem Problemverhalten (THOP), 5., überarbeitete Auflage. Weinheim: Beltz.

Dose, C., Hautmann, C., Bürger, M., Schürmann, S. & Döpfner, M. (2021). Negative parenting behaviour as a mediator of the effects of telephone-assisted self-help for parents of pharmacologically treated children with attention-deficit/hyperactivity disorder. European Child & Adolescent Psychiatry, 30, 861–875.

Dose, C., Hautmann, C., Buerger, M., Schuermann, S., Woitecki, K. & Doepfner, M. (2016). Telephone-assisted self-help for parents of children with attention-deficit/hyperactivity disorder who have residual functional impairment despite methylphenidate treatment: A randomized controlled trial. Journal of Child Psychology and Psychiatry (epub ahead of print). doi: 10.1111/jcpp.12 661.

Dose, C., Waschau, F., von Wirth, E. & Döpfner, M. (2020). The improvement of individually defined problem behaviors during a telephone-assisted self-help intervention for parents of pharmacologically treated children with ADHD. Zeitschrift für Kinder- und Jugendpsychiatrie und Psychotherapie, 48, 215–223.

Ise, E., Kierfeld, F. & Döpfner, M. (2015). One-year follow-up of guided self-help for parents of preschool children with externalizing behaviour. The Journal of Primary Prevention, 36, 33-40.

Kierfeld, F. & Döpfner, M. (2006). Bibliotherapie als Behandlungsmöglichkeit bei Kindern mit externalen Verhaltensstörungen. Zeitschrift für Kinder- und Jugendpsychiatrie und Psychotherapie, 34, 377-386.

Kierfeld, F., Ise, E., Hanisch, C., Görtz-Dorten, A. & Döpfner, M. (2013). Effectiveness of telephone-assisted parent-administered behavioural family Intervention for preschool children with externalizing problem behaviour: A randomized controlled trial. European Child and Adolescent Psychiatry, 22, 553-565.

Mokros, L., Benien, N., Mütsch, A., Kinnen, C., Schürmann, S., Wolf Metternich-Kaizman, T., Breuer, D., Hautmann, C., Ravens-Sieberer, U., Klasen, F. & Döpfner, M. (2015). Angeleitete Selbsthilfe für Eltern von Kindern mit Aufmerksamkeitsdefizit-/Hyperaktivitätsstörung: Konzept, Inanspruchnahme und Effekte eines bundesweitern Angebotes – eine Beobachtungsstudie. Zeitschrift für Kinder- und Jugendpsychiatrie und Psychotherapie, 43, 275-288.

Kinnen, C., Rademacher, C. & Döpfner, M. (2015). Wackelpeter & Trotzkopf in der Pubertät. Wie Eltern und Jugendliche Konflikte gemeinsam lösen können. Weinheim: Beltz.

Hinweise zu den Online-Materialien

Sie können alle im Buch erwähnten Arbeitsblätter und Memo-Karten über unsere Internetseite (http://www.beltz.de) herunterladen und ausdrucken. Sie kommen zu den Materialien, indem Sie auf die Seite des Titels gehen, den Link zu den Materialien anklicken und dann folgendes Passwort eingeben: GUDAHBS5 (Groß- und Kleinschreibung beachten). Dann können Sie die gewünschten Arbeitsmaterialien öffnen und die pdf-Dateien über die Druckfunktion des Browsers ausdrucken. Da die Online-Materialien nur so lange zur Verfügung stehen, wie das Buch lieferbar ist, empfehlen wir Ihnen, sich die gesamten Materialien herunterzuladen und auf dem eigenen Rechner zu speichern.

Sachwortverzeichnis

Bildnachweis

Alle Illustrationen im Buch sind von Klaus Gehrmann, Freiburg, außer:

Stephanie »Momo« de Mey, München

© iStock by Getty Images/puruan

Pubertät mit ADHS

Mit allen Jugendlichen gibt es hin und wieder Probleme, die Schwierigkeiten in der Familie nach sich ziehen. Aber bei Jugendlichen mit ADHS und oppositionellen Verhaltensauffälligkeiten sind die Probleme besonders stark und es tun sich viele Konfliktfelder auf. Mit diesem Elternratgeber helfen die Autoren Eltern dabei, die vielen Konflikte mit ihren jugendlichen Kindern selbstständig zu lösen.

- alles Wissenswerte zu ADHS und oppositionellen Verhaltensauffälligkeiten und den Behandlungsmöglichkeiten
- Informationen über Problematik, Ursachen, Verlauf und Hilfemöglichkeiten
- konkrete Anleitungen für Eltern zur Verminderung von Problemen in 16 Schritten
- Lösungsmöglichkeiten für typische Probleme im Jugendalter: Schul- und Leistungsprobleme, übermäßiger Medienkonsum, Umgang mit Alkohol, Drogen und Sexualität
- Arbeitsblätter und Memo-Karten, die bei der Umsetzung des Elternleitfadens nützlich sind

Claudia Kinnen •
Christiane Rademacher •
Manfred Döpfner
Wackelpeter & Trotzkopf in der Pubertät
Wie Eltern und Jugendliche Konflikte gemeinsam lösen können. Mit Online-Material
1. Auflage 2015. 325 Seiten.
Gebunden. € 28,0 (D)
ISBN 978-3-621-28190-4
ISBN 978-3-621-28238-3 (E-Book)

www.beltz.de **BELTZ**

Selbstwert aufbauen – so funktioniert's!

Selbstwertprobleme werfen einen langen Schatten auf unser Leben: Wir sind mit uns unzufrieden, zweifeln daran, ob wir so liebenswert und erfolgreich sind wie andere. Wie können wir einen gesunden Selbstwert aufbauen und festigen?

Zwei erfahrene Psychotherapeuten zeigen, wie das funktionieren kann. Sie beschreiben drei Bilder, die Menschen von sich selbst haben:

- Bin-Ich – So bin ich aktuell
- Soll-Ich – So sollte ich eigentlich sein
- Wunsch-Ich – So möchte ich sein

Passen diese Selbstbilder nicht zusammen, entstehen Selbstwertprobleme. Sie lassen sich jedoch lösen!

Eingängige Erläuterungen und zahlreiche Übungen helfen dabei, die drei Selbstbilder zu erkunden. Dadurch wird es möglich, ein freundlicheres Bild von sich selbst zu gewinnen und schrittweise ein realistisches »Wunsch-Ich« zu erreichen.

Sven Hanning •
Fabian Chmielewski
Ganz viel Wert
Selbstwert aktiv aufbauen und festigen. Mit Online-Material
232 Seiten. Gebunden.
€ 24,95 (D)
ISBN 978-3-621-28704-3
ISBN 978-3-621-28705-0 (PDF)

www.beltz.de BELTZ